SASCHA STÖCKL

Mit Hut

UM DIE WELT

L 100

BUCHVERLAG

Impressum

Bibliografische Information der Deutschen Bibliothek. Die Deutsche Bibliothek verzeichnet diese Publikation in der Deutschen Nationalbibliografie; detaillierte bibliografische Daten sind im Internet über www.dnb.de abrufbar.

1. Auflage, Kempen 2024

Lektorat: L100, Kempen
Gestaltung: Inside Grafik, Kempen
(unter Verwendung eines Fotos von Sascha Stöckl)

Fotos: Sascha Stöckl
Kartenzeichnungen: Arthur Senftleben
Illustration: Joline Törensoy

Facebook, Youtube, Instagram : Mit Hut um die Welt
www.mithutumdiewelt.de

Vertrieb: BVK Buch Verlag Kempen GmbH, *www.buchverlagkempen.de*
Printed in Germany

Best.-Nr. L21
ISBN: 978-3-947984-21-3

Inhalt

Vorwort

Der Niederrhein

Als gebürtiger Niederrheiner liegt mir nichts ferner und näher gleichermaßen wie die grüne Weite des Niederrheins. Wie oft dachte ich als Jugendlicher darüber nach, dieser grünen Idylle zu entfliehen, um in die weite Welt zu reisen. Doch gebürtige Niederrheiner werden mir zustimmen, wenn ich behaupte, dass unsere Wege, die wir im Laufe des Lebens hinter uns bringen, uns immer wieder zum Niederrhein zurücktragen – und sei es „nur" im Herzen.

Als ich nach meiner dreijährigen Reise zurück an den Niederrhein kam, betrachtete ich meine Heimat durch die Augen eines Reisenden. So möchte ich euch den Niederrhein nun auch vorstellen.

Der mächtige Rhein, einer der wichtigsten Handelswege in Deutschland, schlängelt sich über die niederländische Grenze hinweg – die Niederländer sind die direkten Nachbarn der Niederrheiner – und erreicht Emmerich. Dies ist sozusagen der Außenposten in meiner grünen Idylle. Nun zieht der Fluss vorbei an Orten mit herrlich klingenden Namen wie Kalkar oder Rees und beehrt auch eine der ältesten Städte Deutschlands mit seinem Besuch: Xanten. Schon die Römer wussten die Vorzüge des Rheins zu schätzen und gründeten ungefähr 100 n. Chr. die Stadt Colonia Ulpia Traiana, das spätere Xanten. Wenige Kilometer weiter fließt der Rhein am abtrünnigen „alten Rhein" vorbei. Er ist ein Überbleibsel des vorherigen Verlauf des Rheins, der wie ein verlorengegangener Kamerad nun als See unmittelbar am mächtigen Strom liegt. Nun führt der Rhein, rechts gelegen, an der großen Hansestadt Wesel vorbei und speist hier das kleine Flüsslein, die Lippe, mit Wasser. Auf der linken Seite des Rheins liegt das Dorf Büderich. Es ist nur zu erwähnen, damit wir auf der linken Seite des Rheins bleiben und Ortschaften wie Alpen oder Rheinberg sichten. Jetzt soll es auch nicht mehr lange dauern, bis wir an unserem Bestimmungsort ankommen. Entgegen der Laufrichtung des Rheins sehen wir als erstes die Halde Rheinpreußen, eine der drei großen Landschaftsmarken am Niederrhein und ja, mein verehrtes Lesepublikum, mit 103,5 Meter über dem Meeresspiegel ist dies am Niederrhein schon gewaltig. Hier, auf dem Plateau der Halde, begrüßt uns die Moerser Grubenlampe, die größte Grubenlampe der Welt. Sie deutet schon auf das Vermächtnis der Bergbaukultur am Niederrhein hin. Dort verlassen wir den Rhein, verabschieden uns und gehen weiter zur angrenzenden Bergbaukolonie Meerbeck und erreichen somit meine Heimatstadt: Moers.

Moers

Die Grafenstadt Moers bekam im Jahre 1300 die Stadtrechte verliehen und kann somit auf eine lange und auch facettenreiche Geschichte zurückblicken. Die Altstadt mit ihren romantischen Gassen wiegt sich in Geborgenheit, umgeben von der sternförmigen Wasseranlage, dem Schutzwall aus dem 17. Jahrhundert. Das Moerser Schloss fügt sich wie in einem Gemälde in den Schlosspark ein und weist den Moersern den Weg in den geschichtsträchtigen Park mit seinen beschaulichen Ruinen, dem verträumten Moersbach. Hinter jedem Busch könnte man ein Stück Geschichte entdecken.

Der Vorort Meerbeck ist eine Siedlung wie aus dem Bilderbuch. Hier wuchs ich wohlbehütet in einem ehemaligen Zechenhaus auf.

Unser Nachbar war Bergarbeiter und bei der Familie hielt ich mich meistens auf. Über den gemeinsamen Hof kletterte ich als Bub über die Stufen zur Nachbarküche und bei „Tante" erlebte ich dann mein zweites Frühstück, mein zweites Mittagessen und fast zur gleichen Stunde mein erstes Abendessen. Die Tochter von „Tante", meine „große Schwester", kam spät abends von der Schule oder von der Arbeit. An was ich mich erinnern kann sind die Geschichten von ihren Reisen. Meiner Erinnerung zufolge kam ich so zum ersten Mal in meinem Leben mit der großen weiten Welt in Berührung. Für diese Inspiration bin ich sehr dankbar – und sie war wegweisend für mein Leben.

Tagebuch

Zu meinem Opa mütterlicherseits konnte ich nie ein Verhältnis aufbauen, da ich ihn nie kennenlernen durfte. Doch er sprach zu mir.

Nach Ende des Zweiten Weltkriegs wurde er als Kriegsgefangener nach Russland geschickt. Es ist mir nicht überliefert, ob er aus Überzeugung kämpfte oder um seine Heimat zu verteidigen. Ich kann mir auch nicht vorstellen, unter welchen Umständen er die Zeit in Russland verbrachte. Was ich von ihm weiß, hat er mir geschrieben.

Nachdem meine Oma mütterlicherseits verstorben war, hinterließ sie einen großen Karton mit Unterlagen, vielen Fotos aus jener Zeit, vor, während und nach dem Zweiten Weltkrieg. Darunter auch verschiedene Fotografien von meinem Opa, mal mit, mal ohne Uniform. Dazu gehörten auch etliche Briefe, die noch in der alten Sütterlin-Schrift verfasst worden waren. Ich stieß somit auf eine Art Zeitkapsel. Die Briefe wurden von meinem Opa, teilweise aus der Kriegsgefangenschaft, geschrieben. Hier sprach mein Opa aus der Vergangenheit heraus zu mir. Es sprach eine Person, die ich nun erst noch kennenlernen musste.

Alles, was ich las, war für mich ziemlich spannend. Und so verbrachte ich viel Zeit damit, die Briefe in dieser doch schwer zu lesenden Schrift zu entziffern. Mit der Zeit gelang es mir jedoch immer besser, die Schrift zu entziffern. Es waren Liebesbriefe an meine Oma. Sie handelten von der Sehnsucht nach der Heimat in Moers-Asberg und beschrieben seine seelischen Leiden während der Kriegsgefangenschaft. Es war bereichernd für mich, dieses unbekannte Familienmitglied kennenzulernen, und mein Opa als Zeitzeuge brachte mir deutsche Geschichte näher.

Aus dieser begeisternden Erfahrung heraus beschloss ich, während meiner Reise Tagebuch zu schreiben. Ich wollte als Zeitzeuge meiner Epoche meine Eindrücke, Gefühle und gemachten Erfahrungen während der Reise niederschreiben. Ich wollte die Menschen auf Papier verewigen, die ich unterwegs traf und mich voller Barmherzigkeit auf meiner Reise unterstützten. So schrieb ich die Reisetagebücher mit dem Gedanken, dass spätere Enkel und Urenkel genauso einen Spaß daran haben, meine Geschichte zu lesen, wie ich mit jenen Briefen von meinem Opa.

Für euch

Es war zwei Monate vor meiner Reise zum Nordkap. Per Anhalter wollte ich durch die Türkei, über den Irak zum Iran und dort mein Fahrrad in Schiras abholen. Ich saß in Istanbul in einem kleinen Teehaus, trank meinen Çay und schrieb an meinem Roman „Mit Hut um die Welt". Ich schusterte die Geschichte aus mehreren selbst geschriebenen Kurzgeschichten zusammen und führte ein Hobby fort, das mich seit meiner frühen Kindheit begleitete: das Schreiben von Geschichten. Je mehr ich mich mit dem Geschichtsstrang beschäftigte, desto mehr wurde mir bewusst, wie zeitaufwändig dieses Projekt werden sollte. Ein junger Türke sah mich, den Mann mit dem Hut, dort sitzen, schreiben und nachdenken – und kam auf mich zu. Ein nettes „Merhaba" erklang und ich hob den Kopf. Es passierte öfters in der Türkei, dass ich unverhofft angesprochen wurde und mich in eine erfahrungsreiche Unterhaltung verwickeln ließ. Wie auch in diesem Gespräch lief alles darauf hinaus, dass ich von meiner Reise erzählte, von den wundervollen Erfahrungen mit den Menschen und was ich während meiner Reisen gelernt habe.

„Ach, darüber schreibst du", meinte mein namenloser Gesprächspartner und zeigte auf die losen Blätter mit meiner unleserlichen Schrift, chaotisch über den Tisch verteilt. Eigentlich nicht, wollte ich zunächst antworten, doch er hatte recht. Wie oft erzählte ich schon davon und welch wunderbaren Verlauf meine erste Reise nahm. Die Geschichte war schon zu Papier gebracht, in Form meines Reisetagebuchs.

Ich beschloss, nur noch nebenbei an dem schon begonnenen Projekt zu arbeiten und einem anderen Buchprojekt den Vorrang zu geben, meinem Reisetagebuch.

Ich liebe es, Menschen dazu zu inspirieren, ihren Weg zu gehen ohne Einflussnahme auf das Wie und Wohin. Mein Lebensentwurf ist nicht „Das Geheimrezept", um glücklich zu werden. Es dient mir vielmehr zur Inspiration. Mein privilegierter Status als Deutscher ermöglichte es mir, die Welt zu entdecken. Doch startete ich diese Reise mit vergleichsweise wenig Ausrüstung, nahezu keiner besonderen Fähigkeit, die mir einen Nutzen auf der Reise bringen konnte und einem überschaubaren Budget, was für Baguette und Bananen als tägliche Mahlzeit reichte.

Ich möchte mit meiner Reise aufzeigen, dass es nicht viel braucht, um die Welt zu entdecken, und manchmal reicht es schon, den Fuß über die Türschwelle zu bewegen.

Viel Vergnügen mit dem Buch, Euer *Mann mit dem Hut*

Prolog

*E*s zieht Wind auf in der zentral im Iran gelegenen Millionenstadt Isfahan. Dabei wird so viel Staub aufgewirbelt, dass es mir die Sicht verschleiert. Ein Vorhang, der nach jedem Kilometer erneut aufgeht und einen Teil der wunderbaren Stadt mit ihrer einzigartigen Atmosphäre freigibt. Ich stehe mit meinem Fahrrad in Sepahan Shah, einem äußeren Stadtteil von Isfahan.

Die beiden Taschen sind gepackt und werden einfach nur über das Zelt auf den provisorisch angebrachten Gepäckträger gelegt. Professionell ist es nicht, aber Reisen ist eben kein Handwerk.

Der Wind weht Dreck und Wüstensand in mein Gesicht, trübt mein Auge, doch Safoura wischt mir mit ihrem Daumen kurz über die Augen, schaut mir dabei zärtlich ins Gesicht und macht mir mit dieser kleinen Geste die Sicht wieder frei. Was ich da sehe, ist sie, ein Mädchen voller Träume und Hoffnungen, verborgen unter ihrem Hijab. Hinter mir liegt eine Reise, die mich zu diesem schönsten Paar Augen geführt hat. Eine Reise, die an ihrem Scheideweg steht und vor einer scheinbaren Entscheidung, die schnell wieder hinfällig wird. Ein letztes Mal streiche ich ihr über die Wange, verspreche ihr etwas, das ich nicht einhalten werde – und mache mich auf den Weg in die Wüste.

Die Gedanken an diesen Moment verblassen langsam, doch mit jedem Blick in mein Tagebuch lasse ich sie wieder aufleben – mit all ihren Gefühlen und Farben.

Hier erzähle ich nun meine Geschichte, die Geschichte des Mannes mit dem Hut. Eine Geschichte von einer Reise, die mich zu meinem Glück führte und mich gleichzeitig meinem Glauben näherbrachte.

Ich kehre zurück aus meinem Tagtraum mit Safoura. Minus fünfzehn Grad zeigt das Thermometer, doch gefühlt liegt es weit darunter. Durch das milchige Fenster kann ich nur eine weiße Fläche sehen und erahnen, dass es Eis und Schnee ist. Gefangen in einem Haus am Ende der Welt, abseits aller Abenteuer, aller Farben und Gefühle. Auf der Suche nach einem Traum.

Ich war es, der sich auf die Reise gemacht hat, um die Welt und ihre Menschen zu entdecken. Ich habe den schönen Niederrhein verlassen, dort, wo ich zu Hause, in Sicherheit war. Ich ging hinaus in die Welt, um *hier* anzukommen. Bereuen tue ich nichts.

Ich entferne mich von dem Fenster, mag Schnee und Eis nicht und danke Gott für die trüben Fenster, die nur wenig von der Außenwelt in die kleine quadratische Hütte lassen. Der Tisch und die zwei Stühle sind genauso vermodert wie das übrige Holz, aus dem die Hütte gezimmert wurde. Es ist dunkel, eine Lampe gibt es nicht, aber zur Tischgarnitur kommen noch ein Bett und ein kleiner Ofen hinzu. Dass die Matratze mal weiß gewesen ist, lässt sich durch das Dreck-Rattenkot-Gemisch schwer erkennen. Doch meinen müden Körper hält es nicht davon ab, mich zur Ruhe zu legen, die Lider zu entspannen und sich der Kälte hinzugeben, wenn der Ofen ausgeglüht sein wird. An Tag eins, als ich die Hütte fand, roch es nach verbranntem Fisch, und meine Atemwege kämpften ums Überleben. In dem Ofen fand ich verkohlte Gräten, die ich sofort entfernte. Doch die Luft wurde nicht besser. Inzwischen hat sich meine Nase an den widerlichen Gestank gewöhnt und ich habe das Gefühl, dass ich ohne den entsetzlichen Geruch von verbrannter Fischhaut gar nicht mehr schlafen kann.

Ich packe meinen ledernen Hut an der breiten Krempe und ziehe ihn wieder passgenau, bevor ich mich an den Tisch setze – ganz in Gedanken versunken. Meine Hände berühren mein Gesicht und bewegen sich den Bart hinunter, so, als würden sie versuchen, meine Erinnerungen aufzufangen. Sogleich hole ich mit meinen vor Kälte zitternden Fingern mein Tagebuch heraus, um eben diese Erinnerungen dort festzuhalten, damit sie nicht verlorengehen. Ich schlage mein Tagebuch auf, schaue auf die nur schwerlich zu entziffernde Schrift und fahre mit dem Zeigefinger über die Seiten, wie bei einer Lesehilfe. Das kaltweiße Licht von draußen ist ein widerwilliger Lesebegleiter. Doch so langsam gelingt es mir, in das Tagebuch hineinzutauchen. Jede noch so eigentümliche Krümmung jedes Buchstabens verrät mir die Gefühlslage, in der ich mich befand, als ich in mein Tagebuch schrieb.

Der erste Eintrag stammt vom 8. Juni 2017 und beginnt mit den Worten: „Meine Reise zum Ätna beginnt in Moers."

Trotz der widrigen Umstände, in dem sich das Tagebuch fortlaufend auf der Reise befand, wirkt es nicht abgenutzt oder beschädigt. Der gute Zustand ist der Beleg dafür, wie wertvoll es für mich war. Ich streiche mit der Hand kurz über den Hut, nur um mir selbst wieder zu bestätigen, dass er den gleichen Stellenwert hat wie das Tagebuch. Mit jeder Faser seiner durch Schweiß getränkten Baumwolle erzählt auch er eine Geschichte und ist die Verkörperung meiner Abenteuerlust und meiner nach Wissen dürstenden Seele. Meine Hände, aufgeladen mit der positiven Energie meines Hutes, gleiten zurück zum Tagebuch. Ich versuche, den Anfang zu finden.

Es muss der 13. Oktober gewesen sein, das erkenne ich schon anhand der langen Linien der Buchstaben, die in Eile geschrieben worden sind. Natürlich hatte ich es eilig in der Nacht, es war die Nacht in Palma, die ich, von Mücken geplagt, in einem Gebüsch verbrachte, noch unerfahren, im Schutz der Nacht mein Zelt aufzubauen, versteckt vor neugierigen Blicken oder geltungssüchtigen Polizisten. Nur allein die Mücken vermochten mich zu finden und bekamen nicht genug von meinem Blut. So anstrengend die Nacht war, so übermüdet fuhr ich mit meinem Fahrrad in die Stadt.

Ich hatte ein schönes Mountainbike gekauft, nicht so günstig in der Anschaffung, doch für die Reise gerade richtig. Auf dem Gepäckträger hatte ich mein fast unbenutztes Zelt festgeschnallt und trug den Rucksack mit den übrigen Sachen auf meinem Rücken. Aus Gewohnheit zog ich die Krempe meines Hutes zurecht, um den Hut passgenau zu setzen.

Mit Freude trat ich in die Pedale, um die Marathonmesse zu erreichen.

Den Marathonsport hatte ich sehr spät für mich entdeckt. Hinter mir lagen erfolgreiche Läufe in Duisburg, Bonn, Berlin, Frankfurt und auch Paris. Nun, zu Beginn meiner Reise, holte ich die Startunterlagen für meinen vorläufig letzten Marathon ab und legte mich sogleich an den Strand, um die neugewonnene Freiheit zu genießen. Ich war frei von all dem Druck, der mich in meiner Heimatstadt gefangen gehalten hatte. War es nicht die Jagd nach dem Geld, das mich in die Abhängigkeit eines Systems geführt hatte, in dem ich kein Glück mehr empfand?

Ich erinnere mich zurück an meine Kindheit in Moers. Trotz der Nähe zum Ruhrgebiet bewahrten die Moerser den gediegenen, ländlichen Charakter und galten dadurch als Außenposten des Niederrheins, ein Bollwerk gegen die anders wirkenden Duisburger aus dem Ruhrpott. Moers, das ist eine dörfliche Idylle in unmittelbarer Nachbarschaft zu einer stetig wachsenden Großstadt. Die Oma aus Asberg, einem Moerser Stadtteil, vermittelte mir schon früh den protestantischen Glauben. So wuchs ich mit dem christlichen Weltbild und vor allem mit ihren dazugehörigen Geschichten auf. Gepaart mit kindlicher Naivität glaubte ich daran, dass Jesus an Weihnachten geboren worden war, um mir eine neue Spielkonsole zu ermöglichen. Danke Jesus! Doch mit dem Beginn des „Ernst des Lebens" und einer wachsenden geistigen Reife sollte von nun an Gott zur Erklärung für das Woher und Wohin dienen. Ich begann, den Glauben umfassender in mich aufzunehmen und ihn von nun an zu meiner Lebensgrundlage zu machen – jedenfalls für eine bestimmte Zeit. Ich betete regelmäßig. Dabei muss ich zugeben, dass ich das Beten oft in meinem ureigensten Interesse tat, so besonders vor jedem Elternsprechtag. Weiter reichte der Glaube jedoch nicht in meinem Leben und stieß auf die Grenzen meiner kindlichen Fantasiewelt. Doch in meinem rebellischen sech-

zehnten Lebensjahr musste Gott weichen und wurde vernichtend durch einen neuen Glauben ersetzt, dem Geld.

Geld wurde meine neue Religion. Es bestimmte von nun an mein Leben. Auch in der Schule wurde dieser Glaube in den Vordergrund gerückt. Der Gottesglaube reduzierte sich auf ein bloßes Fach in der Schule, in dem ohne viel Zutun eine gute Note zu ergattern war. Doch Geld war so viel besser als aller Gottesglaube und Religiosität. Mit Geld konnte ich mir nicht nur Sachen kaufen, es vergrößerte die Bandbreite an Möglichkeiten meiner Lebensgestaltung in ungeahnte Dimensionen. Wer braucht schon Gott, wenn er Geld hat?, dachte ich. Während es immer nur einen Gott gab, existieren von diesen Geldscheinen jede Menge und das Gute daran war, je mehr ich hatte, desto vermeintlich besser wurde mein Leben.

Dieser Philosophie folgte ich nun die kommenden Jahre, und ohne es zu hinterfragen, genoss ich mein Leben in Saus und Braus. Ein schönes Auto und viele Luxusgüter wurden gekauft, intensiv Partys gefeiert. Die Jahre jagten dahin, und der Weg zu mehr Geld war mit vielen Kompromissen gepflastert. Kompromisse, die auf den ersten Blick belanglos erschienen und doch tiefe Einschnitte in meiner Persönlichkeit darstellten. Ich kam zu dem Geld, das ich verdienen wollte, doch es füllte mein Herz nicht aus. Ich war nicht glücklich. Und all die Partys und Dinge, die ich mir kaufte, konnten mir nicht geben, wonach sich meine Seele wirklich sehnte – nach Glück.

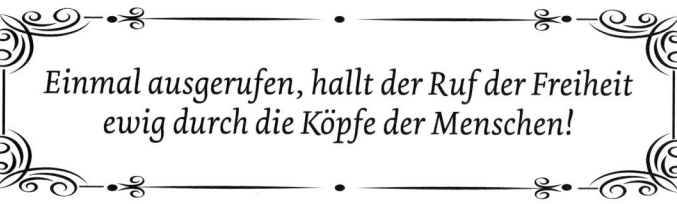

Das erste Kapitel

— El començament —

> *Einmal ausgerufen, hallt der Ruf der Freiheit*
> *ewig durch die Köpfe der Menschen!*

Der Moment am Strand in Palma fühlte sich für mich nach Freiheit an. Doch fiel es mir sehr schwer, die neugewonnene Freiheit überhaupt zu realisieren. Viele Lebensgewohnheiten können nicht einfach über den Haufen geworfen werden. Aber dies spielte nun keine Rolle, ich musste mich auf die Reise konzentrieren. Und zunächst einmal fokussierte ich mich auf den bevorstehenden Marathon. Mit dessen Zieleinlauf sollte ein Lebensabschnitt voller Selbstbehauptung und der Jagd nach dem Geld zu Ende gehen.

Drei Stunden vor Sonnenuntergang flüchtete ich auf der Suche nach einem geeigneten Zeltplatz in einen Park. Wildzelten war verboten. Durch ein offenes Tor schlüpfte ich hinein und suchte abseits des Weges nach einem geeigneten Übernachtungsplatz. Langsam und aufmerksam baute ich mein Zelt auf. Die halbe Stunde war eine gut investierte Zeit und prüfend schaute ich, dass von dem Weg aus mein Zelt nicht zu sehen war. Nach einer einfachen Mahlzeit legte ich mich schlafen und bemerkte sofort, dass es sich gelohnt hatte, das Zelt gewissenhaft aufzubauen: Keine Mücken vermiesten mir die Nacht.

Ein wacher Geist braucht einen ausgiebigen Schlaf. Dies war stets der Deckmantel meiner Faulheit. Doch an diesem Morgen führte kein Weg daran vorbei, früh aufzustehen: Der Tag des Marathons. Ich packte meine wichtigsten Sachen zusammen und ließ das Zelt fast leer zurück. Ich bahnte mir mit meinem Fahrrad einen Weg bis zum Tor – und stellte fest, dass es verschlossen und ich eingesperrt war. Leichte Panik machte sich in mir breit. Ich tastete mich langsam am Zaun entlang, um einen geeigneten Ausgang, wie auch immer dieser aussehen sollte, zu finden. Wenige Meter vom Eingang des Parks entfernt erschien – wie durch eine glückliche Fügung – der Parkwächter und schloss gerade das Tor auf. Ich hatte es eilig, flitzte zum Tor und stieß auf einen verwunderten Parkwächter. Den Verdacht auf Wildzelten wollte ich im Keim ersticken und erklärte mit Händen und Füßen, dass ich durch die andere Seite des Parks gekommen war. Doch für mehr Erklärungen war keine Zeit. Und schon war ich mit dem Fahrrad auf und davon und fuhr den Hügel hinunter zur Stadtmitte. Wenig später parkte ich Fahrrad und Rucksack an einem sicheren Ort. Die ganze Aufregung hatte zur Folge, dass ich nichts gegessen hatte, was die schlechteste Vorbereitung auf einen Marathon überhaupt darstellte. Die anschließend schwache Leistung beim Laufen war also vorprogrammiert. Ehe ich mich versah, stand ich schon am Start. Der Startschuss ertönte. Während ich die ersten 30 Kilometer noch recht gemächlich absolvierte, machte sich zunehmend stärker die Sonne als unerbittlicher Gegner bemerkbar. Mit der Luft erhitzten sich auch zugleich die Gemüter. Viele meiner „Mit-Läufer" hörte ich schnaufen und über die Hitze klagen. Doch wir ließen uns nicht unterkriegen und bezwangen auch noch die steilste Steigung. Nach ungefähr vier Stunden und achtundvierzig Minuten beendete ich den Lauf und war erschöpft, müde, doch stolz zugleich. Ich hatte trotz des ausgebliebenen Frühstücks und der unbändigen Hitze das Ziel erreicht. Mein bisheriges Leben fand so einen glänzenden Übergang in ein neues Leben, in ein Leben, so wie ich es mir vorgestellt hatte.

Mit der Medaille um den Hals fuhr ich den Hügel hinauf. Die müden Beine protestierten. Doch die Aussicht auf eine ausgedehnte Ruhepause verdoppelten noch einmal die Mühe. Zurück im Park ruhte ich mich nun erst einmal aus. Da ich nicht wieder eingeschlossen werden wollte, packte ich mein Zelt und fuhr wieder hinunter in die Stadt – bis ans Ufer des Meeres. In der Dunkelheit suchte ich mir die schönste Parkbank aus und machte es mir gemütlich. Bald fiel ich in einen tiefen Schlaf, und nichts sollte mich in meinem Schlummer stören.

Die Überfahrt nach Barcelona hatte ich einen Tag vorher schon am Hafen gebucht, und in der Frühe ging es bei bestem Wetter los. Das magische Blau des Mittelmeeres war anziehend und wunderschön. Schon in den ersten Minuten spürte ich eine tiefe Verbundenheit zu der Weite des Meeres. Vor dem Ablegen der Fähre blieb ich noch an der Küste stehen und schaute gedankenverloren den Möwen zu. Dabei träumte ich mich in meine bevorstehende Reise hinein.

Die Fähre legte ab und verbotenerweise schlich ich mich samt Hut und Rucksack auf das Sonnendeck. Mein Fahrrad stand unten im Frachtraum. Ich genoss die Aussicht und sog die Seeluft ein. Dabei empfand ich ein starkes Gefühl, das ich nicht beschreiben kann. Das weite Meer beglückte mich. Ich fühlte mich, als wäre ich endlich angekommen. Angekommen in einem anderen Leben – heraus aus einem Leben, in dem ich mir selbst nicht treu war.

Die Sonne verschwand am Horizont hinter einer Wand aus Wolken. Kurze Zeit später sah ich die hell erleuchteten Wolkenkratzer von Barcelona.

Die Nacht war bereits hereingebrochen und die Stadt erstrahlte im Glanz ihres Nachtlebens. Das künstliche Licht erhellte die Küste, die von den Wellen reflektiert wurde. Strahlende Linien zogen über das Wasser. Noch auf dem Schiff ging ich gemeinsam mit den anderen Passagieren durch das Foyer hinunter Richtung Frachtraum, dorthin, wo mein Fahrrad, fest angekettet, auf mich wartete. Ich schwang mich auf den Sattel und fuhr los über die Rampe, mitten in das Nachtleben Barcelonas hinein. Mir war nicht klar, was mich erwartete. Ich wollte meine erste Stadt auf dieser Reise erkunden.

Bisher war ich nicht viel in der Welt herumgekommen. Meine Ziele bisher waren Berlin und Paris – und damit war mein touristisches Weltbild auch schon erschlossen. Als Kind durfte ich nie die Erfahrung machen, an fremde Orte zu reisen. Als Jugendlicher war es mir auch nicht möglich, weitere Reisen zu veranstalten, zum Beispiel Europa zu verlassen. Und mit meiner erwachsenen Seele konzentrierte ich mich mehr darauf, das Leben regional voll auszukosten. Erst mit meiner Reise zum Ätna wagte ich es, in ein Flugzeug zu steigen, um endlich auch einmal eine weitere Strecke zurückzulegen. Dabei spielte Flugangst keine Rolle, sondern vielmehr die Abneigung gegenüber dem Fliegen überhaupt. Reisen mit einfachen Mitteln war schon immer tief in mir verankert, eine der Voraussetzungen für eine Fahrradreise, wie ich sie nun angetreten hatte.

So überkam mich ein überragendes Gefühl, als ich katalanischen Boden betrat und Barcelona mich mit seinen hell erleuchteten Gebäuden einlud, diese Stadt zu erkunden. Der Weg zur Stadtmitte war recht einfach, nur wenige Meter trennten mich von der inzwischen berüchtigten La Rambla. Die Einkaufsstraße in Barcelona erlangte bedauerlichen Ruhm. Knapp zwei Monate vor meiner Ankunft ereignete sich dort ein terroristischer Anschlag. Die Attentäter fuhren auf der La Rambla mit einem Auto in die Menschenmenge. Dabei wurden 14 Menschen getötet und 118 verletzt. Von dieser entsetzlichen Tat war nun, als ich zum ersten Mal in meinem Leben diese Straße besuchte, nichts mehr zu spüren. Etliche Menschen waren unterwegs, flanierten an den Geschäften und Lokalen vorbei, lachten oder saßen gemütlich beisammen. Viele „Falschtreiber" waren unterwegs und hielten Ausschau nach der Polizei, die überaus präsent war. Das Polizeiaufgebot war tatsächlich enorm. Das war wohl auch eine Folge des Anschlags. Ein anderer Grund waren anscheinend die Bemühungen Kataloniens, sich von Spanien unabhängig erklären zu wollen. Und dazu war es wohl angezeigt, der Bevölkerung möglichst viel Sicherheit in ihrem täglichen Leben zu garantieren. Die katalanische Unabhängigkeitsbewegung wandte sich gegen die Zentralregierung in Madrid. Mit der Festnahme des katalanischen Ministerpräsidenten in diesen Tagen erreichte der Widerstand der Unabhängigkeitskämpfer einen vorläufigen Höhepunkt. Die Menschen kamen an die Fenster und schlugen ihre Kochtöpfe gegeneinander, um ihrem Unmut Luft zu machen.

Während ich durch die teilweise dunklen Gassen fuhr und versuchte, mich zurechtzufinden, gingen mir die Beweggründe der Katalanen durch den Kopf. Was brachte die Demonstranten auf die Straße? Welche Motive, welcher „Glaube" blühte in den Herzen der Menschen, um sich einer solchen Bewegung anzuschließen? Sicherlich spielte Freiheit für sie eine große Rolle, als ein kostbares Gut. Die demonstrierenden Menschen hatten nur den Wunsch nach Freiheit, der allerdings durch populistische Politiker immer wieder ausgenutzt wird. Eine

Rolle spielt hier selbstverständlich der nationalistische Aspekt, dem die Freiheit nur als Schild vorgehalten wird. Und natürlich der pure Wunsch nach Unabhängigkeit, in dem der Drang nach mehr Freiheit wohnt. Menschen kämpfen für ihre Freiheit, da dies die Grundlage für ihr Glück ist. Der Schmerz, den sie im Kampf um die Freiheit ertragen, ist längst nicht so groß wie die Schmach, geknechtet zu werden und sich zu unterwerfen. Es ist die Natur des Menschen, sich seiner Fesseln entledigen zu wollen, sich weiterentwickeln zu können, glücklich zu sein. Freiheit ist der Motor unserer gesellschaftlichen Entwicklung. Sollte sie eingeschränkt werden, behindern wir auch deren Fortschritt. Welche überzeugenden Beispiele gibt uns die Geschichte der Menschheit im Zusammenhang mit dem Wunsch der Menschen nach Freiheit? Viele! Die Eroberung Babylons durch die Perser, die den Israeliten die Freiheit schenkten. Die Varusschlacht in der Nähe des Teutoburger Waldes, die Französische Revolution, der Unabhängigkeitskampf Indiens und natürlich der Fall der Berliner Mauer. All diese Ereignisse spielen in der Geschichte der Menschen eine wichtige Rolle. Dabei ist Freiheit kein Geschenk, sie muss vielmehr erkämpft und bewahrt werden. Sie ist lebendig, bewegt sich nach ihrer eigenen Dynamik und kann uns ebenso entfliehen. Pflegen wir die Freiheit, achten aufeinander mit Respekt und Liebe, so bleibt uns die Freiheit erhalten und legt sich schützend über uns.

Mir wurde klar, weshalb ich meine Reise überhaupt angetreten hatte. Der Keim, der in mir wuchs, kam aus dem Samen der fehlenden Freiheit. Hierfür möchte ich nicht politische oder gesellschaftliche Verhältnisse verantwortlich machen. Es war doch mein eigenes Verschulden, dass ich mich tiefer und tiefer in ein Loch voller Verpflichtungen gegraben hatte und nicht mehr herauskam. Ich gab jeder freien Minute, die ich hatte, eine Verpflichtung und verlor aus den Augen, mich um meine Freiheit zu kümmern. Meine Verpflichtungen waren ein Netz, das mich umspannte, ohne jegliche Möglichkeit, sich auszustrecken und zu entfalten. Dieses Netz strickte ich immer weiter, bis ich schließlich, eingeengt von den Verpflichtungen, nur noch einen Ausweg sah: Ich musste das Netz zerreißen. Ich wollte entkommen und meiner eigenen Falle entfliehen, die ich im Laufe der Zeit und beinahe unbemerkt selbst aufgestellt hatte.

Klar, es war nicht einfach, und der Aufprall tat weh und hinterließ blaue Flecken, doch das war mir die Freiheit wert. Ich hatte mich nun von allen Verpflichtungen befreit und konnte meinen Wünschen und Sehnsüchten nachgehen. Die Welt stand mir offen, alles stand mir jetzt zur Verfügung und ich sah mich dazu bereit, meine neu gewonnene Freiheit zu entdecken und in vollen Zügen zu genießen.

Rückblickend kann ich behaupten, dass die Freiheit bzw. der Wunsch danach tatsächlich die Basis meiner Reise und damit verantwortlich für meine persönliche Weiterentwicklung war. Eine Freiheit, die ich jedem Menschen wünsche.

Meine fehlende Erfahrung mit dem Aufbau des Zeltes und der Suche nach einem geeigneten Zeltplatz setzte sich fort. Und so stand ich spät in der Nacht vor einem verschlossenen Tor, als ich in den Stadtpark wollte. Aus gutem Grund wurden die Parks wohl abgeschlossen, doch darüber dachte ich nicht lange nach. Bevor ich weiter ziellos umherstreifte, rollte ich meinen Schlafsack aus und ließ mich vor dem Tor nieder. Ein wenig Schutz bot mir ein Baum, hinter den ich mich legte; ohne zu ahnen, dass mir dies am nächsten Morgen zum Verhängnis werden würde. Nicht nur, dass die Hauptstraße in den frühen Morgenstunden zum Leben erwachte, mein schützender Baum wurde als Toilette missbraucht. Das laute Strullern einer Frau weckte mich sanft aus dem Schlaf. Den daraus resultierenden See fand ich weniger angenehm. Ich stand auf und begrüßte erst einmal die neu dazu gewonnenen Mückenstiche. Dabei suchte ich nur den einsehbaren Teil des Körpers ab. Eigentlich wollte ich einfach nur noch ein wenig schlafen und zog mich an ein Plätzchen an der Mauer des Stadtparks zurück. Doch die Menschen, die ihrem täglichen Leben nachgingen, nahmen keine Rücksicht auf so einen „Landstreicher" wie mich. Und so raffte ich mich trotz der widrigen Umstände schon nach kurzer Zeit wieder auf und verließ den für mich nicht sehr heimeligen Ort.

Ich würde nicht sagen, dass ich grundsätzlich eine Abneigung gegen große Städte hätte, aber es hielt mich auch nichts mehr in der spanischen Metropole. Bald suchte ich nach einer Ausfahrt, um möglichst schnell die Stadt verlassen zu können. Mein Ziel war es, an der Costa Brava entlang in den Norden nach Frankreich zu gelangen. Zunächst wollte ich mich immer der Mittelmeerküste in Richtung Osten entlang halten. Konkrete Zwischenziele hatte ich nicht. Vielmehr vertraute ich darauf, dass sich schon ein Ziel ergeben würde. Als ich Barcelona hinter mich gelassen hatte, freute ich mich, das Meer endlich wiederzusehen. Auf der Karte wurde mir Tossa de Mar in etwas über 80 Kilometer Entfernung angezeigt. Dies sollte nun mein nächstes Ziel sein.

Es ging vorbei an traumhaften Strandabschnitten und bei 25 Grad Celsius genoss ich die Aussicht auf das Mittelmeer. Ich fühlte mich wie im Urlaub, was es ja auch war. Ich hatte die Sonne, den Strand und das Meer zu meiner rechten Seite und hielt mein Gesicht immer wieder der Sonne entgegen. So viel Zeit für mich hatte ich schon lange nicht mehr. Ich spürte, wie mit jedem gefahrenen Kilometer immer ein bisschen mehr Ballast von mir abfiel. Mein Körper musste sich noch an die regelmäßigen Fahrten gewöhnen. Und so legte ich auch immer wieder eine Pause ein, zumal der Marathon mir noch in den Beinen steckte.

Es war Oktober und mir war klar, dass ich mit meiner Fahrt in den Südosten dem Winter nur knapp entkommen würde. Ich musste mir ein Ziel zum Überwintern suchen und dachte da tatsächlich spontan an Indien.

Die Fahrpausen luden dazu ein, sich am Strand in den Wellen zu erfrischen. Ein kleines Bad im Meer lud mich mit so viel Energie auf, dass es für den ganzen Tag reichte. Immer wieder fuhr ich über kleine Küstenpromenaden, die voll von Menschen waren. Es wurde dort mu-

siziert oder einige präsentierten ihre Kunstwerke. Das alles zu sehen war für mich einfach nur wunderbar. Es trug dazu bei, nach Jahren, die von Pflichtbewusstsein und Fremdbestimmtheit geprägt waren, langsam wieder zum Leben zu erwachen. Als ich Tossa de Mar erreichte, fuhr ich zunächst durch die wunderschöne Altstadt, bevor ich den malerischen Strand erreichte. Zu meiner rechten Seite thronte eine kleine Burg über dem Strand und sorgenfrei legte ich mich in den Sand, sah zum Himmel hinauf und fing an zu träumen. So hatte ich mir meine Reise mit dem Fahrrad vorgestellt!

Am Abend suchte ich außerhalb der Stadt auf den Klippen einen Zeltplatz, baute – mit Sicht auf das Mittelmeer – direkt am Abhang mein Zelt auf. Wartete noch den Sonnenuntergang ab, bevor ich mich zum Schlafen in mein Zelt verkroch.

Das Tageslicht kitzelte am Morgen in meiner Nase und zwang mich schon fast zum Aufstehen. Diesem stillen Befehl folgte ich. Wenig später kam die Sonne ganz aus ihrem Versteck hervor, einem breiten Wolkengebilde. Es war mein erster Sonnenaufgang über dem Mittelmeer. Welch ein magischer Moment! Ich spürte die Besonderheit des Augenblicks und nahm ihn auch ganz bewusst wahr. Eine Fähigkeit, die ich auf meiner Reise langsam entwickelte. Doch zunächst war es eine neue Erfahrung für mich. In meinem Alltag in Deutschland rannten alle Momente nur so an mir vorbei – oder ich rannte an ihnen vorbei. Ich erkannte, wie fahrlässig ich doch mit meinem Leben umgegangen war. Wie schnelllebig ich meinen Alltag gestaltet hatte, immer im Hinterkopf, mich der Gesellschaft anzupassen. Immer schneller, immer mehr Geld, immer mehr Umsatz, mehr arbeiten, mehr Fleiß – und wo waren die Momente der Ruhe? Wann hatte ich mir jemals die Zeit genommen und mich einfach hingesetzt, um die Natur und den Augenblick zu genießen? Nie! Weil ich mir keine Zeit dazu nahm.

Nun stand ich am Mittelmeer und beobachtete den Sonnenaufgang, weit weg von meinem früheren Leben. Momente der Ruhe wurden zum festen Bestandteil meiner Reise.

Noch lange dachte ich über all das nach, während ich schon auf dem Fahrrad saß und das nächste Ziel ansteuerte. Girona ist eine der größten Städte an der Costa Brava. Der Weg war sehr beschwerlich und führte über eine Bergkette. Ich musste mehrere Pausen einlegen, bevor ich völlig erschöpft nachts in Girona ankam. Es war das erste Mal, dass ich mein Zelt im Dunkeln aufbauen musste. Als mehr oder weniger geeigneten Platz suchte ich mir eine Stelle im Stadtpark und ließ mich dort nieder. Zu einem Ritual geworden war es, abends in mein Tagebuch zu schreiben. Ein kleines, ledernes Büchlein, in das ich meine Gedanken und Emotionen festhielt. Ein ungeheurer Schatz an Erfahrungen sollte später in diesem Tagebuch stehen.

Während ich auch in dieser Nacht gedankenversunken in mein Buch schrieb, hörte ich draußen ein Rascheln. Ich machte vorsichtig das Zelt auf und schob den Reißverschluss zur Seite. Zunächst meinte ich, zwei große Hunde zu sehen. Meine Augen offenbarten ihre Sehschwäche erst bei Nacht und so strengte ich mich doppelt an, etwas zu sehen. Schließlich erkannte ich, dass es sich um zwei Wildschweine handelte. Erschrocken zog ich den Reißverschluss wieder zu. Wahrscheinlich hatten sich die Wildschweine genauso erschrocken wie ich. An Schlaf war jetzt allerdings nicht zu denken, besonders nicht bei dem Gedanken, dass die Wildschweine das Zelt verwüsten könnten. So traute ich mich nach kurzer Überlegung aus meiner Behausung hinaus und versuchte, die Wildschweine wegzulocken. Das gelang mir auch, indem ich vor den Wildschweinen her durch den Wald lief. Sicherlich ein seltsamer, wahrscheinlich lustiger Anblick. Als die Schweine weit genug von dem Zeltplatz entfernt waren, machte ich kehrt und trabte vorsichtig zu meinem Zelt zurück. Und glücklicherweise folgten mir die Tiere nicht. Selbstverständlich vermerkte ich diese äußerst seltsame nächtliche Begegnung in meinem Tagebuch und schlief danach friedlich ein.

Nicht weit von Girona liegt Figueres, die Heimatstadt einer der bedeutendsten Künstler des 20. Jahrhunderts: Salvador Dali. Immer schon hatte ich seine Kunst bewundert. Nun führte mich eher ein Zufall in seine Heimatstadt. So stand auch schnell fest, dass ich in Figueres das Dali-Museum besuchen würde. Voller Vorfreude trat ich schneller in die Pedale. Ich sorgte dafür, dass ich meinen Hut aufbehielt, und mein Lächeln im Gesicht konnte man schon von Weitem sehen. Mein Körper meldete sich, dass er Ruhe benötigte, und diesem Wunsch kam ich auch nach. Am nächsten Morgen ging es direkt zum Dali-Museum.

Kaum hatte ich das Museum betreten, kam ich aus dem Staunen nicht mehr heraus. Alles wirkte auf mich wie eine Mischung aus Palast und Kirche. Dali war König und Papst zugleich. Mit der dazugehörigen Anmut und bedächtiger Stille wanderte ich durch die Gänge, die

fast einem Irrgarten glichen. Überall entdeckte ich prachtvolle Kunstwerke. Wunderschöne Fresken verzieren Decken und Wände. Es schien, als würde er hier noch wohnen, sein Geist zumindest. Und dies war gar nicht so unwahrscheinlich. Unten im Kellergewölbe lag das Mausoleum mit seinem Grab. Das Erschaffen und fantasievolle Kreieren war Dalis Leben. Das Museum ist ein Palast der Wunder und wird seinen Werken mehr als gerecht. Der Künstler schöpfte seine Ideen und Fantasien aus der Umgebung und er ließ sich von der Natur inspirieren. Er lebte in einem kleinen Fischerdorf namens Port Lligat, das durch ihn großen Ruhm erlangte. Ohne viel zu überlegen war dies mein nächstes Ziel.

Das kleine Fischerdorf liegt in unmittelbarer Nähe von Cadaques, einer kleinen Küstenstadt am Mittelmeer. Auch wenn der Weg einen erheblichen Umweg bedeutete und die Straße wieder über eine Gebirgskette führte, nahm ich diese Mühen gerne auf mich. Einen ganzen Tag beanspruchte die Fahrt. Als ich abends ankam, setzte ich mich an die Klippe neben Dalis ehemaligem Haus und genoss den Ausblick. Die Wellen stießen gegen die Felsen und die Sonne verschwand langsam am Horizont.

Auf der Suche nach einem Zeltplatz fand ich eine einsame Bucht, die ideal aussah, um mich für die Nacht hier niederzulassen. Ich setzte mich an den Strand und sah verträumt der untergehenden Sonne zu, als ich plötzlich von einem Kläffen aus meinen romantischen Gedanken gerissen wurde. Eine Frau ging mit ihrem Hund spazieren, und ich sah meinen magischen Moment für beendet. Ich konnte nicht damit rechnen, dass dies zum Schlüsselmoment einer neuen Erfahrung werden sollte. Respektvoll begrüßte ich die junge Frau und betrachtete weiter die untergehende Sonne am Horizont. Sofort kamen sie und ich ins Gespräch. Schnell stellten wir fest, dass wir beide aus Deutschland kamen, und ebenso schnell stellte sich eine seltsame Vertrautheit ein. Regina, so der Name der Frau, begann, mir ihre Geschichte zu erzählen.

Entgegen dem Ratschlag ihrer Eltern und Freunde kehrte sie einige Jahre zuvor Deutschland den Rücken und zog nach Spanien an die Küste nach Port Lligat. Sie folgte ihrem Herzen. Dennoch zweifelte sie, ob es die richtige Entscheidung war. Sie malte in der Bucht, in der wir jetzt standen, ein Herz in den Sand und schrieb das Wort „Frei" hinein. Anschließend legte sie sich in den Sand und sah hinauf zum Himmel, so, als würde sie auf eine Antwort warten. Mit ihren Augen

verfolgte sie den Flug eines Vogels, der auf einem Felsen landete. Dort sah sie etwas Erstaunliches. Es war ein kleiner Spalt im Felsen in Form eines Herzens – die Antwort, auf die sie gewartet hatte. Diese Antwort war ihr Wegweiser, ein Wegweiser, dem sie gefolgt war und der sie hierher geführt hatte. „Diese Antworten können wir überall finden", sagte sie, „wir müssen nur lernen, auf sie zu achten."

Ich hatte gespannt ihrer Geschichte gelauscht. Dies war, ohne es zu wissen, auch der erste Schritt auf dem Weg zu meinem Glauben.

Zu glauben ist eine Fähigkeit, die uns erst zu dem macht, was wir sind: Menschen. Eine Fähigkeit, die nicht verloren gehen kann, sondern jederzeit abrufbar ist. Dies würde so etwas wie ein Leitfaden für meine Reise werden, für eine Reise, die noch viel mehr sein sollte als ein Leben in Freiheit.

Reginas Geschichte beeinflusste meine Sicht auf die Reise und auf mein bisheriges Leben. Wie oft bin ich an solchen Wegweisern vorbeigerannt, ohne sie wahrzunehmen?! Ich hoffte nun, die Zeit zu haben, stehenzubleiben, genauer hinzusehen, zu erkennen, was wirklich wichtig ist.

Die Reise war eine Chance, mein Leben zu ändern und zu schauen und zu erspüren, welche Richtung ich gehen werde.

An diesem Abend genoss ich den letzten Sonnenuntergang in Spanien.

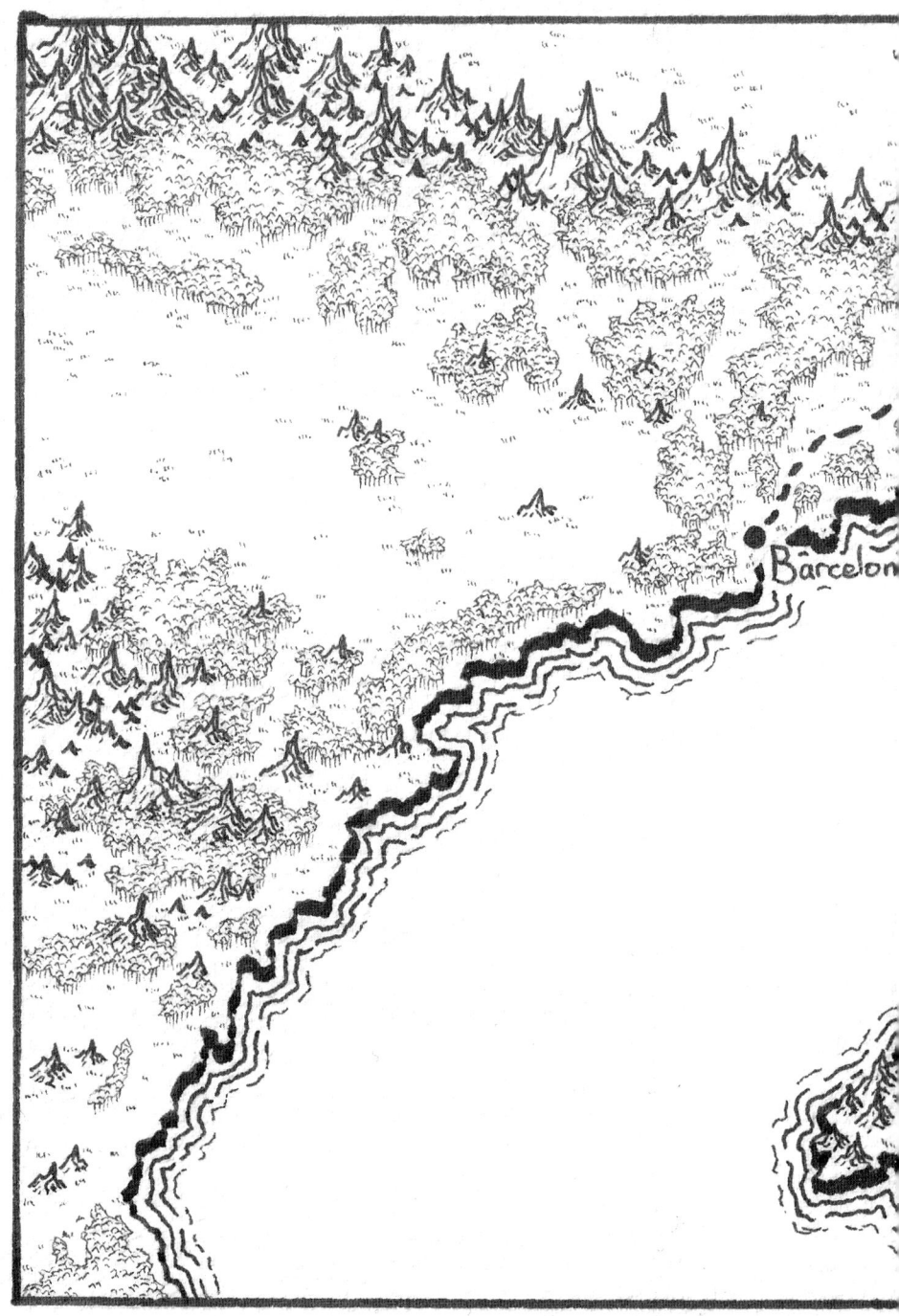

Barcelon

SPANIEN

Das zweite Kapitel

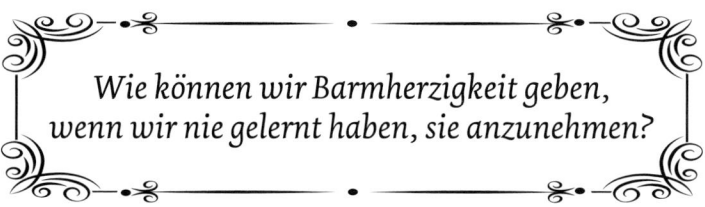

— Nouvelles expériences —

> ### Wie können wir Barmherzigkeit geben, wenn wir nie gelernt haben, sie anzunehmen?

Mein Ziel für den Tag stand schon fest und vor Sonnenaufgang brach ich auf, um die Bucht zu verlassen. Perpignan sollte die erste französische Stadt auf meiner Reise werden. Den letzten Sonnenuntergang hatte ich noch vor meinen Augen, als ich mich auf den Sattel schwang, um den schweren Weg über die Berge anzutreten. Figueres ließ ich links liegen und fuhr bis nach Espara, der letzten spanischen Stadt vor der Grenze. Es galt nun, die gewaltige Gebirgskette der Pyrenäen zu überqueren. Ein weitläufiges Gebirge, von dem ich nur den kleinen Ausläufer im Osten mitnahm.

In Espara machte ich erst einmal eine Pause, bevor es dann nur noch bergauf ging. Die Sonne stand weit oben und brannte herab, während ich nur langsam vorankam. Nach jeder Kurve betete ich, dass es ein baldiges Ende haben möge, und immer wieder wurde ich enttäuscht. Die Strecke schien kein Ende zu nehmen. Immer häufiger stieg ich von meinem Fahrrad ab und schob es die Steigungen hinauf. Ich dank-

te dem Hut für jeden Sonnenstrahl, den er abfing. Meine Was-
serreserven waren erschöpft – so
wie ich auch. Und bald überquerte ich ohne viel Aufsehen die
Grenze zu Frankreich. Doch zum
Jubeln blieb wenig Zeit und Lust.
Ich musste Perpignan noch vor
Sonnenuntergang erreichen, um
nicht im Gebirge nächtigen zu
müssen. Schlussendlich ging es
wieder bergab und meine Eupho-

rie darüber mündete in einer Apfelplantage, in der ich mich bedienen
durfte, um einen kleinen Vorrat an saftigem Obst anzulegen. Bei der
Gelegenheit füllte ich auch meinen Wasservorrat auf und verließ die
Pyrenäen, um kurz nach Anbruch der Dunkelheit in Perpignan anzukommen. Die Fahrt über die schmale Gebirgskette hatte mich Kraft

gekostet. Immer fester musste ich in die Pedale treten, um vorwärtszukommen. Inzwischen hatte ich einen kleinen Vorort erreicht und war nun auf der Suche nach einem geeigneten Übernachtungsplatz. Da hörte ich einen metallischen Knall und meine festen Tritte liefen ins Leere. Die Kette meines Fahrrads war abgesprungen, und ich hätte mir keinen schlimmeren Abschluss für den Tag vorstellen können. Ich fasste also all meinen Mut zusammen, stieg vom Fahrrad und griff mit meinen beiden linken Händen zur Kette. Dabei versuchte ich zunächst, die Kette wieder in den Zahnriemen zu legen. Doch schnell bemerkte ich, dass dies wohl etwas mehr handwerkliches Geschick benötigte. Ich legte meinen Rucksack ab, in der Hocke tat der schwere Rucksack meinem Rücken nicht gut. Ungefähr eine Viertelstunde benötigte ich für die Reparatur. Meine Hände hatten sich von dem Öl schwarz gefärbt. Durch mein wiederholtes Abwischen der Stirn und Wangen übertrug ich dieses Schwarz auch in mein Gesicht. Doch Ästhetik war jetzt nicht angesagt, ich musste mein Fahrrad wieder fahrtüchtig machen.

„Lo siento, señor", hörte ich plötzlich hinter mir und drehte mich um. Vor mir stand ein Mann mit Mütze und Dreitagebart. Er war schätzungsweise um die dreißig Jahre alt und trug einen kleinen Kasten mit sich.

„Tut mir leid, ich verstehe nicht", sagte ich.

„Englisch?", fragte er und ich nickte.

Allerdings kam nun mein nächster Schwachpunkt zutage, die Sprache. Im alltäglichen Leben in Deutschland benötigte ich kein Englisch. Ich konnte mir immer helfen, wenn es doch einmal erforderlich war. Und jetzt hatte ich keine andere Wahl und stammelte zunächst einzelne Wörter: „Reparatur, Fahrrad kaputt", sagte ich.

„Ja, ich habe dich vom Fenster aus gesehen, ich habe Werkzeug dabei", antwortete mir der Mann auf Englisch.

„Cool, danke." Dabei breitete sich ein Lächeln auf meinem Gesicht aus. Der Mann hockte sich neben mich und packte sein Werkzeug aus.

„Ich bin Sascha", stellte ich mich vor.

„Ich heiße Paul, freut mich, dich kennenzulernen."

„Mich auch. Tut mir leid, aber mein Englisch ist nicht so gut", meinte ich zu ihm.

„Mein Englisch auch nicht. Wo kommst du her?", fragte er mich dann. Und mit einem Mal schnitt er die Kette mit seinem Werkzeug durch. Dabei sah ich staunend zu, in der Hoffnung, etwas lernen zu können.

„Aus Deutschland. Ich bin mit dem Fahrrad in Barcelona gestartet und bin auf dem Weg nach China." Irgendwie hatte sich China bei mir als mein Ziel entwickelt. Dabei hatte ich keine Ahnung, ob ich es überhaupt jemals erreichen oder nach ein paar Wochen das Handtuch schmeißen würde. Aber China übte eine Faszination auf mich aus. Und auch die unmittelbare Nachbarschaft von Tibet und Nepal. Doch bis dahin war es noch ein weiter Weg.

„China!", staunte Paul.

„Woher kommst du?", fragte ich ihn.

„Ich komme aus Katalonien und bin für die Arbeit hier nach Frankreich gekommen." Mit einem Mal fügte er das fehlende Glied der Kette hinzu und klatschte in die Hände. Wir standen beide auf und Paul trat auf die Pedale um zu schauen, ob sich das Rad auch drehte.

„Danke schön, Paul", sagte ich freudestrahlend und war erleichtert, dass ich weiterfahren konnte.

„Gerne", antwortete er und fügte dann hinzu: „Wo schläfst du denn heute Nacht?" Damit sprach Paul mein nächstes Problem an. Im Dunkeln würde es schwer werden, einen Zeltplatz zu finden. Während meiner Antwort grübelte ich schon darüber nach, wo ich das Zelt aufstellen könnte.

„Ich habe hier noch keinen Schlafplatz, ich bin mit meinem Zelt unterwegs, und vielleicht werde ich es im Park aufstellen", erklärte ich ihm und hatte dabei das Gefühl, dass Paul mich verstanden hatte. Er klopfte mir auf den Rücken und sagte: „Du kannst gerne bei uns schlafen. Ich habe noch zwei Mitbewohner, die sich freuen würden."

Ich konnte mein Glück nicht fassen und nahm das Angebot freudestrahlend an. Paul führte mich zu der Haustür eines Mehrfamilienhauses. Ich durfte mein Fahrrad im Hausflur abstellen. Das Zelt lag zusammengerollt auf dem Gepäckträger und der Rest meiner Sachen war im Rucksack, den ich sowieso immer auf dem Rücken trug.

Diese Nacht war etwas Besonderes für mich. Nicht nur, dass ich endlich Frankreich erreicht hatte, mein zweites Land auf der Reise. Ich kam nun auch in den Genuss, eingeladen zu werden, um in einem warmen Bett zu schlafen. Mein Gastgeber Paul und seine Freunde begrüßten mich freundlich. Pauls Mitbewohner waren Juan aus Kolumbien und Josep aus Katalonien. Durch meine kurze Reise durch Katalonien war ich mir der dortigen prekären politischen Lage bewusst und passte auf, nichts Falsches zu sagen, um das Thema nicht anzuheizen.

Um einer Geruchsbelästigung zuvorzukommen, führte mich mein erster Weg unter die Dusche. Dort nahm ich mir Zeit, um den tagelang angesammelten Schmutz zu entfernen. Frisch geduscht bekam ich die Gelegenheit, mich um meine Kleidung zu kümmern. Paul bereitete in der Zwischenzeit eine Mahlzeit vor, die mich wieder zu Kräften brachte. Nie hätte ich gedacht, dass eine gewöhnliche Reispfanne mit Meeresfrüchten einer „Götterspeise" gleichkommen kann. Meeresfrüchte gehörten zwar nicht unbedingt zu meiner bevorzugten Speise, doch in den vergangenen Tagen hatte ich nicht viel gegessen. Nun schaufelte ich alles in mich hinein was auf dem Teller lag und nahm noch einen üppigen Nachschlag. Zum Erzählen hatte ich so wenig Möglichkeit und hörte daher lieber Paul und seinen Freunden zu. Sicherlich lag meine Zurückhaltung, mich am Gespräch zu beteiligen, auch daran, dass ich einfach zu schlecht Englisch sprach. Mir fehlte die Praxis und der Mut. Offenlegen wollte ich das nicht und nickte immer wieder höflich, um den Anschein zu erwecken, dass ich alles verstand. Doch im Laufe des Abends wurde ich immer mutiger und beteiligte mich an dem Gespräch.

„Es war schon immer ein Traum für mich, in Europa zu studieren, und dank meiner Familie ist es mir nun möglich", erzählte Juan stolz.

„Wie unterstützt dich denn deine Familie?", fragte ich.

„Sie unterstützen mich finanziell. Frankreich ist sehr teuer. Auch war es nicht einfach, ein Visum zu bekommen. Dank meiner Familie bin ich hier, und jetzt darf ich sie nicht enttäuschen." Paul stand auf, fuhr mit einer Hand durch Juans Haare und scherzte: „Wenn die wüssten, dass das ganze Geld für französischen Wein und Mädchen draufgeht" – und lachte dabei. Paul lachte ebenfalls und schlug Juans Hand weg: „Das stimmt nur halb."

Ich lachte ebenfalls und wandte mich zu Josep: „Wie bist du hier gelandet?"

Josep konnte ich durch seinen Akzent nur schwer verstehen. Doch nach mehreren Wiederholungen hatte ich kapiert, was er mir sagen wollte.

„Paul brachte mich hierher. Ich mag Frankreich eigentlich gar nicht und weiß auch nicht, was ich hier soll." Auch er lachte und schaute schelmisch zu Paul, der seinerseits eine Grimasse schnitt.

Paul setzte sich an den Küchentisch in der kleinen Küche und füllte unsere Gläser mit Wein.

„So, Sascha, jetzt erzähl doch mal, wie um alles auf der Welt du auf die Idee kamst, mit dem Fahrrad nach China zu fahren."

Ich stockte zunächst. Es gab verschiedene Gründe für mich und ich wusste nicht, welcher wohl überwog – und ob ich auch ehrlich zu mir selbst war. Ich wollte raus aus dem System, das mich an Verpflichtungen band, die ich nicht erfüllen, sondern nur meine Freiheit genießen wollte. Mich lockte auch die Herausforderung, mit wenig Geld eine solche Reise zu bewältigen. Doch es gab noch einen weiteren Grund. Als Marathonläufer war ich der festen Überzeugung, dass Leistungssteigerung nur durch hartes Training möglich ist. Gleichwohl ist der feste Wille ebenso von besonderer Bedeutung und dient als Fundament für das harte Training. Immer wieder stieß ich bei meinen Überlegungen auf das Wort „Glaube" und hatte dabei festgestellt, dass ich mich nie richtig mit dem Thema auseinandergesetzt hatte. Die Marathonläufe verlangten meinem Körper alles ab und ich fühlte dabei, dass ich der Belastungsgrenze immer näher kam. Dabei stellte sich mir die Frage, ob es wohl möglich sei, durch eisernen Willen und einen festen Glauben meine sportliche Leistung zu verbessern.

Doch dies wollte ich Paul und seinen Freunden nicht erzählen. Ich wusste zunächst nicht, wie ich mich auf Englisch ausdrücken sollte. Zumal ich ja auch noch nicht so genau wusste, wie sich meine Suche gestalten würde. Schließlich fasste ich all meinen Mut zusammen und berichtete von meiner bisherigen Reise. Die anderen hörten gespannt zu. Ich erzählte von meiner Begegnung mit den Wildschweinen, von meinem Besuch im Dali-Museum und schließlich von Regina und der Überfahrt über die Pyrenäen. Während meiner Erzählung wurde mir noch einmal bewusst, worum es mir bei meiner Reise ging. Eine Reise besteht nicht nur aus der sturen Aufgabe, eine Distanz zu bewältigen und lässt sich somit nicht nur durch geografische Punkte festlegen. Ich trat eine Reise zu mir selbst an, Start und Ziel lagen in meinen Gedanken. Eine spannende Erkenntnis, die mich noch lange wachhielt, bevor ich in einen tiefen Schlummer fiel.

Nicht nur der frische Morgenwind fegte mir um die Ohren, sondern auch die nasse Wäsche, die ich zum Trocknen an meinem Gepäckträger festgezurrt hatte, wurde empfindlich durchgerüttelt. Der Abschied von Paul und seinen Freunden war herzlich. Ich bedankte mich bei den dreien und Paul drückte mir noch einen kleinen Zettel mit einem Namen und einer Telefonnummer in die Hand.

„Falls du Halt in Nizza machen solltest, kannst du dich gerne bei meinem Freund Phil melden. Er ist ein supernetter Kerl und freut sich mit Sicherheit über deinen Besuch."

Ich nahm den Zettel an und freute mich schon jetzt auf Nizza. Doch bis dahin war es noch ein langer Weg.

Die Straße nach Narbonne führte mich immer an der Küstenlinie entlang. Es gab zahlreiche Seen, und die flachen Felder erinnerten mich stark an den Niederrhein. Da die Landschaft eher flach ist, kam ich schnell vorwärts und erreichte Narbonne so früh, dass ich noch einige Kilometer drauflegte und bis nach Beziers weiterfuhr. Am Ende waren es 120 Kilometer, die ich an diesem Tag zurückgelegt hatte. Ein Energiespurt als Folge der Reispfanne mit Meeresfrüchten am Abend zuvor. In inzwischen gewohnter Manier suchte ich in einem Park einen geeigneten Übernachtungsplatz.

An diesem Abend legte ich mich vor meinem Zelt, das eine Art Zuhause für mich geworden war, ins Gras und schaute nach oben in den Himmel. Sterne waren durch die Lichtverschmutzung nicht zu sehen. Ich war total in Gedanken und plante meinen nächsten Tag. Dabei errechnete ich, dass es 80 Kilometer bis zur nächsten Stadt sein würde. Wieder so eine weite Strecke, dachte ich nach dem anstrengenden Tag, den ich gerade hinter mir hatte. In den letzten Tagen hatte ich eine Distanz von ungefähr 200 Kilometern zurückgelegt. Das klang fast nach einem Rennen und – das war es auch. Die Reise sollte zur Vorbereitung auf ein MTB-Rennen dienen. Meine ersten Erfahrungen, wenn auch bei einem kleineren Rennen, hatte ich bereits gesammelt.

Das 24 Stunden Rennen

Kurz vor meiner Abreise in Deutschland nahm ich das erste Mal an dem 24-Stunden-Mountainbike-Rennen in Duisburg teil. Eine Veranstaltung, die mich schon seit Jahren interessierte. Es war nicht nur schwierig, das richtige Mountainbike zu finden. Auch die Kosten für die Anmeldung und das sonstige Equipment waren sehr hoch. Zu dem damaligen Zeitpunkt überstiegen die Kosten meine Möglichkeiten. Nach etlichen Marathonläufen kam ich auf den Gedanken, einen Sponsor zu suchen. Mein alter Chef, der Betreiber eines regionalen Supermarktes, half mir und sponserte das Mountainbike und die dazugehörige Ausrüstung. Immer wieder wurde ich gefragt, in welchem Team ich denn mitfahren würde. Es trauten mir nur wenige Personen zu, das Rennen als Einzelfahrer komplett bestreiten zu können. Eigentlich unmöglich, sich so unerfahren einer derartigen Herausforderung zu stellen. Mit einem Blick auf die Teilnehmerliste war ich nur ein kleines Licht. Doch dies entmutigte mich keineswegs. Vielleicht war es auch eine Mischung aus Trotz, Naivität und auch Erfahrung, die mich nicht aufhören ließ, an meinen persönlichen Erfolg bei dem Rennen zu glauben.

Mein Training ähnelte dem eines Triathleten. Morgens vor der Arbeit rannte ich sieben Kilometer zur Schwimmhalle, ging anschließend schwimmen und rannte die sieben Kilometer wieder nach Hause. Ab dem Mittag aß ich nichts mehr. Dies hatte den Grund, dass ich meinen Körper daran gewöhnen wollte, mit weniger Nahrung die gleiche Leistung zu bringen. Es hatte bereits bei vorherigen Herausforderungen funktioniert. Schließlich wollte ich das Rennen auf dem Mountainbike verbringen und nicht am Buffet, so lecker die Köstlichkeiten auch sein würden. Nach der Arbeit fuhr ich dann mit meinem Mountainbike 80 bis 100 Kilometer. Manchmal ging ich dann sogar noch ins Fitnessstudio, um andere Körperpartien zu trainieren. Insgesamt war es das härteste Training, das ich je für einen

Wettkampf aufgebracht hatte. Und letztlich war ich zufrieden mit meiner Leistung.

Der Tag des Rennens war gekommen. Und wie sollte es auch sein: Ich fuhr mit Fahrrad und Zelt von Moers aus nach Duisburg. Es war eine riesige Veranstaltung mit mehreren tausend Besuchern. Obwohl ich die Jahre zuvor bereits dort gewesen war, beschäftigte ich mich nun mit der Strecke das erste Mal. Der Parcour befand sich in einem stillgelegten Hüttenwerk im Landschaftspark Duisburg. Ganz entgegen meinem Training hatte ich es mit einigen Hügeln, einem „richtigen" kleinen Berg und weiteren Hindernissen zu tun. Klar, es war schließlich ein Mountainbike-Rennen. Der Start war an einem Samstagmittag. Der Regen zuvor verwandelte die Strecke in eine Schlammlandschaft. Doch keiner der Teilnehmer ließ sich davon entmutigen. Alle trotzten den Umständen. In der ersten Runde fuhr ich das Gelände hoch und nur die Überfahrt über eine Leiter und einer anschließenden Rampe führten wieder hinunter. Dies war nie Bestandteil meines Trainings, und auch sonst hatte ich keine Erfahrung mit solchen Hindernissen. Die Leiter meisterte ich mit Bravour, bremste aber nicht ab und fuhr mit voller Geschwindigkeit über die Rampe. Dies hatte zur Folge, dass ich in der Luft das Gleichgewicht verlor und mit voller Wucht auf dem Boden aufschlug. Ich wusste nicht, was mehr schmerzte, der Aufprall oder mein Stolz. Ohne einen weiteren Gedanken daran zu verlieren, raffte ich mich wieder auf und fuhr weiter. Der nächste Unfall ereignete sich eine Kurve später, als ich zu schnell fuhr und in einem Gebüsch landete. Daraus sollte ich meine Lehren ziehen. Die nächsten Stunden absolvierte ich eine Runde nach der anderen und gab mir auch in der Nacht keine Ruhepause und fuhr unbeeindruckt weiter. Nach 20 Stunden, kurz nach Sonnenaufgang, aß ich das erste Mal wieder, auch wenn es nur eine Scheibe Brot war. Die letzte Stunde quälte ich mich Runde um Runde und schaffte es dann ins Ziel. Geschafft! Ich hatte das 24-Stunden-Rennen absolviert und war in dem Moment mein persönlicher Sieger. In den 24 Stunden gewöhnte mein Körper sich an den stetig gleichen Bewegungsablauf, den Tritt in die Pedale, das Schalten der Gänge und die

Sitzposition. Als ich vom Rad gestiegen war, hatte ich erst einmal Probleme beim Laufen. Auch die Kraft in meinen Händen hatte stark nachgelassen. Erschöpft sank ich zu Boden und war einfach nur glücklich, diese Herausforderung geschafft zu haben.

Ich setzte mir meinen Hut auf und in diesem Moment, erschöpft am Boden, fühlte ich mich bereit für meine Reise und stellte fest: Auch hier ist der Glaube an mich ein fester Bestandteil meines Erfolgs gewesen. Davon wollte ich mehr!

Entlang der Cote d´ Azur

Noch bevor ich Montpellier erreicht hatte, forderte eine kleine Hügellandschaft, die sich wenig später als steiles Terrain entpuppte, meine ohnehin schon müden Waden heraus. Doch mit Anbruch der Dunkelheit erwartete mich Montpellier. Eine Stadt, von der ich noch nie in meinem Leben etwas gehört und so auch keine Erwartung hatte. Während meiner Rast im Stadtteil Lemasson wurde ich auf Feuer für eine Zigarette angesprochen. Als stolzer Nichtraucher wies ich die Bitte ab. Dabei wurde mir wieder bewusst, dass es für mich noch recht ungewohnt war, mich auf Englisch zu unterhalten. Es gab noch zu viele Sprachbarrieren, um in den Genuss zu kommen, mit anderen Menschen locker in ein Gespräch zu kommen. Doch schon meine kurze und knappe Antwort identifizierte mich wohl als Deutschen. Jedenfalls brachte mir die Frau mit der noch kalten Zigarette im Mund nur ein kühles „Guten Abend" entgegen. Ich entgegnete ebenfalls einen „Guten Abend". Die Erleichterung, keine Unterhaltung auf Englisch führen zu müssen, war mir wohl anzusehen.

„So weit weg von Deutschland?", begann ich lächelnd das Gespräch. „So wie du wohl auch", konterte sie kühl aber freundlich meine Bemerkung. Es dauerte nicht lange, bis sie mir ihren Namen, Zoe, verraten hatte. Sie erzählte mir, dass sie sich in Montpellier niedergelassen hatte, um ein Buch zu schreiben, bevor sie weiter nach Südamerika ziehen wollte.

Wenig später lud sie mich zu sich in ihre WG ein, um mir auch einen Schlafplatz zur Verfügung zu stellen. Dankend und keine Sekunde zögernd nahm ich an. Mit der noch kalten Zigarette im Mund lief Zoe vor mir her. Ich folgte ihr mit dem Fahrrad durch die düsteren Straßen. Es gab nur wenige Laternen, die die Straßen erhellten, und nach kurzer Zeit waren wir auch schon angekommen.

Das Fahrrad verstaute ich gut und trug meine Sachen in die Wohnung. Ich hörte, wie Zoe mit einem Mann sprach.

„Das ist Sebastian, mein Mitbewohner", stellte sie einen Mann mit Brille vor, der mich mit einem melodisch klingenden „Bonsoir" begrüßte. Im Laufe des Abends bot mir Zoe an, meine persönliche Reiseführerin für Montpellier zu sein. Das Angebot nahm ich gerne an.

Was ich zu sehen bekam, war eine junge und lebendige Stadt, voller Kunst und Musik. An jeder Ecke fanden sich Straßenkünstler, die Musik machten. Überall waren wunderschöne Malereien zu finden. Es war, als wäre die Stadt ein einziges, großes Museum. Mag man Zoes Worten glauben, so ist Montpellier die schönste Stadt in Frankreich. Eine sehr kühne Behauptung, wie ich fand. Sie erzählte mir, dass sie sich in Deutschland nicht mehr wohlgefühlt hatte und sich nach einem anderen Leben sehnte. Es war der Drang nach einer anderen Form der Freiheit und Unabhängigkeit, mit einem Leben an Minimum von Verpflichtungen. Dieser Drang führte sie heraus aus Deutschland in die Welt – so wie mich auch.

Bald hieß es auch schon wieder Abschied nehmen. Ich wollte weiter zu meinem nächsten Zwischenstopp: Ich wollte nach Marseille!

Ein schwerer Sturm hatte beinahe den ganzen Kontinent mehrere Tage im Griff. Gleichzeitig brachte er kalte Luft aus dem Norden, sodass die Temperatur rapide fiel. Ich zog zwar schon frühmorgens los, um noch an diesem Tag Marseille zu erreichen, doch der starke Wind erschwerte mir die Fahrt.

Zunächst ging es durch den Camargue-Naturpark und durch das kleine Städtchen Martigues. Der Sturm war so stark, dass ich auf einer steilen Bergabstrecke fast zum Stehen gebracht wurde. Schließlich gewann der Sturm und bei mir siegte die Vernunft: Nach 70 gefahrenen Kilometern brach ich ab. Ich musste einen windgeschützten Übernachtungsplatz finden und fuhr eine schmale Landstraße entlang, ringsherum Äcker. An einem Hügel, umgeben von hohem Gras, fand ich schließlich einen Platz, wo ich mein Zelt aufbauen konnte. Mein Magen knurrte, bis auf ein bisschen Baguette und einer Banane hatte ich nichts weiter gegessen. Während ich versuchte, das Zelt aufzubauen, wurde es durch einen gewaltigen Windstoß in die Höhe gehoben. Meine Hände hielten noch daran fest, um es am Wegfliegen zu hindern. Doch das Stangengerüst brach auseinander. Ich musste mich mit einem provisorischen Aufbau zufriedengeben und flüchtete samt Gepäck ins Zelt hinein.

Für diese Nacht stand nasses Baguette auf dem Speiseplan, noch nicht mal eine ganze Stange. Es war eine kalte und unruhige Nacht. Der Sturm ließ nicht nach. Zu allem Übel musste ich auch noch auf Toilette, was bei dem starken Wind eine unangenehme Herausforderung war. Ich zwang mich nach draußen – und geriet total ins Staunen. Über mir erblickte ich einen prächtigen Sternenhimmel, so wie ich ihn noch nie vorher gesehen hatte. Der starke Wind zwang mich zwar wieder schnell in das Zelt, doch diesen Augenblick werde ich in meinem Leben nicht mehr vergessen. Ich hatte das Gefühl, dass ich zum ersten Mal den Sternenhimmel richtig sah. Es sollte nicht das letzte Mal gewesen sein.

Am frühen Morgen wachte ich auf, es war noch dunkel und der Sturm wütete immer noch. Er riss mit voller Wucht an meinem Zelt. Ich hatte keine Lust zu warten und musste vor mir selbst eine große Schwäche eingestehen: meine Ungeduld. Daher wollte ich unbedingt

weiterfahren. Zudem besaß ich auch keine Essensvorräte mehr. Somit baute ich das provisorisch aufgestellte Zelt wieder ab und fuhr weiter. Mit der Zeit legte sich der Wind und ich kam schneller voran. Ich kreuzte eine Stierkampfarena und eine Apfelplantage. Hier legte ich mich unter einen Apfelbaum und ruhte ein wenig aus. Um einen kleinen Vorrat anzulegen, sammelte ich das Streuobst auf und steckte es in meine Fahrradtasche.

Kurz vor Martigues, einem Vorort von Marseille, legte der Wind wieder zu. Er brachte dieses Mal zur Verstärkung Regen mit. Zudem erschwerte ein erneuter Anstieg mein Weiterkommen. Ich stieg vom Rad, um es im Halbdunkeln zu schieben. Der Regen perlte von meinem Hut ab und ich bemerkte, wie meine gesamte Kleidung immer feuchter wurde. Ich schaute mich um und sah, dass in den Wohnungen fast überall Licht schien. In meiner Fantasie stellte ich mir ein warmes Feuer und ein gemütliches Bett vor, in dem ich mich genüsslich ausstrecken konnte. Doch durch einen Ruf wurde ich aus diesem Tagtraum gerissen. Durch den strömenden Regen sah ich jemanden am Fenster eines Hauses winken und rufen. Da sich sonst niemand auf der Straße befand, musste er wohl mich meinen. Ich ging auf das geöffnete Fenster zu und der Mann verschwand, um an der Tür wieder aufzutauchen. „Come, come", sagte er in seinem französischen Dialekt und fuchtelte wild mit den Armen herum. Das hieß wohl, dass ich mit Fahrrad und Gepäck willkommen war. *Eine glückliche Wendung,* dachte ich. Noch während er die Tür schloss, stellte sich der Mann als Marin vor und erklärte, dass er mich als Radreisenden erkannt hatte und wollte mir einen Unterschlupf anbieten. Seine Wohnung war klein und in einem etwas chaotischen Zustand. Doch gerade das machte ihn in meinen Augen überaus sympathisch. Zudem sprachen wir beide schlechtes Englisch, sodass keiner dem anderen sprachlich überlegen war. Doch wir verstanden uns sofort und fanden in unserem holprigen Kauderwelsch schnell in ein Gespräch.

Marin war ebenfalls Reisender und auch Fotograf. Auf seinen Reisen führte er immer eine analoge Kamera seines Großvaters mit. Er erzählte, dass er mit dieser Kamera anders fotografiert als mit einer digitalen Kamera. Mit dem analogen Film stehen ihm nur eine sehr begrenzte Anzahl an Bildern zur Verfügung, und er wählt daher seine Motive mit Bedacht aus. Dies führt dazu, dass er über seine Motive mehr nachdenkt und intensiver überlegt, was er mit seiner Fotografie ausdrücken möchte. Er erzählte, dass er sich den Moment bewusst macht. Und so stellt seine Art der Fotografie fast eine Form von Meditation dar. Es entsteht eine Geschichte hinter jedem Foto, und dies macht seine Arbeit einzigartig.

Ich saß auf einem Stuhl, mein Hut lag völlig durchnässt auf der Heizung, und ich lauschte Marins Worten, die so inspirierend für mich waren. Ich war begeistert von seiner Sicht auf die Welt und er brachte mich damit ins Grübeln. Als Marin hinter seiner Küchenzeile verschwunden war, bereitete er die letzten Nudeln für seinen unerwarteten Besuch zu. Als er mit dem Essen zu mir kommen wollte, stolperte er, der Teller ging zu Bruch – und wir beide lachten laut darüber. Dennoch: Einiges von den Nudeln konnte gerettet werden. Das Abendessen wurde zusammen mit einem Bier am Boden eingenommen. Es war ein wunderbarer Abend, der uns große Freude bereitet hatte.

Am nächsten Morgen schossen wir noch ein analoges Erinnerungsfoto und Marin gab mir einen warmen Fleece-Pullover mit, damit ich nicht frieren müsse. In den nächsten Monaten sollte sich der Pullover noch als sehr nützlich erweisen.

Die restlichen 50 Kilometer bis nach Marseille bewältigte ich mit vielen Pausen. In der Stadt angekommen, waren meine Kräfte ziemlich erschöpft. Die letzten Tage waren körperlich anstrengend gewesen und nun stand ich vor der nächsten Herausforderung. Marseille liegt inmitten einer Hügellandschaft. Es gab Straßen, die teilweise steil bergauf führten. Nicht nur die steilen Straßen mussten bewältigt werden, auch mit dem chaotischem Verkehr hatte ich zu kämpfen. Am späten Abend erreichte ich den Stadtpark und sank dort entkräftet zu Boden.

Die letzten Tage hatten mir viel abverlangt. Dazu kam noch das beschädigte Zelt. Ein hilfsbereiter Freund aus Deutschland sah sich in der Verantwortung, mir unter die Arme zu greifen und wollte mir schnell Material zur Reparatur schicken. Die Zeit, bis das Paket ankommen sollte, nutzte ich, um mich auszuruhen und mir die Stadt anzusehen.

Marseille kann auf eine 2.500 Jahre alte Geschichte zurückbli-

cken und war jeher eine wichtige Hafenstadt. Viel Zeit verbrachte ich damit, den Alten Hafen zu erkunden. Dabei hatte ich besonders viel Freude daran, die alten Fischkutter zu beobachten. Ich besichtigte mitten in der Stadt die Notre-Dame-de-la-Garde, das Wahrzeichen Marseilles. Die Kathedrale thront hoch über der Stadt auf einem Kalkfelsen und ist von jedem Punkt der Stadt aus sichtbar.

Der Legende nach wurde Marseille 600 v. Chr. sozusagen von der Liebe gegründet. Griechische Seefahrer aus Phokäa (dem heutigen Foca in der Türkei) landeten an der südfranzösischen Küste, als der keltische König Nann einen Gatten für seine Tochter Gyptis suchte. Der Anführer der Seefahrer hieß Protis. Er war einer der Anwärter, aus denen Gyptis aussuchen konnte. Und sie entschied sich noch an diesem Tag. Zur Verwunderung aller überreichte Gyptis den Kelch an Protis. Die beiden heirateten und die Griechen und Kelten gründeten zusammen die Stadt Massalia. Tatsächlich steuerten griechische Händler die Südküste Frankreichs an, um mit den Bewohnern Handel zu treiben. Verschiedene Waren, wie zum Beispiel Zinn oder Schmuck, wurden dabei ausgetauscht. Große Teile der Küste Frankreichs sind rau und nicht geeignet, um dort mit einem Schiff anzulegen. So steuerten die Griechen stets die Küste vor dem heutigen Marseille an, die sich als wunderbarer natürlicher Hafen herausstellte. 600 v. Chr. verschenkte der ligurische Fürst das Land um den Hafen, und die Griechen gründeten daraufhin dort die Stadt Massalia, das heutige Marseille.

Der Weg meiner Reise

Am nächsten Morgen fuhr ich zum Nationalpark Calanques, direkt vor den Toren Marseilles. Es tat mal gut, das Gepäck vom Fahrrad abzulegen. Ich verstaute es sicher in einem Waldgebiet am Rande der Stadt. So konnte ich meinen kleinen Ausflug unbeschwert genießen und erreichte am Mittag eine Bucht mit einem kleinen Yachthafen. Von dort startete ich eine Wanderung in die angrenzenden Berge. Gedankenversunken marschierte ich los und dachte dabei an die vergangenen Tage zurück. Es waren erst zwei Wochen seit meinem Start in Barcelona vergangen, und doch hatte ich schon viel erlebt. Das Gefühl, Urlaub zu machen, verflog allmählich, und ich gewöhnte mich an mein neues Leben. Dies machte sich auch an meinem Körpergewicht bemerkbar. Mein geplantes Budget gab mir vor, wieviel Geld ich am Tag ausgeben durfte. Mit zwischen zwei und drei Euro waren mehr als Baguette und Bananen kaum drin. Immer wieder hatte ich mit einem knurrenden Magen zu kämpfen, den ich so gut es ging ignorierte.

Bald schon war ich auf der Spitze eines Berges angekommen. Von dort hatte ich eine wundervolle Aussicht auf die Bucht. Einige Zeit später kehrte ich zu meinem kleinen Wäldchen zurück und legte mich ins Zelt: Ein wunderbares Leben!

Die viele Zeit brachte mich dazu, wieder mit dem Lesen anzufangen. Das hatte ich in Deutschland völlig vernachlässigt. Dabei interessierten mich hauptsächlich Bücher, in denen es auch ums Reisen und um Abenteuer geht. Bücher von Jules Verne oder auch das Tagebuch des deutschen Georg Forster, der James Cook auf seiner Weltumseglung begleitete, gehörten dazu. Die Geschichten beflügelten meine Ideen und Gedanken.

Ebenso verbrachte ich viel Zeit mit meinem Tagebuch, um die Erlebnisse während meiner Reise festzuhalten, aber auch um meine Gedanken zu sortieren. Ich bekam das Gefühl, dass ich mit der Suche nach meinem Glauben nur schwer vorankam. Vielleicht erwartete ich zu viel, aber bislang wusste ich noch nicht, wie diese Suche aussehen sollte. Dabei klammerte ich mich an zwei Ereignisse, die sich kurz vor meiner Abreise in Deutschland ereignet hatten.

Barmherzigkeit

Ich besuchte meinen Onkel im Berchtesgadener Land, in Bad Reichenhall. Ich kam gerne dorthin und wusste, dass ich jederzeit willkommen war. So saß ich bei ihm im Wohnzimmer auf der Couch und dachte über meine bevorstehende Reise nach, darüber, welchen Sinn sie für mich haben sollte. Die Lieblingsfernsehsendung meines Onkels lief im Hintergrund. Es ging darum, Antiquitäten von Privatpersonen zu versteigern. Als in dieser Sendung ein älterer Herr mit einem Gemälde auftrat, hörte ich gedankenversunken erst einmal nur halb zu, Doch als es zu der Beurteilung des Gemäldes kam, hörte ich den Kunstfachmann sagen: „… wobei es hier um aller Wahrscheinlichkeit nach um die Darstellung einer der sieben Taten der Barmherzigkeit geht." Irgendwie gepackt von diesen Worten starrte ich zum Fernseher. Wohl in diesem Moment kam es zu einem dieser berühmten Geistesblitze.

Ich konnte mir nicht erklären warum, aber aus dem Tiefsten meines Innersten wusste ich, dass diese Sieben Taten der Barmherzigkeit, über die ich nichts wusste, meine Reise begleiten würden. Sie sollten zum roten Faden meiner Reise werden, ein roter Faden, der zu den Menschen führt und die Menschen verbindet. Barmherzige Taten werden empfangen und gebracht, so entsteht ein ewiger Fluss an positiver Energie, die unsere Welt ein Stück besser macht.

Bestätigt wurde dieser Gedanke durch ein weiteres Ereignis. Ich verließ Bad Reichenhall und suchte eine Mitfahrgelegenheit nach Berlin, um eine gute Freundin zu besuchen. Unglücklicherweise verpasste ich meine Mitfahrgelegenheit und schaute mich umgehend nach einer weiteren Reisemöglichkeit um. Die fand ich auch und stieg in das Auto eines netten Herrn, der sich als Uli vorstellte. Wir unterhielten uns eine Weile, bis er mir erzählte, dass er evangelischer Pfarrer sei. Mir kam wieder in den Sinn, worüber ich wenige Tage zuvor auf der Couch meines Onkels nachgedacht hatte: Die „Sieben Taten der Barmherzigkeit". Ich erzählte von meiner Eingebung für die Reise. Uli berichtete mir von seiner Arbeit in München. Dort stellte er gerade in Zusammenarbeit mit verschiedenen Institutionen und der evangelischen Kirche ein Projekt auf die Beine, das „Pfad der Barmherzigkeit" genannt wurde. Ein Weg, wodurch diverse karitative Einrichtungen miteinander verbunden werden sollten. Damals bewertete ich diese Situation als Zufall, aber auch als Bestätigung für mich selbst. Die Suche nach meinem Glauben sollte einer der Wegweiser für meine Reise werden. Die Sieben Taten der Barmherzigkeit sollten mir dabei helfen.

Die Frage, was denn diese Taten der Barmherzigkeit waren und welche Wegweiser mir noch begegnen sollten, würde mir später beantwortet werden. Zunächst war mir erst einmal die Richtung bewusst.

Obdachlos

Für den nächsten Tag war ein Unwetter angekündigt, und ich wollte nicht das Risiko eingehen, es im Wald zu erleben. So sah ich mich in der Stadt nach einem sicheren Unterschlupf um. Eine leerstehende Bowlinghalle erschien mir dafür gut geeignet. Das Grundstück war abgesperrt, doch durch ein Loch im Zaun gelangte ich hinein und schaute mich ein wenig um.

An der Bowlinghalle sah ich eine kleine Gruppe Männer, die dicht zusammenstanden. Sie starrten mich an. Obwohl mir die Situation nicht geheuer war, ging ich auf sie zu. In meinem beschränkten Englisch versuchte ich ihnen zaghaft zu erklären, dass ich Schutz vor dem Unwetter suchte und fragte, ob ich hier schlafen dürfe. Die Männer antworteten auf französisch. Leider konnte ich sie nicht verstehen. Doch kurz darauf gingen die Männer aus mir unverständlichen Gründen – und ich war alleine.

Die Fassade war marode, mit Graffiti besprüht und heruntergekommen. Es roch leicht nach verwittertem Holz. Ich hatte gesehen, wie die Männer in einen kleinen Lieferwagen gestiegen waren, das Tor geöffnet und das Grundstück verlassen hatten. Sollte dies mich nun beruhigen oder eher verunsichern? Ich wollte nicht mehr darüber nachdenken und konzentrierte mich lieber darauf, einen geeigneten Schlafplatz zu finden. Ich ging weiter in die riesige Halle hinein, um sie zu erkunden. Die Luft wurde zunehmend muffiger, überall lagen Glassplitter und Bauschutt auf dem Boden. Ich durchquerte die Halle und erreichte einen kleinen Hinterhof. Dort fand ich eine Markise, die noch in Ordnung schien. Da es nicht besonders kalt war, gefiel mir die Idee, draußen zu schlafen. Ich holte noch schnell mein Fahrrad, das vor dem Grundstück auf mich wartete und schloss es sicher ab. Ich machte es mir gemütlich, rollte den Schlafsack aus und versank in

meine Gedankenwelt. Bald wurde es auch schon dunkel. Ein Unwetter war noch lange nicht in Sicht. Mittlerweile zweifelte ich daran, dass es überhaupt kommen würde. Vielleicht gab es nur ein bisschen Regen. Ich schloss die Augen und schlief friedlich ein.

Es war wohl kurz nach Mitternacht, als ich von einem gleißenden Licht geweckt wurde. Ich hatte mich mit meinem Schlafsack auf einer Tür ausgebreitet, die am Boden lag. Das helle Licht war wohl ein Gewitterblitz, denn kurz danach gab es immer mehr Blitze, die in weiter Ferne am Himmel zu sehen waren. Ich schaute dem Lichtspiel fasziniert zu. Ein kräftiger Wind zog auf und verwandelte sich zunehmend in einen heftigen Sturm. Die hölzernen Barrikaden, hinter denen ich mich verbarg, schützten mich vor den Windböen. Kurze Zeit später setzte ein gewaltiger Platzregen ein. Was dann geschah, spielte sich innerhalb weniger Minuten ab. Die Gewitterwolken, die mich zuvor noch als Lichtspiel in der Ferne fasziniert hatten, erreichten nun Marseille. Mein Gepäck und natürlich auch ich wurden komplett nass. Bevor ich richtig reagieren konnte, gab die Markise keinen Schutz mehr, und ich rettete mich mit meinen Sachen in die Halle. Sie stand innerhalb weniger Minuten vollständig unter Wasser. Abgebrochene Rohre leiteten das Wasser in die Halle und fluteten sie komplett. Ein Podest in der Mitte, das zu „Lebzeiten" der Bowlinghalle wohl eine Theke gewesen war, sollte nun zu meinem Schlafplatz werden. Ich rollte meinen leicht feuchten Schlafsack aus, zwang mich hinein und beobachtete die Blitze durch die Deckenfenster. Das Licht der Blitze drang hindurch und ließ die Halle jedes Mal hell erstrahlen. Jeder Blitz machte die Verwüstung in der Halle sichtbar und überließ im nächsten Moment alles wieder der Dunkelheit. Diese Nacht gehörte mit zu meinen schrecklichsten Nächten auf meiner Reise. Doch meine Gedanken kreisten nicht um meine Sicherheit. Ich war mit meinen Gedanken bei all den Obdachlosen, die eine Vielzahl dieser Nächte durchstehen mussten und für die solche Ereignisse fast zum Alltag gehörten. Die Erfahrung dieser Nacht gab mir zu denken und war wichtig auf meiner gesamten Reise.

Das Paket aus Deutschland war nun endlich angekommen. Mein Kumpel hatte mir zwei komplette Sätze Zeltstangen geschickt, mit dabei waren zwei Bonbons. Eine süße Erinnerung aus der Heimat, um nicht zu vergessen, wo ich zu Hause war und auch wieder zurückerwartet wurde.

Nach rund einer Woche Aufenthalt in Marseille fuhr ich am frühen Morgen los Richtung Nizza. Etwa 200 Kilometer lagen vor mir. Da ich mich die ganze Woche hatte ausruhen können, sprühte ich nur so vor Energie und trat voller Elan in die Pedale.

Der Weg führte über ein hügeliges Naturschutzgebiet. Die Sonne ließ die Landschaft in ihrer ganzen Pracht erscheinen.

Vor mir erstreckte sich der Süden der Provence mit seinen wunderschönen Dörfern. Ich fuhr vorbei an der kleinen Hafenstadt Toulon, die zu den sonnigsten Städten in Frankreich zählt. Der Blick auf die grünen Hügel der Provence ließen mich auch fast den steilen Aufstieg vergessen, den ich abermals zu meistern hatte. So beschwerlich der Aufstieg auch gewesen war, umso schöner war die Belohnung: Eine atemberaubende Aussicht, die teilweise bis zum Meer reichte. Kurz nach Sonnenuntergang erreichte ich Port Cogolin, nicht weit von Saint-Tropez entfernt. Die Lichter der Stadt erhellten die Bucht. Ich war erschöpft und kraftlos. Das lag sicherlich auch daran, dass ich zu wenig gegessen hatte. Immer noch versuchte ich, mit wenig Geld durch den Tag zu kommen und ließ daher einige Mahlzeiten aus. Doch dies rächte sich. Denn meine Fitness ließ immer mehr nach. Doch da ich nicht wusste, wohin mich meine Reise führen sollte, musste ich sparsam leben.

Die Dunkelheit brach herein und ich scheute mich nicht davor, nachts zu fahren. Glücklicherweise war ich mit einer Stirnlampe ausgerüstet. Diese benutzte ich sonst nur für meine nächtlichen Trainingsläufe zur Marathonvorbereitung. Nun diente sie mir bei meinen Nachtfahrten. Ich fand es faszinierend, nachts zu fahren und genoss die Ruhe um mich herum. Ich hatte eine flache Strecke vor mir und musste nicht

auf Klippen oder Kurven achten, die ich im Dunkeln verfehlen und wo ich in die Tiefe stürzen könnte. Ein grausamer Gedanke, der meinen draufgängerischen Charakter zügelte und mich bei jeder Streckenplanung begleitete. Ich verließ den Golf von Saint-Tropez. Dabei waren die Lichter an der Bucht gegenüber noch eine Weile sichtbar, bis sie hinter den Bäumen verschwunden waren und mich mit der Dunkelheit alleine ließen. Ich hielt mich stets an der Küste und hatte einen wunderbaren Ausblick auf den Nachthimmel über dem Meer.

Schließlich erreichte ich gegen Mittag Cagnes-sur-Mer, einen Vorort von Cannes. Es war inzwischen Mittag und ich suchte mir in einem Park einen Platz, um mich auszuruhen und legte mich ins weiche Gras. Ich döste ein und wurde erst Stunden später wieder wach.

Als es Abend wurde, machte ich mich wieder auf den Weg. Schließlich wollte ich unbedingt noch Nizza erreichen. Dies hatte den Grund, dass ich eine ungewöhnliche Einladung erhalten hatte. Paul hatte den

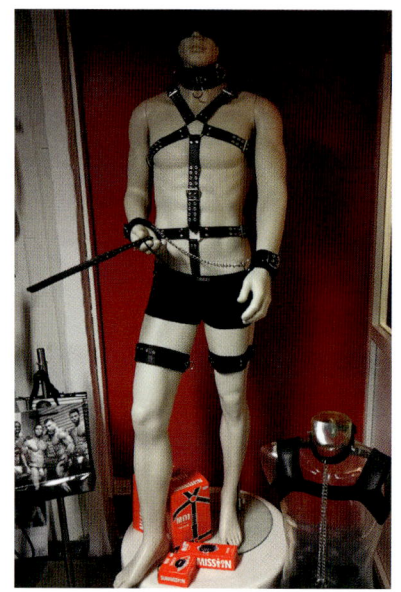

Kontakt hergestellt und Phil hatte mir geschrieben, dass er sich über einen Besuch von mir freuen würde. Allerdings unter einer Bedingung. Phil war Eigentümer eines Modegeschäfts für Männerunterwäsche und gab an diesem Abend eine Party für ausgewählte Kunden. Der Dresscode war, in Unterhose zu erscheinen. Daher auch der Name für diese ungewöhnliche Party: *Gay underwear Party*. Es hieß, auf der Party werde Musik gespielt, Alkohol ausgeschenkt – und so könne es unter den Gästen eventuell auch zu sexuellen Handlungen kommen. Was sich in meinen Ohren fast nach einer Warnung anhörte.

Ich sagte mein Kommen zu und war begierig darauf, diese Erfahrung mitzunehmen und neue Leute kennenzulernen. Phil empfing mich herzlich, als ich das Geschäft in Nizza betrat.

Die belegten Schnittchen und gefüllten Sektgläser waren schon vorbereitet. In der Zwischenzeit hatte mich Phil über Sinn und Zweck der Party aufgeklärt. Es sollte eine kleine Verkaufsveranstaltung sein, auf der Phil seine Ware präsentierte. Phil war etwas überrascht darüber, dass ich als Heterosexueller bereit war, an der Party teilzunehmen. Ich durfte mir eine Unterhose aussuchen und wählte die bunteste. Alle Partygäste und auch Phil und ich entkleideten uns bis auf die Unterhose. Meinen Hut durfte ich aufbehalten. Und dann kamen auch schon die Gäste. Es floss viel Alkohol. Es wurde viel geredet, getanzt – und natürlich auch verkauft. Zwischendurch wurde ich immer wieder angeflirtet. Doch ich versuchte, nicht darauf einzugehen. Mit einem Italiener verstand ich mich besonders gut. Der Abend machte mir Spaß.

Obwohl ich ziemlich müde war, hielt ich noch bis zum Schluss nach Mitternacht durch. Wie Phil es vorhergesagt hatte, kam es dann auch zum einvernehmlichen Sex unter den Gästen. Phil und der Italiener enthielten sich. Schließlich ging es für Phil vornehmlich um die Präsentation seiner Kollektion und den Verkauf. Total erschöpft gingen Phil und ich nach Hause.

Früh am nächsten Morgen brach ich in Richtung Grenzübergang nach Italien auf. Phil gab mir noch ein T-Shirt und eine neue Hose mit auf meine Reise. Die Straße führte über einen steilen Gebirgspass, von dem aus man eine hervorragende Aussicht auf Nizza genießen konnte. An der höchsten Stelle war der Pass 177 Meter hoch. Jeden Meter verfluchte ich. In Monaco nahm ich allerdings den etwas längeren Weg an der Küste in Kauf, und mit Menton erreichte ich die letzte französische Stadt vor der Grenze.

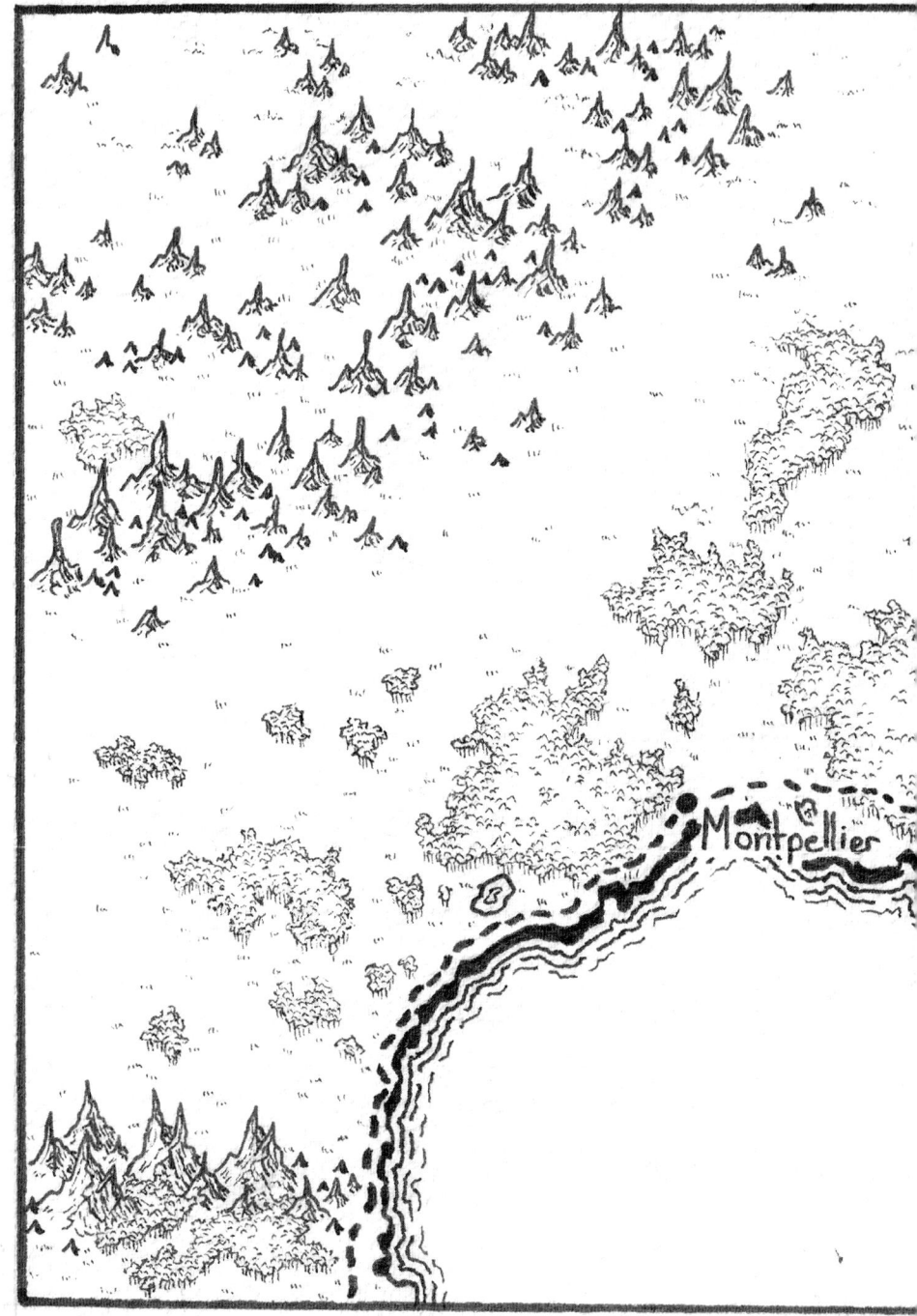

Marseille

Nizza

FRANKREICH

Das dritte Kapitel

– essere da solo –

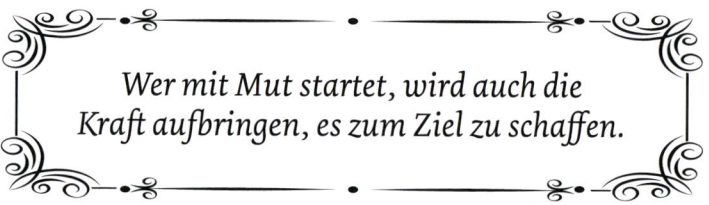

> Wer mit Mut startet, wird auch die
> Kraft aufbringen, es zum Ziel zu schaffen.

Drei Wochen nach Anbruch der Reise war ich nun in Italien angekommen. Ich wollte mein Tempo etwas verringern, um dieses Land und seine Menschen näher kennenzulernen.

Über Pisa, Rom und Pompeji wollte ich an der Westküste entlangfahren, um schließlich nach Bari zu gelangen. Von dort aus würde ich mit der Fähre nach Griechenland übersetzen. Eine gewaltige Strecke mit vielen Bergketten stand mir bevor. Ventimiglia und San Remo waren die ersten Städte, die ich passierte. Ich würde immer weiter in den Süden reisen, um so auch dem Winter zu entkommen. Ich sah mich mit den verschiedensten Herausforderungen konfrontiert und konnte nicht abschätzen, ob ich es überhaupt schaffen werde. Dabei versuchte ich immer wieder, mich selbst zu motivieren.

Noch am selben Tag wurde meine Motivation gedämpft. Der Weg nach Genua führte – wie so oft – über einen Gebirgspass. Immer wieder musste ich mein Fahrrad schieben. Ich wurde zunehmend müder. Die Strapazen im Gebirge ließen mich an mir zweifeln. Das war vielleicht doch nicht das Leben, was ich wollte. Ich hatte mir nicht vorgestellt, dass es so hart werden würde. Zugleich erschwerte das aufkommende Herbstwetter mit Wind und Regen meine Reise. Ein plötzlich eintretender Platzregen zwang mich schließlich zu einer Pause von etwa drei Stunden. Als die Dunkelheit hereinbrach, hatte ich noch keinen geeigneten Zeltplatz gefunden. Doch ich musste ja irgendwo schlafen und baute mein Zelt provisorisch auf einem schmalen Grünstreifen in unmittelbarer Nähe der Straße auf. Ich sehnte mich in diesem Augenblick nach dem schönen Niederrhein. Obwohl Gedanken an meine Freunde mir Mut und Hoffnung gaben, dachte ich: *Ist die Reise tatsächlich das Richtige für mich?* Denn ich hatte ja ständig mit Problemen zu kämpfen, nahm falsche Abzweigungen, war nicht optimal für Wind und Wetter gerüstet. An so manchen Tagen hungerte ich auch. Es schien mir, als würde ich auf meiner Reise vieles nicht richtig machen und dachte kurz darüber nach, den Bus zurück nach Deutschland zu nehmen. Da hörte ich aus dem Dunkeln heraus eine Stimme: „Can I sleep here?"

Ich sah einen jungen Kerl, der mit einem vollgepackten Fahrrad den Berg langsam hinaufgefahren kam. Ich war überrascht und erfreut zugleich – und willigte ein. Mein Zeltplatz auf dem schmalen Grünstreifen an einer Schnellstraße, gespickt mit einigen Bäumen kurz vor einem Abhang, war nicht groß. Dennoch hatte ich natürlich nichts dagegen, dass er sein Nachtlager neben dem von mir aufschlagen wollte. Der Fremde kam auf mich zu und stellte sich auf Englisch vor: „Hey, gut, dass ich dich hier treffe, ich bin Janis." Ein blonder Junge mit blauen Augen und einem schwarzen Anglerhut stand vor mir.

„Ja, ich bin Sascha aus Deutschland", antwortete ich, ebenfalls auf Englisch – und reichte ihm die Hand, die er auch sofort ergriff und anschließend zurück zu seinem mit Taschen beladenen Fahrrad ging.

„Ich hatte heute einfach kein Glück, einen guten Zeltplatz zu finden. Scheint dir ja wohl genauso ergangen zu sein", meinte er und lachte dabei laut auf. Ich dachte zunächst, dass er nun sein Zelt aufbauen würde. Doch vielmehr griff er erst einmal in seine Tasche und holte eine Flasche und dann noch eine zweite Flasche heraus und gab mir eine davon und sagte nur: „Cheers."

Noch bevor ich begriff, dass ich eine Bierflasche in der Hand hielt, hatte er seine schon geöffnet und nahm einen tiefen Schluck.

„Cheers", sagte ich und trank ebenfalls von dem wirklich köstlichen Getränk. Wahrscheinlich stand er kurz vor dem Verdursten, denn seine Flasche war im Nu leer. Anschließend begann er damit, sein Zelt aufzubauen.

„Wo kommst du her?", wollte ich wissen.

„Ich war noch in San Bartolomeo und habe die Zeit nicht richtig eingeschätzt …"

„Nein, ich meinte, aus welchem Land du kommst. Nach deiner Aussprache bist du nicht …"

Bevor ich zu Ende sprechen konnte, unterbrach er mich: „Ich bin aus Lettland und wohne in der Nähe von Riga. Und du kommst aus Deutschland, richtig?"

Ich nickte. Dies konnte er im Dunkeln wahrscheinlich nicht sehen, da er weiter mit dem Aufbau seines Zeltes beschäftigt war.

„Ich bin vor einem halben Jahr mit einem Freund losgefahren. Wir starteten von meiner Heimatstadt aus und fuhren über Schweden und Deutschland bis nach Holland. Leider war meinem Freund die Fahrradreise zu anstrengend und er kehrte wieder um. Ich fuhr weiter bis nach Frankreich und wollte die Atlantikküste bereisen. Bist du schon einmal dort gewesen?" Ich verneinte.

„Endlose Strände erwarten dich dort, meterhohe Wellen. Ich habe mich in den Atlantik verliebt. Ich fuhr weiter bis nach Portugal und folgte der Küstenlinie bis zur Straße von Gibraltar. Von dort ging es wieder in den Norden und ich folgte der Mittelmeerküste."

Mir wurde klar, dass sich ab Barcelona unsere Routen mit Sicherheit ähneln würden, und nun trafen wir hier aufeinander. Sein Zelt stand und es war bezugsfertig. Die Verständigung klappte übrigens ziemlich gut. Langsam wurde mein Englisch immer besser.

Erst spät in der Nacht brachen wir unser Gespräch ab, da uns der Schlaf übermannte. Kurz vor dem Wegtauchen in meine Träume lauschte ich dem Meeresrauschen, und wie die Wellen sich an den Klippen brachen. Ich genoss die Nacht und schlief tief und fest.

Janis war offenbar ein Frühaufsteher und baute bereits sein Zelt ab, während ich noch liegenblieb. Kurz bevor er losfahren wollte, verabschiedeten wir uns voneinander. Vielleicht würden wir uns ja wieder begegnen.

Der Himmel war bedeckt, doch manchmal kam auch die Sonne hervor. Es verging noch eine weitere Stunde, bis auch ich schließlich aufbrach. Als ich in die Pedale trat, wurde ich durch einen leichten Rückenwind unterstützt. War dies ein gutes Zeichen? Ein Gefühl der Zuversicht machte sich breit und ich lächelte. An diesem Tag probierte ich eine Abkürzung aus, zumindest versprach mir dies die Karte. Doch der Weg war beschwerlicher als gedacht, schließlich musste ich einen recht steilen Aufstieg bewältigen. Unterwegs sammelte ich verschiedene Früchte wie Zitronen und Mandarinen, die von den Bäumen gefallen am Straßenrand lagen. So legte ich mir einen kleinen Vorrat an Proviant an. Kurz hinter dem Örtchen Alassio machte ich Rast und schaute auf das weite Meer hinaus. Eine beeindruckende Klippenlandschaft zog sich bis in das Meer hinein. Die Wellen brachen über die Felsen hinweg und hatten sie wohl über tausende Jahre hinweg zu wunderschönen Skulpturen geformt. *Mutter Natur ist eine Künstlerin,* dachte ich nur und stand verträumt an der Küste, schaute zum Horizont, als mich eine Stimme aus meinem Tagtraum riss: „Hey, how are you?"

Es war Janis, der wohl den längeren Weg gefahren war und mich nun wieder eingeholt hatte. Da wir beide nach Genua wollten, beschlossen wir, gemeinsam zu fahren.

„… da ich Architektur studieren möchte, habe ich meinen letzten Minijob aufgegeben. Mir war klargeworden, dass ich, bevor ich mich Jahre ans Studium binde, erst noch etwas erleben möchte. Ich bin sehr naturverbunden und so kam es, dass ich mit Fahrrad und Zelt durch die Welt fahren wollte", erzählte Janis.

„Hattest du keine Zweifel?", fragte ich ihn.

„Wenn ich Zweifel gehabt hätte, wäre ich nie auf diese Reise gegangen."

Dies war ein Satz, der mir noch lange in Erinnerung bleiben sollte und den ich in veränderter Form häufig wiederholte.

„Denk an meinen guten Freund", sagte Janis. „Er musste die Reise abbrechen, weil seine Zweifel ihn auffraßen. Ich nehme es ihm nicht übel. Aber er verpasst sehr viel."

Meine Gedanken schweiften ab. Janis Freund erinnerte mich an meine Überlegungen vom Vortag, von denen ich mich noch immer nicht völlig gelöst hatte. Es bestand noch immer das „Restrisiko", dass ich die Reise abbreche, den Bus nehmen und zurück nach Deutschland, nach Hause fahren würde.

Schließlich hörte ich wieder Janis zu, der weiter von den Erlebnissen auf seiner Reise berichtete. Ich lauschte gespannt, hatte aber immer wieder Probleme, mich gleichzeitig auf den Verkehr zu konzentrieren. Das bekam Janis mit, nachdem ich noch rechtzeitig einem Leitpfosten ausgewichen war. Von nun ab beschränkte er seine Erzählungen auf unsere Trinkpausen. Er bescherte mir bei jeder Rast einen neuen Höhepunkt seiner Reise. Die Geschichten motivierten mich und mit jedem seiner Worte wurde mir klar, dass Missgeschicke und Probleme immer wieder vorkamen und ihre Bewältigung eben einen Bestandteil einer solchen Reise darstellen.

So sollten Probleme zur Herausforderung werden und an deren Bewältigung sollte ich wachsen. Dies war ein wichtiger Bestandteil meiner Persönlichkeitsentwicklung und sollte mir noch viele Jahre später auf meinen Reisen von Nutzen sein.

Wir waren nun schon eine ganze Weile gemeinsam gefahren, als die Sonne langsam unterging und Janis zu mir sagte: „Wie soll man jemandem diesen Sonnenuntergang beschreiben?" Er hatte recht. Das rotgelbe Farbenspiel am Horizont, scheinbar hinter dem Meer, mit einem prachtvollen Wolkengebilde und dem Felsen, der vom Festland ins Meer ragt, kann kein Mensch in seinem herrlichen Ausmaß beschreiben. *Gut so,* dachte ich, *die Natur muss sich ihre Mysterien bewahren.*

Menschen sollten neugierig bleiben und ihrer Lust zum Entdecken nachgeben. Die Neugier treibt die Menschen hinaus, um mit ihren eigenen Augen zu sehen, was die Welt zu bieten hat. Dies schafft eine Basis, um das Leben kennenzulernen. Nur so werden Menschen ermutigt, sich ebenso auf eine Reise zu begeben, um das, was uns die Welt bietet, mit eigenen Augen zu sehen, zu erfahren – und um sich schließlich wieder für eine bessere Welt einzusetzen. Manche Situationen bedürfen keiner Worte. Sie benötigen nur die Fantasie, sich in die schönste Lage zu versetzen, die sich ein Mensch vorstellen kann.

Während ich meine Gedanken in mein Tagebuch schrieb, kramte

Janis etwas Tabak und Gras aus seiner Tasche und riss ein Stück Papier aus der Landkarte heraus, um sich daraus eine Zigarette zu drehen. Auf der Fahrt hatte Janis mir von seinen weiteren Reiseplänen erzählt. Doch sein Geld war aufgebraucht und er vermisste auch sein Zuhause sehr. Nach seinen Berechnungen benötigte er noch etwa einen Monat, um seine Heimat, um Lettland zu erreichen.

Wir suchten uns einen Zeltplatz am Strand und machten ein kleines Feuer. Janis holte ein paar Würstchen zum Grillen heraus.

„Hast du eigentlich Heimweh?", fragte ich ihn und zog mein Würstchen vom Feuer weg.

„Ich vermisse meine Familie und meine Freunde und natürlich auch Jelgava, meine Heimatstadt. Wir leben in einer Küstenregion und Lettland besteht größtenteils aus Wäldern und Flüssen. Ich war täglich in den Wäldern unterwegs, zum Jagen, zum Zelten oder zum Angeln. Ich fühle mich mit der Natur verbunden und brauche nicht viel zum Leben."

„Bist du Minimalist?", fragte ich ihn.

Janis grinste: „Man könnte mich so bezeichnen. Es bedeutet ja nicht, dass ich auf etwas verzichte. Ich benötige halt nur sehr wenig zum Leben."

Wir hatten schon das nächste paar Würstchen ins Feuer gelegt und ich dachte über seine Worte nach. Minimalist zu sein hat nichts mit Verzicht zu tun, sondern ist auf einen einfachen Lebensstil ausgerichtet. *Wer wenig hat, kann auch wenig verlieren,* dachte ich mir. Dieser Gedanke sollte vor allem auf meiner Reise wichtig werden. Den ersten Anstoß, in diese Richtung zu denken, hatte ich in diesem Moment von Janis bekommen.

Die Würstchen waren gegessen und das kleine Feuer wärmte uns noch eine Weile. Janis bediente sich erneut seiner Karte, um sie als Zigarette zu missbrauchen. Während er an seiner Zigarette zog, erzählte ich ihm, womit ich mich in den letzten Tagen beschäftigt hatte.

„Weißt du, Janis, an dem Abend, bevor du den Berg hochgefahren kamst, spielte ich mit dem Gedanken aufzugeben. Ich redete mir ein, dass ich alles falsch machen würde, und mein Platz doch in Deutschland auf der Couch wäre. Ich wollte in Genua den nächsten Bus nach Hause nehmen." Ich erzählte ihm nicht ohne Scham davon und fuhr fort: „Doch dank deiner Geschichten ist mir klargeworden, dass auch schlechte Erfahrungen zu einer solchen Reise gehören."

Janis saß zurückgelehnt da und zog an seiner Zigarette, während er mir zuhörte und dabei charmant grinste, ohne das, was ich sagte, ins Lächerliche ziehen zu wollen.

„Sascha, das habe ich auch anfangs gedacht, als mein Freund aufgegeben hatte. Es kostete mich viel Überwindung, alleine weiterzufahren. Deine Reise findet nicht nur auf der Landkarte statt. Mit jeder Erfahrung, sei sie noch so schlecht, gehst du deinen eigenen Weg."

Eine Erkenntnis, die mir schon von meinen Marathonläufen bekannt sein sollte. Doch Janis machte mir diese Erkenntnis wieder bewusst. Von nun an sollte ich aufpassen, was ich denke.

Mit Anbruch des Regens zogen wir uns in unsere Zelte zurück. Meine trüben Gedanken, was den Fortgang meiner Reise betraf, waren endgültig verschwunden. In meinen Gedanken dankte ich Janis, der wohl die Fortsetzung meiner Reise gerettet hatte. Und dabei dachte ich, dass dieser Abend der Höhepunkt unseres Zusammentreffens gewesen war. Doch der Morgen sollte mich eines Besseren belehren.

Die Sonne ging auf und weckte mich. In der Nacht hatte ich nicht so gut geschlafen. Immer wieder wurde das Zelt vom Wind attackiert. Das Rascheln der Zeltwände hielt mich noch lange wach, bis ich schließlich doch im Takt der Wellen einschlief. Der morgendliche Himmel war klar und Janis und mir bot sich ein überwältigender Sonnenaufgang. Janis war schon lange vor mir wach und stand mit geschlossenen Augen am Meer. An was er wohl in diesem Moment dachte? An seine Freunde, seine Familie? An sein Zuhause, sein altes Leben? Wir packten unsere Zelte zusammen. Janis erzählte von seiner bevorstehenden Fahrt über Milano und dachte daran, auch noch Pisa

zu besuchen. Ich hatte das Gefühl, dass sich unsere Wege an diesem Tag trennen würden, was ich bedauerte.

Der Abbau des Zeltes dauerte bei mir etwas länger und ich befürchtete schon, dass Janis ungeduldig warten würde. Er hockte jedoch noch immer am Strand und schien etwas zu suchen. Als ich zu ihm kam, erklärte er mir, dass er in Lettland nahe an der Küste lebt und jede Flut nach einem Sturm kleine gläserne Steinchen hinterlässt. Klein und unscheinbar, aber besonders. Er zeigte auf den Boden und ich sah, was er meinte. Die Sonne strahlte den Sand an und der ganze Strandabschnitt begann zu glitzern. Ein unfassbarer Schatz, so kam es mir vor, lag auf dem Boden vor unseren Füßen. Janis führte nicht viel mit, aber als er einen kleinen Lederbeutel öffnete, offenbarte er seinen Schatz: Muscheln, Kronkorken, einen Flummi – ganz unscheinbare Gegenstände, die viele Menschen als Müll abgetan und weggeworfen hatten. Doch hinter jedem dieser Kostbarkeiten verbarg sich eine Geschichte und veredelte sie.

„Diese Muschel erinnert mich an eine Begegnung mit einer schönen Frau in Spanien, aber ich darf dir nicht erzählen, was passiert ist", sagte Janis mit einem Zwinkern. Bei all seinen Gegenständen, die er gesammelt hatte, glänzten seine Augen.

Janis war in diesem Moment für mich ein reicher Mensch. Unter seinem Schatz befand sich auch eine handgeschnitzte lettische Rune. Janis nahm sie und legte sie mir in die Hand. Er schenkte sie mir für meine weitere Reise. Diese Rune sollte mir Glück und Motivation bringen, auch als Erinnerung an Janis, der meine Reise gerettet hatte.

Dankend nahm ich das Geschenk an, ein so wertvolles Geschenk voller Großzügigkeit und Liebe. Diese Rune sollte von nun an zum Zeichen meiner Reise werden. Als Erinnerung, niemals den Mut oder meine Zuversicht zu verlieren. Aufzugeben darf keine Option mehr sein.

Wir setzten unseren Weg weiter gemeinsam fort. Die Straße nach Genua führte an einer bezaubernden Meereslandschaft vorbei und ehe wir uns versahen, kamen wir in Genua an, wobei die große Hafenanlage uns die Sicht auf das Meer versperrte. Doch das tat dem Hunger keinen Abbruch. Wir frühstückten zusammen und spazierten gemütlich durch die Stadt. Am späten Nachmittag kam der Zeitpunkt des Abschieds. Kein Abschied ist für immer und so versprachen wir uns, dass wir uns wiedersehen würden.

Wir standen auf dem Marktplatz, gaben uns die Hände und wussten in dem Moment, dass dies der Beginn einer Freundschaft sein würde.

„Weißt du, Sascha, ich habe bislang immer gedacht, dass ich der einzig Verrückte wäre, der sich anscheinend mittellos durch Europa schlägt. Mein Gefühl ist, dass ich auf dem Fahrrad die Gesellschaft wie durch ein Fenster betrachte. Ich fühle mich manchmal wie ein Außenseiter."

Ich wusste, wovon Janis sprach. Auch wenn ich in regelmäßigen Abständen Kontakt zu Menschen gefunden hatte, gestaltete sich nicht nur mein Leben völlig anders, als ich es bisher kannte, sondern auch mein Denken hatte sich verändert. Und auch begann ich bereits nach wenigen Wochen, mich von der Konsumgesellschaft zu verabschieden. Ob dies nur eine Phase meiner bisherigen Reise war, war mir noch nicht klar. Doch Janis bestätigte mir meinen Gedanken. Ich wusste aber auch, dass Janis eine andere Vorgeschichte hatte als ich. So war er es schon gewohnt, aus dem Wenigen, was er besaß, das Beste zu machen.

„Welche Erkenntnisse hast du während deiner Reise gewonnen, die du auf dein normales Leben anwenden kannst?", fragte ich ihn, wohlwissend oder zumindest ahnend, was er antworten würde.

„Ich bin ruhiger geworden und weiß die kleinen Dinge zu schätzen. Oder besser gesagt, die unscheinbaren."

Ehre die unscheinbaren Momente im Leben. So könnte der wunderbare Satz aussehen, der mich an Janis erinnern wird. Die Rune war sorgfältig in meiner Hosentasche verstaut und sollte mir ebenfalls die für meine weitere Reise notwendige Motivation und viel Glück bringen. Wir fielen uns in die Arme und drückten uns. Er klopfte mir auf die Schulter und erinnerte mich an mein einstiges Credo. „Denke bloß nicht mehr ans Aufgeben", grinste er – und ich schüttelte dabei den Kopf.

Das darf nicht mehr passieren. Seine Worte verinnerlichte ich. Wir drehten uns um und fuhren jeweils in entgegengesetzte Richtungen davon.

Mein Durst kannte keine Grenzen und die Novembersonne leistete ihren Beitrag dazu. Ich hätte nie gedacht, dass es um diese Jahreszeit noch so heiß sein könnte, doch ich wurde eines Besseren belehrt. Vielleicht war meine Flucht in den Süden doch gar nicht so notwendig, wie ich es vermutet hatte, und ich würde von der Kältewelle verschont werden. Ich befand mich auf dem Weg nach Bogliasco und hatte das Glück, dass ich keine Gebirgskette überqueren musste, so wie es schon fast zum Normalfall geworden war. Trotzdem schleppte ich mich von Kilometer zu Kilometer vorwärts und war tatsächlich auf der Suche nach Trinkwasser. Ich konnte mir nicht vorstellen, dass ich auf dem Weg an keinem Supermarkt vorbeikäme. Die Straße war menschenleer. Da hörte ich inmitten der Stille, die gelegentlich durch das Rauschen der Wellen unterbrochen wurde, Musik. Bald schon konnte ich deutlich Gitarrenspiel hören. Ich war mir sicher, dass ich bald auf die Quelle des wunderschönen Klanges stoßen würde – und so kam es auch. In einem kleinen Vorort von Bogliasco suchten die Einwohner gerade Schutz vor der Mittagshitze und hatten sich in eine der Wohnungen an der Hauptstraße zurückgezogen. Von Weitem sah ich einen Mann auf der Straße sitzen und auf einer leuchtend blauen Gitarre spielen. Der Gitarrist hatte einen schwarzen Lockenkopf und ein markantes Gesicht mit Vollbart. Ein silberner Ohrring zierte sein Erscheinungsbild. Das Gitarrenspiel verstummte und der Mann sah mich an.

„Tut mir leid, wenn ich dich unterbrochen haben sollte, aber deine Musik zog mich so an", entschuldigte ich mich, nahm meinen Hut ab und wedelte mir Luft ins Gesicht.

Der Mann grinste und erwiderte: „Kein Problem, meine Finger tun mir sowieso weh. Du siehst so aus, als hättest du Durst."

Ich wollte nicht unhöflich erscheinen, doch der Mann hatte Recht, und mein ständiger Blick zu seiner Wasserflasche verriet mich offenbar. Ich nickte und der Mann stand auf, gab mir die Wasserflasche und stellte sich als Elmar vor. Dankbar nahm ich die Wasserflasche entgegen. Ich setzte die Flasche an und schüttete den Inhalt gierig in mich hinein. Für Elmar wohl ein endgültiger Beweis dafür, dass ich wirklich durstig war. Er lachte kurz und meinte dann: „Ich sehe nicht jeden Tag jemanden so schwer bepackt mit Hut und Fahrrad. Dein Hut gefällt mir."

„Danke, mir auch", meinte ich und grinste ihn an. Dabei setzte ich wieder die Wasserflasche an.

„Darf ich fragen, wo du herkommst?"

Die Flasche war leer, mit dem Handrücken wischte ich mir den Mund ab und antwortete ihm: „Ich bin aus Deutschland und fahre mit meinem Fahrrad durch die Welt. Ich habe mir zunächst China zum Ziel gesetzt."

„Bist du in Deutschland gestartet?", fragte Elmar und machte dabei große Augen.

„Nein, in Barcelona. Tut mir leid, dass ich die Flasche leergetrunken habe."

Elmar lachte herzlich, klopfte mir auf die Schulter und beruhigte mich: „Keine Ursache, ich sehe, dass du mit deinem Zelt unterwegs bist. Ich bin auch Reisender und komme aus Aserbaidschan. Ich bin zurzeit bei einem Freund untergekommen. Möchtest du uns Gesellschaft leisten? Ich kann dir auch einen Schlafplatz anbieten." Ich freute mich sehr und nahm seine Einladung dankend an. Das Fahrrad lehnte ich gekonnt gegen eine Wand, wobei die überhängenden Taschen praktischerweise als Stütze dienten. Mit dem Hut fächelte ich mir etwas Luft ins Gesicht und setzte mich zu Elmar auf den Bordstein, der wieder auf seiner Gitarre spielte. Ich sah ihm interessiert zu und stellte mir vor, wie ich am Strand an einem Feuer sitze und Gitarre spiele. Leider bin ich überhaupt nicht musikalisch begabt und jegliches Taktgefühl ist mir fremd.

Elmar spielte eine wunderbare Melodie und ich war mir sicher, dass die Menschen ringsherum in ihren Wohnungen diese Melodie ebenso genossen wie ich. Elmars Gitarrenkoffer lag vor ihm ausgebreitet mit einigen Centstücken darin. Wahrscheinlich von ihm selbst hineingelegt.

„Da ist heute wohl noch nicht viel zusammengekommen", deutete ich verlegen an.

„Darum geht es mir gar nicht. Ich weiß, dass die Menschen meine Musik mögen, und das ist mir wichtig. Ich überlebe schon irgendwie."

Seine Antwort beeindruckte mich. Wären doch mehr Menschen so genügsam wie Elmar, dachte ich, während ich der wunderschönen Melodie lauschte.

Elmar war ein sehr offenherziger Mensch und ich war wohl nicht der einzige Gast, der von ihm aufgenommen worden war. Elmars Freund hieß Massimo, ein Italiener. Ihm gehörte das kleine Haus, das aus einem kleinen Wohnzimmer und einem ebenso kleinen Schlafzimmer bestand. Sanitäre Anlagen oder eine Küche gab es nicht und so erinnerte es mich eher an einen Schuppen. Außer mir waren noch vier weitere Leute untergebracht; ein Ägypter, ein Chinese und ein türkisches Pärchen. Wir alle waren Reisende, die eine Übernachtungs-möglichkeit brauchten. Welch eine wunderbare Vielfalt, dachte ich mir und stellte mich der Mannschaft vor.

Mohammed, der Ägypter, bereiste Italien. Etwas verschämt erzähl-te er, dass es seine erste Reise sei. Ich erklärte ihm, dass auch ich zum ersten Mal unterwegs war. Damit wollte ich ihm seine offensichtliche Scham etwas nehmen.

Zhao Luan war, wie Elmar, Gitarrist und beeindruckte die anderen Gäste mit seinen Zungenbrechern auf Chinesisch (Mandarin).

Dieses Haus war viel mehr als eine quadratisch in Zement gegosse-ne Unterkunft. Die fehlende Elektrik wurde durch viel Liebe ersetzt und dies war die einzige Versorgung, die das Haus benötigte. Mit Beginn der Dämmerung verließ Elmar das Haus. Auf meine Frage, wohin er gehe, zeigte er mit seinem Lächeln nur hinter sich. Die Gi-tarre, auf seinen Rücken geschnallt, sollte mir Antwort genug sein. Ich bot ihm an, ihn zu begleiten. Wir zogen in die Stadt. Auf dem Weg dorthin erzählte mir Elmar von seiner Reise nach Kasachstan.

„… Ich bin per Anhalter gereist. Hast du das auch schon gemacht?" Ich schüttelte den Kopf.

„Solltest du mal probieren, du wirst viele neue Leute kennenlernen und an Orte kommen, die wahrscheinlich mit dem Fahrrad schwer zu erreichen sind."

Recht sollte er haben. Knapp ein Jahr später war ich auch per An-halter unterwegs.

„Es war toll", fuhr Elmar fort. „Da gab es nur die weite Steppe, meine Gitarre und ich. In der Hauptstadt Astana konnte ich dann etwas Geld verdienen. An einem Tag habe ich sogar 250 Dollar zu-sammenbekommen."

Ich staunte nicht schlecht. Wenige Augenblicke später waren wir an seinem Ziel angekommen. Es war eine belebte Straße, hell erleuchtet von den Straßenlaternen. Die Menschen liefen mit ihren Einkaufstaschen geschäftig hin und her, so wie ich es auch aus Deutschland kannte.

Elmar hatte für uns eine kniehohe Mauer als Sitzplatz ausgesucht. Er breitete sein Pappschild zusammen mit seinem Gitarrenkoffer aus und stimmte die wunderschöne blaue Gitarre. Auf dem Pappschild stand „World Tour".

„Wo hast du denn Gitarre spielen gelernt?", fragte ich ihn.

„Ich habe es mir selbst beigebracht", antwortete er, stimmte das Instrument und fuhr fort: „Diese blaue Gitarre wurde mir von einem guten Freund geschenkt, der leider nicht mehr lebt. Die Gitarre ist, glaube ich, mein wertvollster Besitz. Ich übte so lange, bis ich spielen konnte. Und bald fing ich an, auf der Straße zu spielen."

In der Zwischenzeit war seine Gitarre gestimmt und Elmar begann zu spielen. Ich setzte mich neben ihn und lauschte seiner Musik. Elmar spielte mit geschlossenen Augen. Seine lockigen Haare schienen sich zusammen mit seiner Melodie im Wind zu wiegen. Er spielte über zehn Minuten, während etliche Menschen an ihm weiter geschäftig vorbeiliefen. Bis auf seine eigenen Centstücke blieb der Koffer leer. Ich versuchte, nicht enttäuscht zu gucken und schaute hoffnungsvoll in die Menge. Elmar hörte kurz auf, seine Finger schmerzten ein wenig und er brauchte eine kleine Pause.

„In Baku, in Aserbaidschan, musste ich ständig aufpassen. Sobald ich die Polizei sah, musste ich schnell alles einpacken und verschwinden."

„Wieso, ist Straßenmusik dort verboten?" Elmar setzte sein typisches Lächeln auf und erklärte mir: „Nein, aber die Polizei möchte bezahlt werden. Man muss den Polizisten vorher Geld zustecken, bevor man spielen darf." Ich konnte es mir gut vorstellen und ging nicht näher darauf ein. Wir probierten noch einige andere Straßen und belebte Plätze aus. Dabei erzählte ich von meiner Reise und meiner musikalischen Begabung, die nicht vorhanden war.

Als wir schließlich wieder an dem kleinen Haus angekommen waren, schliefen schon alle. Das türkische Pärchen teilte sich ein Bett, während es sich die beiden anderen auf dem Boden bequem gemacht hatten.

Elmar und ich flüsterten nur noch. Ich sagte ihm, dass ich mein Zelt auf der Grünfläche neben dem Haus aufstellen würde. Es brauchte etwas Überzeugungskraft ihm zu erklären, dass es kein Problem für mich darstellte.

Ich verabschiedete mich von Elmar, da er am nächsten Tag wohl bis mittags schlafen wollte. Ich versprach ihm, ihn in Baku zu besuchen. Ein Versprechen, das ich ein Jahr später auch einhalten würde. Als ich gerade ins Zelt steigen wollte, kam Elmar noch einmal heraus. Ich drehte mich um und sah eine kleine Gitarre in seiner Hand.

„Hier, Sascha, das ist eine Ukulele. Die hat ein Reisender mal hier gelassen, weil sie wohl Ballast für ihn war. Du hast mir ja erzählt, dass du gerne ein Instrument spielen würdest. Vielleicht ist die Ukulele ja ein guter Reisebegleiter für dich."

Ich war überwältigt und nahm das herzliche Geschenk dankend an. Dann nahm ich Elmar kurz in den Arm und versprach ihm, dass ich üben würde. Die Ukulele passte gut in die Seitentasche meines Rucksacks und – wie sich später herausstellte – eignete sie sich hervorragend als Übungsinstrument.

Der nächste Morgen brach an. Ich packte mein Zelt, machte den Rucksack fertig, stieg auf mein Rad und fuhr los. Die anderen im Haus schliefen noch. In der Nähe gab es ein kleines Fischerdorf mit einem Strand, dort wollte ich bei Sonnenaufgang sein. Kleine Wolken zogen auf und die Hitze vom Vortag wich kühlerer Luft. Vielleicht war der Winter doch nicht so weit weg.

Und tatsächlich: Mit dem Aufgang der Sonne stand ich am Strand, führte meine frisch eingeführte Tradition weiter und sammelte die kleinen Schätze auf, die ich dort fand. Es waren Muscheln, besondere Steine sowie kleine Glaskügelchen in den schönsten Farben. Die Strahlen der Sonne schien auf diese Glaskügelchen und überzogen so den gesamten Strand mit einem fast mystischen Glanz. Damit brachten sie die Küste in den frühen Morgenstunden zum Leuchten. Die Fischer schoben ihre Boote zum Wasser und ihre Silhouetten im Gegenlicht des Sonnenaufgangs machten auf mich einen beinahe heroischen Eindruck. Einer der älteren Fischer schien Hilfe zu benötigen. Ich beeilte mich, zu ihm zu kommen, um ihm zu helfen. Zusammen schoben wir das Fischerboot auf das Meer hinaus. Der Fischer sprang noch schnell in das Boot. Dabei fiel mir auf, dass er das Paddel liegengelassen hatte. Ich nahm es, lief durch die Wellen bis zu ihm, um es dem Fischer zu geben. Er bedankte sich und fuhr mit dem Boot weiter hinauf aufs Meer. Ich schaute ihm verträumt nach. Wie schön wäre es, mit dem Fischer hinauszufahren!? Und so träumte ich mich hinaus auf das Meer und dachte an diese endlose Freiheit. Das Meer war zu einem guten Freund für mich geworden, den ich noch näher kennenlernen musste, um ihn richtig zu begreifen. Ich ließ mich mit meinen nassen Beinen in den Sand fallen und schaute der Sonne dabei zu, wie sie aufging, um das schimmernde Blau des Meeres zu präsentieren.

Ich setzte meine Reise fort und erreichte bald die kleine Stadt Levanto, besonders beliebt bei vielen Touristen. Auch hier standen zahlreiche Fischerboote am Strand bereit und warteten auf ihren Einsatz. War dies meine Chance, einmal mitfahren zu können? Auf meine

Nachfrage entgegneten mir die Einwohner, dass der Sonntag ein heiliger Ruhetag sei und die Fischer an diesem Tag somit nicht aufs Meer fahren würden. Traurig war ich nicht, schließlich gönnte ich den hart arbeitenden Menschen ihren freien Tag.

Auf der Karte schaute ich mir die bevorstehende Route an und wünschte mir insgeheim auch einen Ruhetag. Es sollte über die Berge im Cinque Terre Nationalpark gehen. Die Straße, die auf der Karte im Zickzack über das Gebirge verlief, verriet schon, dass die Fahrt Kraft kosten würde. Doch dies schreckte mich, jedenfalls nach meiner Begegnung mit Janis, nicht mehr ab. Und meine Furchtlosigkeit sollte belohnt werden. Der Aufstieg am nächsten Tag verlief anfangs angenehm. Der Weg an der Küste entlang war durch Felsen versperrt. So folgte ich der Schnellstraße SP1, die bis zu einer Höhe von 620 Metern

reichte. Mit dem Fahrrad und meinem Gepäck war dies eine sehr anstrengende Herausforderung. Doch die Aussicht rechtfertigte alle Mühe. Eine wunderschöne Gebirgslandschaft erstreckte sich vor mir. Der Herbst hatte die Bäume schleichend in ein sanftes Gelb-Rot gefärbt. Oben, am Passo Bracco, gab mir ein sportlicher Radfahrer Entwarnung und beruhigte mich, dass es nur noch bergab ging. Bis auf eine kleine Ausnahme war seine Aussage korrekt. Um 16 Uhr, kurz vor der Dämmerung, erreichte ich die Hafenstadt La Spezia. Entlang der industriellen Hafenanlage fand ich leider keine Möglichkeit, mein Zelt aufzubauen. Auf der Suche nach einem geeigneten Platz fuhr ich weiter und erreichte das Örtchen San Terenzo. Unweit der kleinen Burg Castello de San Terenzo baute ich an einem wunderschönen Sandstrand mein Zelt auf – versteckt unter den Felsen. 80 Kilometer war ich an diesem Tag gefahren. Die Ruhe verdient, setzte ich mich ans Wasser und sah hinauf zu den Sternen.

Der Weg nach Pisa war beschwerlicher, als ich erwartet hatte. Ich wollte das mir bevorstehende Gebirge umfahren und suchte nach einer flachen Strecke. Dass ich damit einen schwerwiegenden Fehler gemacht hatte, bemerkte ich leider erst, als ich wieder eine ziemliche Steigung zu bewältigen hatte. Ich folgte dem Umweg trotzdem, um keine Verzögerung mehr in Kauf nehmen zu müssen. So folgte ich der sich schlängelnden Straße und fuhr den Berg hinauf. Jeder Tritt in die Pedale strengte mich sehr an. Bald befand ich mich auf einer Höhe von knapp 1700 Metern. Gemessen an der Tatsache, dass ich eine flache Strecke gesucht hatte, war dies natürlich ein Witz. Die Strapazen nahmen kein Ende. Ehe ich mich versah, befand ich mich auf einem schmalen Pfad, mitten im Wald. Für Profiradsportler würde der Pfad kein Hindernis darstellen, doch mit meinem schweren Gepäck und meiner eher amateurhaften Fitness aber schon. So zwang mich der Pfad dazu, mein Gepäck abzubinden, um es über Baumstämme und Abhänge tragen zu können. Hinterher verpackte ich wieder alles ordentlich und holte mein Fahrrad nach.

Der Weg stresste mich ungemein und ich war heilfroh, als ich wieder eine ordentliche Straße unter meinen Reifen hatte. In Zukunft keine Abkürzungen mehr! Dies war ein Vorsatz, den ich mir fortan hinter die Ohren schrieb. Ich durfte mich nicht immer auf die Karte verlassen und sollte mich mehr an der Küstenlinie orientieren. Bei Janis hatte das ja schließlich auch funktioniert. Der weitere Streckenverlauf an der Küste verlief auch problemlos und wieder begleitete mich das Meer zu meiner rechten Seite.

Als ich über eine kleine Brücke fuhr, wurde ich von einem lauten „Hey" gestoppt. Ich blickte zur Seite. Ein leicht stämmiger Mann mit Sonnenbrille und langen schwarzen Haaren winkte mich zu sich. Offensichtlich wollte er mit mir sprechen. Zu meinem Glück sprach der stämmige Mann gebrochenes Englisch. Dies erleichterte mir die Kommunikation mit ihm und verschaffte mir ein wenig Selbstvertrauen.

„Hallo", begegnete ich ihm freundlich von meinem Fahrrad aus. Als ich abstieg, reichte er mir die Hand und nannte seinen Namen: „Ich bin Giovanni." Den Händedruck erwiderte ich erfreut und stellte mich ebenfalls vor.

„Du siehst aus, als wärst du ein Reisender", bemerkte Giovanni. Dies erstaunte mich, da ja auch Janis schon angemerkt hatte, dass ich mehr wie ein Landstreicher als ein Weltreisender aussah. Meine Hose hatte schon ein paar Löcher bekommen, mein Bart wuchs wie Kraut und Rüben und je näher man mir kam, desto eher konnten die Menschen einschätzen, wann ich eine letzte Dusche genommen hatte.

„Du kannst gerne mit zu mir reinkommen, das ist mein Restaurant", meinte er und zeigte dabei auf ein kleines, schlichtes Restaurant. Ich stellte mein Fahrrad ab und folgte ihm in das Lokal. Als ich mich an einen Tisch gesetzt hatte, kam auch schon Giovanni und brachte zwei Gläser Bier. Er hatte mich nicht gefragt, ob oder was ich trinken möchte, aber er konnte wohl einschätzen, was ich gerade brauchte.

„Salute!", sagte ich mit einem breiten Lachen und freute mich über das Glas Bier.

„Ich bewundere Menschen wie dich", sagte Giovanni und ich dachte mir, dass er seine Bemerkung auf meine Reise bezog. „Von wo kommst du und wohin fährst du?", hakte er weiter nach.

„Ich bin aus Deutschland und mit meinem Fahrrad in Barcelona gestartet. Ich versuche, bis nach China zu kommen."

Giovannis Augen weiteten sich und er nahm einen kräftigen Schluck aus seinem Glas. Seine Reaktion beschämte mich ein wenig, da es noch nichts gab, worauf ich stolz sein konnte. Schließlich lag China noch in weiter Ferne. Als Sportler war ich stets stolz auf meine erbrachte Leistung.

„Aber China ist ja noch so weit weg, zunächst erkunde ich das schöne Italien." Und ich wusste, dass ich ihm damit schmeicheln würde. An seinem Gesichtsausdruck erkannte ich, dass er dies auch genauso empfand. Zumal entsprach es ja der Wahrheit: Italien gefiel mir bislang wirklich sehr gut.

„In meiner Jugend hätte ich auch gerne solche Reisen gemacht, doch das waren andere Zeiten. Nutze die Chancen, die du heutzutage hast, bessere wird es vielleicht nicht mehr geben." Damit sprach Giovanni einen Umstand an, über den ich in den nächsten Jahren, in denen ich unterwegs war, immer wieder nachdenken würde. Mein Reisestil war schon sehr fragwürdig. Im Verlauf der Reise würde ich öfters auf der Straße schlafen, mein Essen aus dem Müll fischen und auch häufiger hungrig schlafen gehen. Doch dies alles machte ich freiwillig, während zahlreichen Menschen diese Art zu reisen verwehrt blieb – aus den vielfältigsten Gründen. Dabei hatte ich immer die Möglichkeit, wieder zurückzukehren in mein altes Leben, in einen vermeintlichen Wohlstand. Dies machte mich privilegiert. Giovanni machte mir das mit seinen Bemerkungen auch bewusst. Ich habe die Möglichkeit zum Reisen und kann mir die Art zu reisen aussuchen. Allein das schon hebt mich von den meisten Menschen auf der Welt ab. Und das machte ich mir auch immer wieder bewusst. Allein, um meinen Status nicht als selbstverständlich zu betrachten.

Giovanni und ich stießen mit unseren Gläsern an. Er wusste wahrscheinlich nicht, was für eine Gedankenlawine er in mir ausgelöst hatte. Er machte noch ein Foto von uns beiden und gab mir als Proviant eine Büchse Bier und eine Flasche Wasser mit. Dies nahm ich dankend an und fuhr weiter.

Die Strecke war gut zu bewältigen, doch trotzdem meldete sich mein schmerzender Rücken. Als es dunkel wurde, erreichte ich Pisa. Schnell huschte ich noch in einen großen Supermarkt und kaufte ein einfaches Brot und zwei Bananen. Anschließend suchte ich mir einen Schlafplatz. Nicht weit vom Supermarkt fand ich brachliegendes Industrieland und hinter einer Hecke baute ich mein Zelt auf. Ich hatte es endlich nach Pisa geschafft, doch ich vermisste schon das Meer.

Pisa war eines meiner Zwischenziele, von denen ich schon in meiner Kindheit geträumt hatte. Ich wollte fremde Orte bereisen, die für mich zur damaligen Zeit in unerreichbarer Ferne lagen. Der Schiefe Turm von Pisa war ein Symbol für mich gewesen. Ein Symbol dafür, die eigenen Träume zu verwirklichen, weit entfernte Orte zu besuchen – und dies mit einem geringen finanziellen Aufwand. Als Kind besaß ich

einen Atlas, mit dem ich Stunden verbrachte. Mit ihm reiste ich in meinen Gedanken rund um die Welt und konnte so jeden Ort erreichen. Ich erinnere mich noch, wie in diesem Atlas die Länder und Städte mit ihren Sehenswürdigkeiten als Piktogramme dargestellt wurden. So auch der Schiefe Turm von Pisa in Italien.

Nun war ich also in Pisa angekommen, einem meiner Sehnsuchtsorte. Auch bestätigte mir der Schiefe Turm in irgendeiner Weise, wie weit ich vom Niederrhein entfernt war.

Doch schon nach kurzer Zeit verließ ich Pisa, das Symbol meiner Reiselust, wieder und folgte dem Weg zurück zur Küste. Meine Fahrt führte noch 50 Kilometer über eine Landstraße und ich musste mich gedulden, bevor ich das Meer endlich wieder sehen konnte. In der Hoffnung, noch den Sonnenuntergang sehen zu können, bündelte ich meine letzten Kräfte und trat so heftig in die Pedale wie es nur ging. Selbst einem kräftigen Gegenwind trotzte ich. Meine Beine fühlten sich extrem müde an, als ich das Ortseingangsschild von Cecina sah. Mein Blick wanderte zum Horizont, wo ich vergebens das Meer suchte.

Ich bog ab und folgte der Straße, die mich zum Meer führen sollte, meinem endgültigen Ziel für diesen Tag. Als ich die Küste erreicht hatte, erstreckte sich vor mir eine kleine Promenade. Es war, als ob jemand an mich gedacht hätte. Eine Parkbank stand bereit, mit Blick in Richtung Meer. Vorsichtig lehnte ich das Fahrrad an der Parkbank an, legte den Rucksack ab und setzte mich hin. Zugleich fing das Spektakel an. Als die Sonne den Horizont berührte, färbte sich der Himmel rot und ich genoss jeden Augenblick, den die Sonne tiefer sank, um mit den Farben des Himmels zu spielen.

„Buona sera, signore", hörte ich von der Seite eine Stimme und wurde von dem „Spektakel" am Himmel abgelenkt. Ein älterer Herr und an dessen Seite eine ebenso ältere Dame sprachen mich an.

„Tut mir leid, ich verstehe Sie nicht", antwortete ich und untermauerte meine Antwort mit ein paar Handzeichen.

Der ältere Herr lachte kurz und ich warf direkt das Wort „Tourist" hinterher, um ihm zu verdeutlichen, dass ich nur ein Reisender bin, falls mein Fahrrad mit Gepäck dies noch nicht tat. Der ältere Herr streckte seine Hand aus, stellte sich als Matteo vor, nahm die Hand seiner Frau und sagte mir ihren Namen – Giulia.

Daraufhin erhob ich mich von der Parkbank und stellte mich ebenfalls vor: „Sascha" sagte ich mit einem Lächeln und dachte, dass nun das Gespräch beendet sei. Doch Matteo sprach einige Sätze auf Italienisch und zeigte auf den Sonnenuntergang. Dabei war die Sonne schon beinahe am Horizont verschwunden. Ich glaubte, verstanden zu haben, dass er mir etwas über den schönen Sonnenuntergang erzählen wollte.

„Ein wunderschöner Sonnenuntergang", glaubte ich, ihm bestätigen zu müssen, was auch der vollen Wahrheit entsprach. Wir schauten dem Sonnenuntergang nun zu dritt zu, ohne ein weiteres Wort zu sprechen. Diesen Moment der Ruhe teilte ich gerne mit Matteo und Giulia, selbst wenn Nationalität und Sprache uns trennte. So vereinte uns doch

die angenehme Ruhe und die malerische Symphonie des Sonnenuntergangs. Ich empfand, dass Matteo und Giulia genauso fühlten.

Das Schauspiel endete, als die goldene Scheibe im Meer versank und die Abenddämmerung begann. Matteo und Giulia verabschiedeten sich: „Gute Reise und gesund", stolperte es auf Deutsch aus Matteo heraus. Damit überraschte er mich.

„Du kannst Deutsch sprechen?", hakte ich nach. Matteo antwortete verlegen auf Italienisch und deutete mit seinen Fingern an, dass er nur ein paar Wörter kannte.

Unsere Wege trennten sich auf der Promenade. Ich zog meinen Hut vor ihnen und wünschte den beiden alles Gute für die Zukunft. Ob sie meine Worte verstanden hatten, wusste ich nicht. Doch sicherlich hatten sie gespürt, was ich ihnen sagen wollte.

Ich wollte nicht länger auf der Parkbank sitzen bleiben und schon gar nicht, um dort eventuell sogar die Nacht zu verbringen. Ich schob das Fahrrad über die Promenade in die Altstadt hinein und spazierte durch die verträumten Straßen. Dabei schaute ich mir die mit Efeu bewachsenen Fassaden an – ein wahrlich wunderschöner Anblick. Ein paar Meter über meinem Kopf öffnete sich ein Fenster. Und wen sah ich? Matteo, der gerade auf die Straße schaute. Er winkte mir zu und gab mir zu verstehen, dass er mich in seine Wohnung einladen wollte. Und auch Giulia, seine Frau, streckte den Kopf aus dem Fenster und schenkte mir ein Lächeln. Der Einladung kam ich gerne nach.

So kettete ich mein Fahrrad an eine Laterne und Matteo öffnete die Tür. Er war erfreut, mich nach so kurzer Zeit wiederzusehen. Ich war erfreut und überrascht zugleich. Die Wohnung war altersgerecht eingerichtet und überschaubar. Matteo führte mich direkt in die Küche. Mein Augenmerk richtete sich sogleich auf den Ausblick. Von hier aus war das wirklich majestätisch wirkende Meer gut zu sehen. Meinen Blick zum Meer konnte Matteo nur unterbrechen, indem er eine Flasche Wein geräuschvoll auf den Tisch stellte. Giulia brachte auch schon zwei Gläser. Sie selbst trank wohl nicht. Ich setzte mich an den Tisch, direkt Matteo gegenüber. Mit einem Lächeln brachte ich ein „Gracias" über die Lippen. Die Gläser waren schnell gefüllt und auch wieder geleert – und mit einem lauten „Salute!" nippten wir weiter am Rotwein.

Matteo bat seine Frau gestenreich, ihm Blatt und Stift zu reichen. Im Laufe meiner Reise eignete ich mir die Fähigkeit an, Menschen und ihre Gesten zu deuten. Dies war enorm wichtig für mich als Reisender, der die Sprachen der Menschen nicht beherrschte. Noch Jahre später, auf meinen weiteren Reisen, würde ich diese Fähigkeit weiter ausbauen und zu einem untrennbaren Teil meiner Persönlichkeit werden lassen.

Matteo begann auf Italienisch mit mir zu reden und gleichzeitig das Blatt Papier zu bemalen. In dieser Kombination konnte er sich mir gut mitteilen und erzählte mir von seiner Tochter in Berlin. Für das Studium war sie nach Deutschland gezogen und fand dort später Arbeit. Mit seiner Frau fuhr Matteo regelmäßig mit dem Auto nach Berlin, um die Tochter dort zu besuchen. Irgendwann musste das

Ehepaar das Auto abgeben und die Tochter besucht sie nun regelmäßig in der Heimat.

So klein die Geschichte im Grunde war, so lange dauerte es, bis Matteo sie mir erzählen konnte und das Blatt voll bemalt hatte. Die Weinflasche war inzwischen fast geleert. Giulia hatte sich mittlerweile doch etwas eingeschenkt.

Ich sah zum Fenster hinaus und bemerkte, dass die Dämmerung hereinbrach. Mit einem Handzeichen deutete ich das Wort Zelt an und erklärte, dass ich mir nun einen Zeltplatz suchen müsste. Ich bedankte mich herzlichst für das Gespräch und wollte schon gehen, als mir Giulia noch ein paar Tomaten und Orangen mitgab. Ich versprach den beiden, diese Begegnung nie zu vergessen. An diesem Abend wurde mir klar, dass zwischen Verstehen-wollen und Verstehen-können ein großer Unterschied liegt. Die Einladung des Ehepaars empfand ich als eine Art barmherziger Geste. Damit stellte sie einen wichtigen Punkt auf meiner Reise auf der Suche nach den Sieben Taten der Barmherzigkeit dar. So wie ich Barmherzigkeit empfing, wollte ich auch Barmherzigkeit mit anderen Menschen teilen.

Der Pfad der Barmherzigkeit sollte noch lang werden und ich war gespannt darauf, welche Erfahrungen ich noch machen, vor allem, auf welche Art und Weise ich den „sieben Taten" noch begegnen würde.

Vom nächsten Tag erwartete ich nicht viel. Ein Sturm war vorhergesagt und mir war bewusst, dass ich nicht weit kommen würde. Die ersten Kilometer waren auch sehr beschwerlich. Umso mehr war ich verwundert darüber, dass ich es überhaupt zu dem 50 Kilometer entfernten Follonica geschafft hatte. Dies war aber auch der leichten Streckenführung geschuldet. In meinem üblichen Übermut wollte ich noch ein paar Kilometer draufpacken und bis nach Castiglione della Pescaia fahren. Die hervorragend ausgebauten Fahrradwege und die flache Strecke verleiteten mich dazu.

Der Weg führte durch einen Wald auf eine kleine Anhöhe. Das Wetter schlug um und dunkle Wolken zogen auf. Mit dem starken

Wind, der mich ja schon den ganzen Tag begleitet hatte, kam auch der Regen. In weniger als zwei Minuten schaffte ich es, meinen Regenponcho anzuziehen, um mich möglichst lange trocken zu halten. Der Wind kam von der Seite und der heftige Regen drang durch die Schutzhülle. Nach und nach war ich völlig durchnässt. Die Sicht wurde immer schlechter und ich befürchtete schon, dass die Autofahrer mich nicht sehen würden. Eine Sturmbö fegte mich fast vom Rad. Das Unwetter nahm an Intensität immer mehr zu. Ich bereute es, doch nicht am Strand von Follonica mein Zelt aufgebaut zu haben.

Schließlich erreichte ich eine Tankstelle, an der ich mich unterstellte. So fand ich Schutz vor dem starken Regen und konnte auch meinen Rucksack wetterfest machen. Nach einiger Zeit wagte ich mich wieder hinaus, obwohl das Wetter nicht besser geworden war. Wenige Kilometer später, erreichte ich wieder bewohntes Gebiet. Schließlich sollte eine nahegelegene Bar mir als Zuflucht dienen. Wieder völlig durchnässt wollte ich in die Bar stürmen. Doch bereits am Eingang wurde ich mit Blick auf die Uhr abgewiesen. Wahrscheinlich wollten sie schließen, obwohl es mit 18 Uhr noch gar nicht so spät war. Gegenüber befand sich ein großes Hotel. Von außen sah es sehr nobel aus. Dennoch versuchte ich mein Glück. Tatsächlich wurde mir angeboten, im Foyer Platz zu nehmen. Ich nahm dieses Angebot mit Freuden an und schaffte es, meine Sachen halbwegs zu trocknen.

Ein Blick aus dem Fenster genügte um festzustellen, dass das Unwetter noch immer nicht vorüber war. So gastfreundlich die Hotelmitarbeiter auch waren, das Unwetter konnte ich hier nicht aussitzen. Ich musste einen Zeltplatz für die Nacht finden. Ein kleiner Weg führte hinter das Hotel zum Strand. Mir war klar, dass mich hier besser niemand sehen sollte.

Als ich das Meer erreicht hatte, schloss ich meine Augen und stellte mir für einen kleinen Moment diesen herrlichen Strand bei strahlendem Sonnenschein vor. Wie der prächtige blaue Himmel am ebenso blauen Meer anknüpfte und so miteinander verschwamm. Ich atmete kurz durch und spürte die warme Meeresbrise in meinen Lungen. Doch als ich meine Augen wieder öffnete, fand ich mich in einer stürmischen und verregneten Nacht wieder. Ich sah mich um und stellte erstaunt fest, dass der Strand auch bei dem Unwetter kaum an Pracht eingebüßt hatte. Er schien endlos lang zu sein und irgendwo in dieser Unendlichkeit suchte ich mir eine Ecke, um mein Zelt aufzubauen. Dabei kämpfte ich gegen den Regen und den Sturm an, und der Aufbau war äußerst mühsam. Alles schien mich daran hindern zu wollen, mein Zelt aufzubauen, und so wurde die Arbeit von lautstarkem Fluchen begleitet. Es dauerte wohl um die 20 Minuten, bis das Zelt schließlich stand und ich triumphierend die Faust gen Himmel streckte.

Nun machte ich es mir in meinem Zelt gemütlich – so weit es unter diesen Umständen möglich war. Ich belohnte mich mit einem durchnässten Baguette und der traurig wirkenden Banane. Sie erinnerten mich an den Abend, an dem ich mit Janis am Feuer gekocht hatte. Die geschenkte Büchse Bier von Giovanni heiterte mich etwas auf. Wie auch in der letzten Nacht ließ mich der brüllende Sturm kaum schlafen.

Am nächsten Morgen konnte ich dem Wind jedoch etwas Positives abgewinnen. Es hatte aufgehört zu regnen. Das Zelt war getrocknet und konnte direkt eingepackt werden. Es klarte an diesem Morgen wieder auf. Ich begann den Tag mit meinem morgendlichen Ritual, indem ich den Strand nach angespülten „Schätzen" absuchte.

Wenig später stieg ich wieder auf mein Fahrrad und fuhr weiter. Mein Weg führte durch die Steppenlandschaft der Toskana. Eine weite, flache Landschaft erwartete mich, und ich genoss die Einsamkeit. Allerdings fehlte mir eine warme Mahlzeit. Immer wieder schaute ich auf den Müll, der am Straßenrand lag, um eventuell einen geeigneten Kochtopf für mich zu finden, um warme Speisen zubereiten zu können. Ich stoppte an jedem Müllhaufen, von denen es dort jede Menge gab, ob ich zufällig einen solchen „Schatz" entdecken konnte. Und tatsächlich: Ich fand zwar keinen Kochtopf, doch das Vorgitter eines alten Ventilators eignete sich hervorragend als Grill. So zumindest malte ich es mir in meinen Gedanken aus. Und sofort fielen mir viele schmackhafte Gerichte ein, die ich damit zubereiten konnte. Der neue „Grill" war ein Geschenk des Himmels.

Ich lächelte, da ich an eine Begebenheit mit Janis denken musste. Nie wäre mir vorher in den Sinn gekommen, im Müll nach einem Kochtopf oder Grill zu suchen. Doch Janis einfacher und praktischer Lebensstil inspirierte mich dazu. Ich erinnerte mich an unsere Ankunft in Genua. Wir kauften unser Frühstück im Supermarkt, das aus einem Laib Brot und ein paar Bananen bestand. Janis wirtschaftete so ähnlich wie ich und hielt sein tägliches Budget von 2,16 € rigoros ein. Die Summe ergab sich aus seiner errechneten Zeit bis zur Rückkehr nach Lettland. Janis gab mir einen guten Rat: „Hab an deinem Fahrrad immer Platz für eine Büchse Bier." Einen Rat, den ich zu selten befolgte, während Janis selbst seine eigenen Ratschläge wohl immer beherzigte. An der Kasse stellte er jedoch fest, dass ihm 68 Cent fehlten, und so musste er auf die abendliche Büchse Bier verzichten. Wir frühstückten und spazierten anschließend durch die Stadt. Während ich ihm von meinen Sportabenteuern in Deutschland erzählte, schaute er unentwegt auf den Boden und bückte sich ab und an. Nach ungefähr dem zehnten Kniefall fragte ich ihn, was er denn suchen würde.

„Ich sammle das Kleingeld von der Straße, um mir die Büchse Bier kaufen zu können", antwortete er mit seinem verschmitzten Grinsen. Ich lachte auf und meinte nur „wirklich?", um auch sicherzugehen, dass er seine Bemerkung ernst gemeint hatte. Janis nickte und sprach wohl aus Erfahrung. Und als er die 68 Cent – und noch etwas mehr – zusammen hatte, war er derjenige, der lachte und freudestrahlend seine Büchse Bier kaufte.

Ich schnallte den Grill auf mein Fahrrad und fuhr stolz weiter. Es ging an Grosseto vorbei und die Straße führte mich wieder zum Meer. Zehn Kilometer vor meinem eigentlichen Ziel hielt ich an. Es wurde schnell dunkel und daher beschloss ich, mein Zelt in Albinia aufzubauen. Direkt am Rand der Straße entdeckte ich eine große Infotafel mit einer Landkarte der Umgebung. So konnte ich mich orientieren, um einen geeigneten Zeltplatz zu finden. Ich traf auf zwei englischsprachige junge Männer und fragte sie, ob sie mir helfen könnten. Ich erklärte meine Situation und die beiden baten mich, ihnen zu folgen. Sie waren ebenfalls mit dem Fahrrad unterwegs. Sie führten mich zu einem abgelegenen Strand. Ein mulmiges Gefühl machte sich in mir breit, zumal ich ja nichts über die beiden wusste. Gedanken wie, ob sie mich vielleicht ausrauben würden, da sie ja meinen Schlafplatz kannten, kamen mir plötzlich in den Sinn. Irgendwie eigenartig, diese Gedanken, die mir bisher bei meinen Übernachtungsplätzen nicht gekommen waren. Von nun an wollte ich meinen Zeltplatz ohne das Mitwissen anderer Menschen aussuchen. Die beiden Jungs verabschiedeten sich und ich wählte einen Zeltplatz aus, der etwas abseits der gezeigten Stelle lag. Ich wollte vorsichtiger werden.

Nachdem mein Zelt aufgebaut war, konnte ich es kaum abwarten, ein Feuer zu entzünden, um den neuen Grill auszuprobieren. Ich fühlte mich wie ein kleines Kind zu Weihnachten. Das Feuer brannte bereits, und ich legte eine Büchse Bohnen und eine Kartoffel auf den Grill. Es war ein Traum, nach längerer Zeit wieder eine warme Mahlzeit zu bekommen. Ich verschlang die Bohnen und danach die gegrillte Kartoffel. Die leere Büchse spülte ich aus, um sie für meine nächste Mahlzeit zu ver-

wenden. Als ich mich in den kühlen Sand legte, schaute ich hinauf in den Sternenhimmel, der klar über mir thronte. Kein Licht einer größeren Stadt trübte meinen Blick auf die Sterne. Einzigartig gut!

Als ich meinem Ritual am nächsten Morgen nachging, fand ich statt der üblichen Steine zwei schön anzusehende Muscheln, die ich mitnahm, bevor ich das Zelt abbaute. Mein neuer Weggefährte, der Grill, wurde ebenso sorgsam gesäubert wie die Büchse, die ich fortan zum Kochen verwenden wollte. Es war nicht mehr weit bis nach Rom und ich konnte es kaum erwarten, die historische Hauptstadt zu erreichen. So entschied ich mich, den schnellsten Weg zu nehmen – und dieser führte über die Autobahn. Für mich war es auch das erste Mal, dass ich mit meinem Fahrrad über die Autobahn fuhr. Auf meinen nächsten Reisen machte ich das immer wieder – und tatsächlich ganz unbeschadet und unbehelligt von der Polizei.

Ich war schon eine Weile unterwegs, kam gut voran und machte eine Brotpause auf dem Seitenstreifen. Je näher ich Rom kam, desto lauter schrie mein Körper nach einer Ruhepause.

In Aurelia, 80 Kilometer vor Rom, beendete ich meine Fahrt über die Autobahn. Es wurde dunkel und ich übernachtete in der Nähe eines Chemieparks, entzündete ein Feuer und kochte meine Bohnen.

Am nächsten Tag ging es bei bestem Wetter weiter. Da ich Rom bald erreichen würde, startete ich meinen Tag bei bester Laune. In der

Küstenstadt Civitavecchia machte ich am Strand unter einer Palme ein kleines Nickerchen und genoss die Sonne auf meiner Haut. Nach einer Stunde brach ich wieder auf und fuhr die Straße an der Küste entlang. Ein Fahrradfahrer mit Reisegepäck kreuzte meinen Weg. Wahrscheinlich war es unsere Neugier, die uns stoppen und umdrehen ließ.

Der Fahrradfahrer stellte sich als Cip vor und war unverkennbar als Reisender zu erkennen. Mit Rucksack und Zelt war er auf der Fahrt nach Palermo. Er war gemütlich unterwegs und legte am Tag nur um die 30 Kilometer zurück. „Warum sollte ich mich beeilen, wenn ich doch auch gemütlich fahren kann?", meinte er und hatte wohl auch recht damit. Wir tauschten unsere Kontakte aus und verabredeten uns für ein Treffen in Rom.

Abends machte ich etwa neun Kilometer vor Rom Stopp. Es war bereits dunkel und ich hatte Schwierigkeiten, einen geeigneten Zeltplatz zu finden. In der Dunkelheit machte ich drei Grundstücke aus, welche ziemlich nah beieinander lagen. Dabei hatte ich das Gefühl, dass ich innerhalb dieser Grundstücke sicher war. Selbst im Dunkeln erkannte ich schemenhaft eine Person. Ich hielt es für eine gute Idee, auf meinen Zeltplatz aufmerksam zu machen. Trotz mangelnder Englisch-, geschweige denn Italienisch-Kenntnisse verstanden wir einander. Schnell wurde mir klar, dass der fremde Herr, als der sich die schemenhafte Person herausstellte, mir erlaubte, auf seinem Grundstück zu zelten.

Rom

Am nächsten Tag brachte der fremde Herr mir Wasser und zwei belegte Brötchen. Wortlos, aber mit einem freundlichen Lächeln, stellte er mir den Teller vor das Zelt. Ich war begeistert und auch beeindruckt von der Gastfreundschaft des Mannes.

Nach Wochen des Reisens veränderte sich auch meine Zeitwahrnehmung. In Deutschland war meine Woche durchgetaktet und startete wie bei den meisten mit dem Montag. Ich quälte mich erst einmal bis zur Mitte der Woche, um dann mein Partyleben zu genießen. Mittwochs die Studentenpartys, am Donnerstag die Afterworkparty und am Freitag wurde dann feuchtfröhlich das Wochenende eingeläutet. Auf meiner Reise beeinflussten die Wochentage meinen Alltag nicht mehr, selbst die Supermärkte waren sonntags geöffnet, sodass ich mein Zeitgefühl für die Woche verlor. Eher zufällig überprüfte ich den Wochentag, um festzustellen, dass es Sonntag war.

Mein letzter Gang zur Kirche war schon Jahre her und ich konnte mich kaum mehr daran erinnern. Doch mir wurde bewusst, dass ich an einem Sonntag vor Rom stand, Zentrum des römisch-katholischen Christentums mit dem Vatikan, dem Petersdom, dem Papst.

Sollte ich nun die Chance bekommen, an der Sonntagsmesse im Vatikan teilzunehmen und einen Blick auf das katholische Oberhaupt werfen zu können? Diese Gelegenheit wollte ich mir nicht entgehen lassen und bereitete mich innerlich auf einen Höhepunkt meines Italienaufenthalts vor.

Das zweite Brötchen wickelte ich in Papier ein und sicherte mir den Proviant für später. Der Mann stand nicht weit von mir auf der Veranda und war beschäftigt. Er sah mich und lächelte, sprach etwas auf Italienisch zu mir. Ich sagte ihm auf Wiedersehen und im selben Moment schwang ich mich auf mein Fahrrad – Rom erwartete mich.

Ein schwer zu beschreibendes Gefühl machte sich in mir breit, als ich das Ortseingangsschild von Rom passierte. Dieses Gefühl kam mir bekannt vor, ich hatte es auch schon in Pisa gespürt.

Es war schwer für mich zu begreifen, was hier geschah, was bisher mit mir geschehen war. Eine Reise mit dem Fahrrad von Barcelona bis nach Rom, eine Fahrt, die für mich bis vor ein paar Monaten noch unvorstellbar gewesen war – und nun war ich hier.

Die verwinkelten Gassen der ewigen Stadt glichen immer wieder einem Irrweg. Dennoch: Irgendwie fand ich mich zurecht, bestaunte die Fassaden der alten Gebäude, die schon Jahrhunderte, ja Jahrtausende, der Stadt ihr Gesicht gaben. Das bunte Treiben auf den Straßen war geprägt von Händlern, Touristen und Menschen, die ihrer Arbeit nachgingen. Sie rannten über das glatte Kopfsteinpflaster und nahmen wohl gar nicht mehr wahr, wie prächtig und von welch historischem Wert ihre Stadt wohl war.

Auf meinem Weg durch die Innenstadt fuhr ich auf den Petersdom zu, der historischen Grabstelle des heiligen Apostel Petrus. Das Fahrrad durfte ich verständlicherweise nicht mit auf das Gelände nehmen und stellte es vor dem Eingang ab.

Es fanden strenge Personenkontrollen statt, was mir wiederum klar machte, dass ich eine Landesgrenze, nämlich die der *Vatikanstadt*, übertrat – so klein das Land auch sein mag.

Tausende Gläubige strömten zum Petersplatz, und ein Meer aus Köpfen schaute immer wieder empor auf eine unscheinbare Hausfassade. Ich drückte mich mit meinem Rucksack durch die Menschenmengen und hörte die Menschen in den unterschiedlichsten Sprachen reden. Dies sowie die Gesichter und auch die Kleider der Menschen verrieten mir, dass sich hier anscheinend die ganze Welt versammelte.

Während ich noch auf den Beginn der Messe wartete, verzehrte ich noch das Brötchen, das mir am Morgen der freundliche Herr mitgegeben hatte. Der Petersplatz füllte sich immer weiter mit Menschen. Bald darauf trat auch Papst Franziskus an das Fenster, das man aus dem Fernsehen vom Segensspruch des Papstes am Osterfest kennt. Die Menge jubelte. Augenscheinlich waren Menschen meh-

rerer Religionen vertreten: Christen, Muslime und Juden standen friedlich beisammen.

Latein ist die Sakralsprache der römisch-katholischen Kirche. Ich verstand zwar kein Wort von dem, was der Papst predigte, aber ich verstand die Menschen, die voller Freude zum Oberhaupt der katholischen Kirche blickten und seinen Worten lauschten, obwohl viele Besucher wahrscheinlich auch nicht mehr verstanden als ich. Dennoch war es wohl eine ähnliche Situation, wie ich sie mit dem älteren Ehepaar in Cecina erfuhr. Es ging ums Verstehen-wollen.

Die Menschen beteten, jubelten und feierten ihren Glauben. Schließlich ist der Papst der Stellvertreter Gottes, Anführer einer der größten Glaubensgemeinschaften der Welt. Entgegen meiner Erfahrung in Deutschland sah ich das Christentum hier mit anderen Augen. Ich sah es als eine Religion, die Menschen verbindet. Dies wurde mir zum Schluss der Messe klar, als der Papst alle segnete und die Menge anfing zu klatschen und sich viele in den Armen lagen. Auch ich wurde umarmt, genoss die Stimmung und die positive Atmosphäre und verweilte noch lange auf dem Platz. Und zum ersten Mal verstand ich den Unterschied zwischen dem Glauben und der Religion.

Das Christentum, der Glaube und die Institution der römisch-katholischen Kirche sind eng miteinander verwoben, doch müssen sie nicht zwangsweise Hand in Hand gehen. Dies wurde mir erst im Laufe der Reise bewusst. Gerade die Negativschlagzeilen der letzten Jahre mit den Missbrauchsskandalen hatten dem Katholizismus schwer geschadet. Ich möchte nichts beschönigen, nichts möchte ich schlechtreden. Mein Bild vom Christentum war seit vielen Jahren bestimmt durch die Verflechtung vom Glauben an Gott und der Institution Kirche – und hatte somit einen schlechten Stand bei mir.

Doch um die Länder, die Menschen mit ihren Kulturen, die unterschiedlichen Lebensweisen … zu verstehen, musste ich tief in ihren Glauben eintauchen. Der Glaube sollte der Schlüssel zum Verständnis der Menschen sein. Dafür musste ich mich frei vom Ballast der Vorurteile machen und dem Thema wertfrei gegenübertreten. Dies bedingte die Trennung des Glaubens von der Institution Kirche und damit eine jeweils getrennte Betrachtung.

Doch wie kann mir das gelingen? Wie können die positiven Aspekte des Christentum herausgearbeitet und dabei der Machtapparat der Institution der römisch-katholischen Kirche ausgeklammert werden, ohne mein Prinzip des *Nicht-schönredens-nicht-schlechtredens* zu untergraben?

Obwohl ich mir sicher bin, dass *viele Wege nach Rom führen,* nahm ich den Weg der Naivität. So negativ der Begriff *Naivität* auch behaftet ist, schlug ich diesen Weg ein, um zu probieren, ob ich damit die Verflechtung von Glaube und Kirche ausblenden konnte. Dies sollte im Laufe meiner Reise nicht nur wichtig für meine Betrachtung des Christentums werden, sondern auch in Bezug auf den Islam und den Hinduismus von Bedeutung sein.

Ich war auf der Suche nach dem Glauben, um daraus Kraft und auch Motivation zu schöpfen. Ich konnte meinen Glauben nicht nur anhand meiner Religion erklären. Der Glaube steckte irgendwo in mir und war trotz meiner Jagd nach Geld und wilden Partys nicht verloren gegangen. Die Suche nach dem Glauben war der rote Faden meiner Reise und der Besuch des Vatikan eine wichtige Station dorthin.

Ich zog mich von der Mitte des Petersplatzes zurück, setzte mich in eine stille Ecke und schrieb meine gerade gemachten Erfahrungen in mein Tagebuch.

Wenig später beobachtete ich eine Nonne. Sie trug eine einfache Tracht. Eine Brille schmückte ihr Gesicht. Das Erlebnis der Messe hatte mich fasziniert. In der noch frischen Euphorie ging ich auf die Nonne zu.

„Hallo, woher kommst du?", sprach ich sie zaghaft und doch voller Neugier auf Englisch an.

„Ich komme aus Österreich", antwortete sie. Das machte natürlich eine Unterhaltung mit ihr bedeutend einfacher, wir konnten uns auf Deutsch unterhalten.

„Ich komme aus Deutschland und ich reise zur Zeit mit dem Fahrrad. Heute bin ich hier in Rom angekommen", sagte ich.

Sie reichte mir die Hand und stellte sich vor: „Ich bin Schwester Sophia vom *Stift Heiligenkreuz.*"

„Ich bin Sascha aus Deutschland, freut mich." Meine Intention, Schwester Sophia anzusprechen, war mir nicht von vornherein klar. Getragen von der Euphorie der Messe-Erfahrung auf dem Petersplatz war ich spontan meinem Bauchgefühl gefolgt und hatte sie angesprochen, ohne zu wissen, worauf eine Unterhaltung mit ihr hinauslaufen sollte. So entschied ich mich zunächst für eine unverbindliche Konversation.

„Darf ich fragen, wie es dazu kommt, dass du hier bist?" Eine bessere Frage konnte ich mir in der kurzen Zeit nicht ausdenken. Doch der Ordensschwester Sophia war wohl keine Frage zu unpassend.

„Ich bekam die Chance, mit meinen Ordensschwestern hierherzukommen. Wir reisen sehr viel und ich schätze es, unterwegs mit den Menschen über ihren Glauben zu sprechen."

Ihre Aussage bestätigte mein Bauchgefühl, sie anzusprechen.

„Mir geht es nicht darum zu missionieren. Ich möchte die Menschen zum Glauben animieren und ihre Beweggründe zum Glauben erfahren."

Schwester Sophia beeindruckte mich und nahm die Gedanken vorweg, die ich ihr mitteilen wollte. Wir schienen auf derselben Mission unterwegs zu sein. So hatte ich das Glück, vielleicht von ihr lernen zu können. Sie schaute auf einmal unruhig umher und schien jemanden über meine Schulter hinweg gesehen zu haben. Dann winkte sie kurz und widmete sich wieder unserem Gespräch.

„Ich habe nur kurz nach meiner Gruppe Ausschau gehalten." Dabei lächelte sie mich freundlich an.

„Was ist eigentlich dein Ansporn?" führte ich meinen Fragenkatalog fast ein wenig eintönig fort.

„Mein Glaube ist mein Ansporn und die Kraft, die mich vorantreibt. Meinem Glauben habe ich so viele schöne Dinge in meinem Leben zu verdanken."

„Zum Beispiel?", hakte ich nach.

„Da gab es etwas in meiner Kindheit. Ich muss so um die acht Jahre alt gewesen sein. Es geschah auf einem Spaziergang mit meinen Eltern im Wald. Ich erinnere mich nur schlecht an die vorherigen Ereignisse, aber ich hatte Streit mit meiner Mutter. Als meine Eltern kurz unaufmerksam waren, schlich ich mich davon, sozusagen als eine Art Strafe für sie. Ich wusste, dass sie sich Sorgen machen und traurig sein würden, weil ich ungehorsam war. Ich rannte so schnell ich konnte und schaute mich immer wieder um. Ich passte nicht auf, fiel hin und rutschte einen Abhang hinunter. Es hat einige Zeit gedauert, bis ich wusste, was geschehen war. Ich musste in eine Felsspalte gefallen sein, ringsherum war nur kahler Felsen. Allein konnte ich mich nicht befreien, habe gerufen und geschrien. Als Kind hatte ich kein Zeitgefühl. Den Erzählungen meiner Eltern nach saß ich ungefähr fünf Stunden in der Felsspalte fest."

Schwester Sophia unterbrach ihre Erzählung. Ich traute mich nicht zu fragen, wie die Geschichte weiterging, jetzt, da es so spannend wurde.

Eine Frau aus ihrer Gruppe kam zu ihr und umarmte sie. Beide lachten und waren wahrscheinlich noch genauso euphorisiert wie ich von der Messe. Die Frau, die augenscheinlich wohl keine Nonne war, packte sie an die Schultern und sagte „Vergiss gleich die Audienz nicht."

„Auf keinen Fall, ich bin in fünf Minuten da", antwortete Schwester Sophia und drehte sich wieder zu mir.

„Eine Audienz beim Papst?", fragte ich

„Ja, zwar nicht privat, aber ich kann ihn immerhin von Nahem sehen."

„Wie ging deine Geschichte dann weiter?", fragte ich vorsichtig nach.

„Wo bin ich stehen geblieben?!", murmelte sie leise vor sich hin … und schien den Faden wieder gefunden zu haben.

„Ich steckte fest und dachte, ich würde meine Eltern nie wiedersehen. Ich weinte nur noch und wurde nicht gehört. Doch plötzlich, wie aus dem Nichts, hörte ich es über mir rascheln. Da ich eingeklemmt war, konnte ich mich kaum bewegen. Schließlich schaffte ich es, den Kopf so weit zu recken, dass ich nach oben schauen konnte. Dort sah ich nun eine Taube. Sie schlug mit den Flügeln und sah zu mir. Im gleichen Augenblick hörte ich auf zu weinen und schaute weiter der Taube zu. Unentwegt schlug sie mit ihren Flügeln und schob damit das Laub hin und her. Mir kam dieses Schauspiel wie eine Ewigkeit vor. Ich fing an, zur Taube zu sprechen, die immer noch zu mir nach unten schaute. Als sie nach einiger Zeit fortflog, machte mich das traurig. Doch im nächsten Moment hörte ich, wie jemand meinen Namen rief: Wenig später wurde ich von einem Suchtrupp gerettet. Die Frau, die mich entdeckt und den Suchtrupp informiert hatte, war tatsächlich durch das seltsame und auffällige Verhalten der Taube auf die Felsspalte und damit auf mich aufmerksam geworden. Für mich war es ein Wunder! Ich halte dies für meine erste Erfahrung mit Gott und damit für den Beginn meines Glaubens."

Schwester Sophias Geschichte an diesem mächtigen Ort des Glaubens beeindruckte mich sehr.

Dann führte sie fort: „Ich sehe es als Mission an, meinen Glauben an andere Menschen weiterzutragen. Glaube ist viel mehr als das Konstrukt von Religion und Gott. Glaube ist Hoffnung – und Hoffnung dürfen wir nicht verlieren!" Mit diesen Worten sprach sie mir aus der Seele.

Sie zeigte mir noch etwas Besonderes. Auf ihren Reisen hatte sie stets eine kleine Statue der heiligen Maria dabei. Es war einer dieser besonderen Momente auf der Suche nach meinem Glauben. Voller Herzlichkeit lud sie mich für später in ihr Kloster ein. Ich hoffte tief in mir, dass ich die Möglichkeit bekommen würde, dieser Einladung eines Tages nachkommen zu können.

Es war zwar noch früh am Morgen, doch gab dieser Tag schon genügend Anlass, um über vieles nachzudenken. In Gedanken versunken spazierte ich durch die Straßen und tauchte ein in die Atmosphäre der Stadt.

Mein Fahrrad schloss ich auf einer belebten Straße ab, um zu Fuß zum Kolosseum zu gehen. Die letzten Wochen war ich viel auf dem Fahrrad unterwegs gewesen und genoss daher den Spaziergang. Vielleicht wäre es klüger gewesen, weiter außerhalb des Stadtkerns zu suchen. Doch ich wollte erst einmal das Kolosseum sehen. Und so lief ich die breit ausgebaute Hauptstraße, die Via dei Fori Imperiali, entlang, eine Paradestraße aus der Zeit des faschistischen Italien. In der Ferne sah ich das wunderbar erleuchtete Kolosseum, ein Monument der Weltgeschichte. Die ovale Form des Amphitheaters war gut erkennbar, die vier Ebenen hell erleuchtet. Es war fast so wie in Pisa, als hätte sich – auch wenn es sich seltsam anhört – ein Lebenstraum erfüllt. Nie hätte ich es für möglich gehalten, eines Tages vor dem Kolosseum zu stehen, schon gar nicht während einer Fahrradreise.

Als ich näher herangekommen war, bestaunte ich es mit aller Ehrfurcht. Ich ging hinüber zur anderen Straßenseite. An einem Rondell auf der Hauptstraße blieb ich stehen. Hier war es möglich, Trinkwasser zu zapfen und das Handy aufzuladen. Mir fiel ein junges Mädchen auf, das ebenfalls ihr Handy dort auflud. Sie schien unruhig zu sein. Aus irgendeinem Grund hatte ich das Bedürfnis, sie anzusprechen.

„Schon praktisch, dass man hier sein Handy aufladen kann", begann ich in meinem mehr als holprigen Englisch.

„Ja!", antwortete sie. „Ich hatte schon Panik bekommen, dass mein Akku leer sein würde. Dann habe ich gesehen, dass ich hier mein Handy aufladen kann. Übrigens: Ich bin Katie aus den USA." Mit diesen Worten reichte sie mir die Hand.

Ich grüßte, stellte mich als Sascha aus Deutschland vor. Dabei war ich schon etwas verunsichert, mit ihr in ihrer Muttersprache zu sprechen. In den letzten Wochen hatte ich zwar einige Fortschritte gemacht, doch war ich noch längst nicht soweit, eine ordentliche Unterhaltung auf Englisch zu führen.

Doch Katie hatte offensichtlich kein Problem, mich zu verstehen und sagte: „Hey, hast du Lust, mit mir etwas essen zu gehen? Ich bin wirklich hungrig."

„Klar, das können wir gerne machen, Pasta oder Pizza?", antwortete ich und fühlte mich noch etwas überrannt von ihrem Vorschlag. Die letzten Wochen auf meiner Reise hatte ich mich zu einer Art *Strolch* entwickelt. Ich war es gar nicht mehr gewohnt, mich angemessen zu verhalten.

Ich fühlte mich tatsächlich etwas unsicher. Schließlich war es die erste weibliche Gesellschaft nach langer Zeit. In Deutschland war ich regelmäßig essen gegangen, meist in weiblicher Gesellschaft.

Direkt am Kolosseum befand sich ein Restaurant und wir gingen hinein. Meine verwilderte Erscheinung und mein Geruch, der eher an einen Landstreicher erinnerte, empfand ich als peinlich. Die letzte Dusche hatte ich in Nizza genommen, und dies war nun schon zwei Wochen her. Ich schleppte meinen Rucksack auf dem Rücken mit mir herum, meine Hose war schon etwas zerrissen und mein Oberteil war auch nicht sauber. Doch mein „Aufzug" schien Katie nichts auszumachen. Auch der Portier am Eingang störte sich nicht an meiner Erscheinung, denn er ließ mich problemlos hinein. Das Restaurant war nobel eingerichtet, und ich aß nach meinem Aufenthalt in Nizza das erste Mal wieder *zivilisiert*. Statt Bohnen vom Grill gab es Pizza. Ich war mir bewusst über diese tatsächlich außergewöhnliche Situation. Doch mit Katie fühlte ich mich wohl.

„Seit wann bist du hier in Rom?", brachte ich das Gespräch ins Rollen.

„Ich bin seit drei Tagen hier. Zur Zeit lebe ich in Mailand, arbeite als Au Pair in einer Familie. Es ist dort wunderschön, wir wohnen etwas außerhalb an einem See." Katie lächelte zufrieden. „Da ich gerne reise, nutze ich gleichzeitig die Chance, mir Italien anzuschauen. Es ist so schön hier", schwärmte sie.

Ich gab ihr vollkommen recht. Was ich bisher gesehen hatte, gefiel mir auch.

„Was ist denn deine Geschichte? Du siehst ganz schön mitgenommen aus", bemerkte sie.

„Ich bin mit dem Fahrrad unterwegs. Bin in Barcelona gestartet. Mein Ziel ist China."

Katie riss die Augen auf. „Nur mit dem Fahrrad und deinem Rucksack? Mehr hast du nicht dabei? Bis nach China?"

„Ja, genau", antwortete ich.

Mir war es oft unangenehm zu sagen, dass ich bis nach China fahre, da die Reaktionen meist voller Bewunderung ausfielen, obwohl ich ja China noch gar nicht erreicht hatte. Es schien fast so, als wäre allein das Vorhaben schon einen Applaus wert, was ich allerdings nicht so sah.

„Ich bin ja erst gestartet", entkräftete ich ihre Bewunderung.

„Ich würde auch gerne so etwas machen", meinte Katie dann, „aber leider fehlt mir der Mut dazu. Ich würde gerne ein richtiges Abenteuer starten, per Anhalter fahren oder auch mit dem Fahrrad. Aber ich bevorzuge doch ein sicheres Hotel und einen sicheren Bus. Zumal ich glaube, mit dem Fahrrad wäre es mir auch zu anstrengend." Sie lachte kurz und ich glaube, ich verstand nun den Anlass ihrer Bewunderung. Die Menschen bewundern nicht nur die Distanz, die ich plane zu fahren, sondern die Tatsache, dass ich alleine mit dem Fahrrad unterwegs bin, abseits aller Sicherheiten. Was für Außenstehende wahrscheinlich wie Mut aussah, würde ich selbst eher als Naivität beschreiben. Ich empfand mich nicht als mutig. Schließlich hielt ich mir nie die Risiken vor Augen, die man auf so einer Reise einging. Ich blendete die Risiken einfach aus. Dies war mein Geheimnis, weshalb ich so eine Reise machen konnte.

Katie wollte ich das nun nicht erzählen. Ich hielt es für eine bessere Idee, ihre Bewunderung nicht zu zerstören.

Nach dem Essen begleitete ich Katie durch die dunklen Gassen zurück zu ihrem Hostel, und wir verabredeten uns für den nächsten Tag.

Getragen von einem wunderbaren Gefühl, einen schönen ersten Tag in Rom erlebt zu haben, lief ich die Hauptstraße entlang, am Kolosseum vorbei und ließ den Tag Revue passieren. Langsam kam ich der Straße näher, an der ich mein Fahrrad abgeschlossen hatte. Schon von weitem nahm ich wahr, dass etwas nicht in Ordnung war. Doch ich wollte es nicht wahrhaben. Immer schneller lief ich in Richtung Laternenmast, an dem ich mein Fahrrad angeschlossen hatte. Fahrrad samt Zelt und Gepäck waren verschwunden, wahrscheinlich gestohlen. Ich sah mich um, weil ich ganz sicher sein wollte, dass ich am richtigen Platz stand. Doch ich war mir sicher: Hier hatte ich mein Rad abgestellt! Ich war fassungslos, traurig und wütend. Und das nach einem so schönen Tag und einem tollen Abendessen in netter Begleitung.

Mein erster Weg führte mich zur Polizei. Ich sah mich um und erblickte auch schon von Weitem eine Polizeistation, zu der ich schleunigst lief. Ich ging in das Gebäude hinein. Ein Polizist sah mich an, als würde er wissen, dass jetzt Arbeit auf ihn zukommen würde.

„Sie müssen mir helfen, mein Fahrrad wurde geklaut", sagte ich voller Entsetzen. Der Polizist beugte sich nach vorne. Wir waren durch Tresen und Sicherheitsglas getrennt. Da wurde mir bewusst, dass er mich ja gar nicht verstehen konnte. So versuchte ich es mit Händen und Füßen. Und offensichtlich gelang es mir, ihm mein Problem verständlich zu machen.

„Und was soll ich jetzt tun?", fragte er ablehnend. Mein erstes Gefühl war Enttäuschung. Doch dann folgte Verständnis. Er hatte Recht. Wir waren nicht in Deutschland, dies ist Italien und ich bin in Rom, hier laufen die Dinge anders – und mein Fahrrad würde ich wohl nie wiedersehen.

Ich verließ das Polizeigebäude und setzte mich an den Straßenrand. Meinen zweiten Rucksack mit den wichtigen Sachen hatte ich – wie ich es immer mache – mitgenommen. Und so packte ich meine Brote und die Schokoladencreme aus, von der ich mich seit Wochen ernährte – und dachte nach. Was sollte nun aus meiner Reise werden? Sollte, beziehungsweise konnte, sie überhaupt weitergehen?

Ich holte die Rune aus der Tasche, die mir Janis geschenkt hatte und verbannte den Gedanken des Aufgebens aus meinem Kopf. Vielmehr dachte ich nach und überlegte den nächsten Schritt. Es fehlte erst einmal ein Schlafplatz, mein Zuhause. Denn auch das Zelt war ja nicht mehr da. Ich sah den Spalt einer offenen Tür zu einem Hotel und schlich mich hinein. Zu so später Stunde war keiner mehr an der Rezeption oder befand sich in den Gängen. Ich war müde, und so setzte ich mich im Flur auf die Treppe und machte die Augen zu. Auch wenn in den Fluren keiner mehr war, hatte ich stets Angst, erwischt zu werden und schlief nicht fest. Mit den ersten Sonnenstrahlen verließ ich – unerkannt – das Hotel, um mich mit Katie zu treffen.

Als Treffpunkt hatten wir die Fontana di Trevi, den berühmten Trevi-Brunnen, vereinbart. Es ist ein berühmter Brunnen im Barockstil aus dem 18. Jahrhundert. In knapp 25 Meter Höhe thront Poseidon, gemeißelt aus weißem Marmor, umgeben von allegorischen Figuren, prachtvollen Ornamenten und anderen dekorativen Elementen. Ich setzte mich an den Brunnen und frühstückte in Ruhe mein Brot mit Schokoladencreme. Mit der Zeit kamen immer mehr Menschen und der so friedliche Platz füllte sich, bis alle dicht an dicht beieinanderstanden. Viele drängten nach vorne, um ein Foto von sich und dem

Brunnen im Hintergrund zu machen. Die Touristen an sich wurden zu einer größeren Touristenattraktion als der Brunnen.

Die Menschenmenge drückte mich immer weiter an den Rand und ich befürchtete schon, Katie zu übersehen. Unter den vielen Menschen konnte ich sie aber doch ausfindig machen. Wir entschieden uns für ein Café in der Nähe und verließen den Rummel um den Brunnen.

Kaum hatten wir uns gesetzt, erzählte ich ihr von meinem Problem der letzten Nacht: „Katie, mein Fahrrad wurde samt Zelt und Gepäck geklaut." Ich erklärte ihr auch, dass die Polizei keinen Sinn darin sah, meiner Angelegenheit nachzugehen.

„Ja, so sind die Polizisten hier in Italien", merkte Katie dazu an. „Was wirst du jetzt machen?"

Ich schnaufte kurz durch, schüttelte den Kopf und sagte: „Das weiß ich noch nicht." Erst musste ich mir selbst im Klaren darüber werden, was ich nun machen sollte. Dabei half mir das Treffen mit Katie, in Ruhe nachdenken zu können und einen kühlen Kopf zu bewahren.

Katie sah mich an und ich denke, sie wusste, was ich brauchte, denn sie sagte: „Sascha, du hast es bis hierher geschafft, und du wirst es noch weiter schaffen." Ihre Worte, so banal sie eigentlich klangen, taten mir gut und halfen mir bei meiner Entscheidung, nicht aufzugeben. In einer solchen Situation würde sich jeder Mensch eine Katie wünschen. Ich war froh, sie angesprochen zu haben. Denn genau jetzt, in diesem Moment, hatte ich sie gebraucht. Wir unterhielten uns noch eine Weile, auch über ihre zukünftigen Reisepläne. Schließlich wurde es Zeit, sich zu verabschieden. Sie nahm den Bus zurück nach Mailand und ich musste mir einen Plan überlegen, wie es weitergehen sollte.

Ich telefonierte mit meinem Kumpel in Deutschland. Er ließ mich nicht im Stich und schickte mir umgehend ein neues Zelt nach Rom. Ich benötigte eine Versandadresse und suchte daher nach einem Hostel. Ich war mir sicher, dass sie so freundlich sein würden, mir zu helfen – und damit lag ich richtig. Bei einer Empfangsdame erregte ich so viel Mitleid, dass sie mir anbot, das Paket entgegenzunehmen. Eine Woche im Hostel konnte ich mir aber nicht leisten. Und so wurden die Stufen eines Klosters, weit abgelegen von der Innenstadt, zu meinem Schlafplatz für die nächsten Nächte.

In dem Hostel traf ich auf Rayan aus Mexiko. Schnell freundeten wir uns an und beschlossen, zusammen Rom zu erkunden. Während wir durch die Stadt liefen, hielt ich Ausschau nach meinem Fahrrad. Dabei hatte ich nicht viel Hoffnung, dass der Dieb so unvorsichtig wäre und sich mit seinem Diebesgut sehen lassen würde. Es fiel mir anfangs schwer, die Stadterkundung zu genießen. *Wäre ich nicht hierhergekommen, hätte ich vermutlich mein Fahrrad noch!* Nach einiger Zeit jedoch löste ich mich etwas von diesen dunklen Gedanken, gab der Stadt nicht mehr die Schuld für meine Misere. Das ging soweit, dass ich mir einredete, der Dieb hätte das Fahrrad nötiger als ich. Rayan half mir dabei, mich abzulenken, und wir besuchten einige der vielen Sehenswürdigkeiten Roms.

Glücklicherweise war mir nach dem Diebstahl ja noch mein Rucksack geblieben, in dem ich meine Papiere aufbewahrte. Und auch mein Schlafsack befand sich noch darin. So konnte ich mich in den kühlen Nächten in den warmen Schlafsack kuscheln.

Inzwischen war auch Cip, meine Bekanntschaft aus Civitavecchia, in Rom angelangt. Wir hatten stets in Kontakt gestanden. Als wir uns wiedersahen, fielen wir uns in die Arme. Ich erzählte ihm kurz und knapp von dem ärgerlichen Diebstahl.

„Das ist das Schlimmste, was dir passieren konnte", meinte er. Mir kamen noch weitere Geschehnisse in den Sinn, die schlimmer wären, aber dies wollte ich nicht thematisieren und gab ihm einfach recht.

Ich benötigte ein neues Fahrrad, um meine Reise fortsetzen zu können. Ich wollte mir kein fabrikneues Rad kaufen, dies wäre zu teuer. Ein gebrauchtes Fahrrad müsste aber auch geeignet sein, die Herausforderungen der Reise zu meistern. Allem voran musste es offroadtauglich sein, damit ich meine Vorliebe für Umwege und Wege weitab jeglicher Hauptstraßen ausleben konnte.

Cip lehnte sich zu mir hinüber und hielt die Hand seitlich an seinen Mundwinkel, als wolle er mir ein Geheimnis verraten.

„Der Fahrradladen meines Vertrauens hat mir einen super Hinweis gegeben. Es soll hier in Rom eine Straße in der Nähe des Tiber geben, auf der mit Anbruch der Dunkelheit ein Markt aufgebaut wird. Dort werden *gebrauchte* Fahrräder angeboten." Ich wunderte mich zunächst darüber, dass er *gebraucht* besonders betonte, fragte aber nicht weiter nach und war dankbar für seinen Hinweis. So verschwendete ich keine Zeit und ging zu eben dieser Straße. Am Fluss Tiber gelegen führte die Straße durch eine kleine Altstadt. Wie Cip es mir erklärte hatte, wurden bei Anbruch der Dunkelheit Pavillons und provisorisch Zelte aufgebaut. Ich wartete noch etwas ab, bis der komplette Markt aufgebaut war. Die Straße und die Gebäude ringsherum waren dreckig und sehr heruntergekommen. Eine düstere Atmosphäre überzog den Markt und mir wurde schnell klar, dass hier nicht alles mit rechten Dingen zuging. Der Begriff der „düsteren Atmosphäre" verwandelte sich schnell in eine „kriminelle Atmosphäre". Ohne meinen Verdacht an sicheren Anhaltspunkten festmachen zu können, verdächtigte ich die umherstehenden Verkäufer als Hehler. Dass hier krumme Dinger gedreht wurden, war fast zu riechen. Ich war der festen Überzeugung, dass keiner der angebotenen Fahrräder seinen Besitzer rechtmäßig gewechselt hatte. So hielt ich auch Ausschau nach meinem Fahrrad. Mit Adleraugen schlenderte ich durch die Straße und betrachtete aufmerksam das Angebot.

Auch wenn ich mein Fahrrad nicht sah, war ich mir ziemlich sicher, dass es dort bereits gewesen war oder noch auftauchen würde. Für knapp 50 Euro fand ich einen neuen Weggefährten, von dem ich ausging, dass es meine Neigung zu nicht-befestigten Wegen mitmachen würde. Es war ein silberfarbenes Mountainbike, das seinen Vorbesitzer wahrscheinlich auch nicht freiwillig verlassen hatte, so mein Verdacht.

Zusammen mit dem neuen Fahrrad traf ich mich mit Cip und zwei Flaschen Bier am Platz des ehemaligen Cirkus Maximus, dem damals größten Circus des antiken Rom. Dort schlenderten wir umher und erreichten das hell erleuchtete Kolosseum. Wir setzten uns auf die Stufen, wenige Meter vor dem Gebäude, und Cip erzählte mir seine Geschichte.

„Ich hatte ein gutes Leben in Rumänien", fing er an, den Kopf nach hinten gegen den Nachthimmel gerichtet, sein Bier fest umklammert. „Ich habe in einer Firma gearbeitet, die Solaranlagen herstellt und war für den Vertrieb verantwortlich. Wir hatten einen Kooperationsvertrag mit einer deutschen Firma abgeschlossen. Dies war der Startschuss zu

einer erfolgreichen Firmengeschichte. Ich bildete weitere Vertriebsmit-
arbeiter aus und konnte an dem finanziellen Erfolg unserer Firma
teilhaben. Doch trotz des Erfolges und des Geldes blieb eine Lücke in
meinem Herzen, und ich war einfach nicht glücklich."

Wie sich unsere Geschichten ähneln, dachte ich.

„Diese Lücke, dieses Verlangen nach dem fehlenden Puzzleteil in
meinem Leben, nicht zu wissen, was es war, machte mich krank. Ich
musste meine Arbeit aufgeben, und nach und nach verlor ich nahezu
meinen ganzen Besitz. Meine Möbel musste ich verkaufen, mein Auto,
einen schönen BMW. Als mir kaum etwas übrig blieb, und ich scheinbar die Kontrolle über mein Leben verloren hatte, musste ich das Ru-
der wieder in die Hand nehmen und verkaufte den Rest, den ich noch
besaß. Ich musste bei Null anfangen und mich selbst finden.

Eines Tages stand ich am Straßenrand, streckte den Daumen aus
und verließ per Anhalter Rumänien. Es dauerte keine Woche, bis ich
herausgefunden hatte, was mir im Leben wirklich fehlte …"

Ich hörte Cip nur noch wie durch einen Schleier zu. Viel zu sehr war ich gefangen in meinen eigenen Gedanken. So wie Cip seine Geschichte erzählte, hätte sie beinahe auch meine sein können. Die Beweggründe, zu dieser Reise aufzubrechen, waren ebenfalls mit der Sehnsucht nach Sinn und Tiefe im Leben begründet – so wie Cip es auch beschrieben hatte. Nach einiger Zeit holte ich mich selbst in die Realität zurück und stieg wieder in Cips Erzählung ein. Er war mittlerweile dabei angekommen, dass er auch Deutschland bereist hatte.

„… Als ich Deutschland nach vier Monaten verließ, fuhr ich per Anhalter bis nach Griechenland, und  konnte mir durch den Verkauf von Souvenirs ein Fahrrad kaufen. Hier in Italien fahre ich gerne durch das Land und fühle mich im Süden Europas am wohlsten. Inzwischen habe ich auch Italienisch gelernt und sehe sogar meine Zukunft hier."

„Bist du glücklich?", fragte ich ganz ungeniert.

Er antwortete schnell mit einem überzeugenden *Ja* – und es bestand kein Zweifel an seiner Antwort.

Wir zogen weiter zum Kolosseum, und Cip drehte sich dort einen Joint. Ja, er war glücklich! Ob sein Landstreicherleben sein persönliches Lebensziel war, konnte ich nicht einschätzen. Und doch war Cip eine inspirierende Persönlichkeit für mich und ich war froh, seine Bekanntschaft gemacht zu haben.

Wir verabschiedeten uns mit der Möglichkeit, uns in Neapel wiederzusehen. Meine letzte Nacht in Rom verbrachte ich draußen auf den Stufen eines Klosters. Am nächsten Tag kam bereits das neue Zelt an, zusammen mit einem Geschenk von meinem Kumpel in Deutschland. Es war ein kleines Taschenmesser.

Zum Abschluss meines Aufenthalts besuchte ich noch einige Sehenswürdigkeiten, wie die heilige Santa Scala, die älteste Kirche Roms sowie die Milvische Brücke. Dort fand, wie ich erfahren konnte, die Schlacht von Kaiser Konstantin statt. Gleichzeitig soll dies die Geburtsstunde des Christentums als Staatsreligion gewesen sein.

Im römischen Reich herrschte die Tetrarchie, zu Deutsch, das Vierkaiserreich. Kaiser Diokletian führte das System 293 n. Chr. ein, um das Reich wieder unter Kontrolle zu bekommen. Das römische Reich war schlichtweg zu groß, um es von einem Kaiser allein zu regieren.

So beschloss Kaiser Diokletian einen weiteren Kaiser und zwei Juniorkaiser einzusetzen. Sich selbst behielt er das Recht vor über das gesamte Reich zu regieren und Gesetze zu erlassen. So geschah es zum

Beispiel um das Jahr 303, dass Diokletian die Christen im gesamten Reich verfolgen ließ.

Nach seinem Tod um 311 n. Chr. fing das Vierkaisersystem an zu zerfallen. Kaiser Konstantin verbündete sich mit Kaiser Licinius und zog gegen Kaiser Maxentius in die Schlacht.

Um das Jahr 312 war es dann so weit. Konstantin stand vor Rom auf der Milvischen Brücke und hier fängt die Legende an. In der Nacht vor der großen Schlacht campierte Konstantin mit seiner Legion vor der Milvischen Brücke. In dieser Nacht erschien Konstantin ein Licht, welches sich als Engel herausstellte, dieser verkündete ihm „Mit diesem Zeichen wirst du siegen" und das Zeichen Christus erschien am Himmel. Konstantin sah ehrfürchtig nach oben und ließ noch in derselben Nacht das Zeichen auf die Schilder seiner Soldaten einmeißeln. Sodann zog er in die Schlacht und trat als Sieger hervor. Nachdem er sich dann 324 gegen Kaiser Licinius wandte und ihn besiegte, war er der Alleinherrscher Roms und teilte das Römische Reich in Ost und West ein.

Er selbst machte die Stadt Byzanz am Bosporus zu seiner Hauptstadt und regierte von dort aus. Den Grund für seinen Sieg vergaß er aber nie und nachdem die Christen vorher verfolgt wurden, bot er ihnen Schutz an und vielmehr noch sogar, er erkor das Christentum zur Staatsreligion und startete somit den Siegeszug des Christentums in Europa. Konstantin selber ließ sich noch auf dem Sterbebett taufen und sicherte sich somit den Segen Gottes, um in das Paradies zu gelangen. Nach seinem Tod wurde Byzanz in Konstantinopel umbenannt und während das Weströmische Reich zerbrach, bestand das Oströmische Reich noch bis in das 15. Jahrhundert hinein, bis die Osmanen Konstantinopel eroberten. Im 20. Jahrhundert wurde Konstantinopel schließlich in Istanbul umbenannt.

Ich verließ Rom mit einem lachenden und einem weinenden Auge. Während ich von den Sehenswürdigkeiten, der Atmosphäre dieser Stadt, fasziniert war, ärgerte ich mich immer noch über den Verlust meines Fahrrades.

Vierzig Kilometer vor der Küste schlug ich mein neues Zelt auf und erfreute mich wieder an der Natur. Die Zeit in Rom war schön. Doch ich fühlte eine tiefe Verbundenheit zur Natur und konnte jetzt das erste Mal wieder richtig durchatmen.

Am nächsten Tag erreichte ich endlich wieder das Meer. Am Strand von Santa Rosa zeltete ich und war überglücklich, das Meer wieder an meiner Seite zu haben. Jede Sekunde genoss ich. Einhundertachtzig Kilometer waren es noch bis nach Neapel, der Stadt am Vesuv. Unterwegs pflückte ich immer wieder einige Kaki, Tomaten und Orangen und stillte damit, neben Brot mit Schokoladencreme, meinen Hunger. Zwar hatten die Kaki noch einen recht pelzigen Geschmack, doch die Orangen machten es wieder gut. Fast 15 Kilometer trennten mich von dem Gebirge, das es am nächsten Tag zu bewältigen galt.

Am Strand von Porto Badino konnte ich glücklicherweise mein Zelt aufstellen und erwischte den besten Platz, um den Sonnenuntergang zu sehen. Es war so, als würde die Sonne am Gebirge von San Felice

Circea nur für mich untergehen und dieses farbenprächtige Schauspiel nur für mich aufführen.

Selbst Dali hätte die Pracht nicht auf Leinwand bannen können. Es war beeindruckend zu sehen, wie die Sonne den gesamten Himmel in ein einzigartiges Kunstwerk verwandeln konnte – mit mir als Zuschauer, der dieses Kunstwerk bestaunen durfte.

Den nächsten Morgen verschlief ich beinahe ganz und stand spät auf. Ich hatte es ja auch nicht eilig. Erst später, als das Zelt und meine restlichen Sachen schon verstaut waren, stellte ich fest, dass etwas mit dem Fahrrad nicht so war, wie es sein sollte. Mein vorderer Reifen war platt. Kleine Kügelchen einer Pflanze klebten mit ihren dornartigen Widerhaken am Vorderreifen. Im Sand waren sie nicht sichtbar und lauerten wohl dort. Ich bemerkte, dass auch der hintere Reifen mit diesen Pflanzenteilen übersät war und ich befürchtete, dass auch er den Kügelchen zum Opfer fallen würde. Ich besaß keinerlei technische oder handwerkliche Begabung und suchte daher eine Fahrradwerkstatt auf. Mein altes Fahrrad hatte *unplattbare* Reifen besessen. Diese Reifen gehörten anscheinend nicht dazu. Nach erfolgreicher Reparatur kaufte ich direkt das passende Flickzeug und musste mir nun eine neue Fähigkeit aneignen: Reifen flicken!

Ich überquerte ein kleines Gebirge und kam an vielen wunderschönen Klippen vorbei, bestaunte gewaltige Felsformationen und besuchte traumhafte Strände, an denen ich eine kleine Rast einlegte. In Formia, einer kleinen Stadt direkt am Mittelmeer gelegen, suchte ich mir einen Schlafplatz. Es sollte ein geschützter Ort sein, da der Wetterbericht Sturm und Regen für den nächsten Tag vorausgesagt hatte.

Am Strand fand ich einen kleinen Abschnitt mit einer Überdachung und mit genügend Abstand zum Meer. Dies stellte sich später als fatal heraus. Während ich den Sonnenuntergang genoss, fand ich mich mit dem Gedanken ab, am nächsten Tag wohl eine Zwangspause einlegen zu müssen, um das Unwetter abzuwarten. Gleichzeitig freute ich mich aber auch, Zeit mit meinem Buch von Jules Verne verbringen zu können. Es war windstill und im Licht der untergehenden Sonne sah die Landschaft friedlich aus – die berühmte Ruhe vor dem Sturm.

Als ich am nächsten Morgen die Augen öffnete, ging gerade die Sonne unter einem blauen Himmel auf; keine Anzeichen eines Unwetters. Dabei hatte ich noch Marseille in Erinnerung und wusste, wie schnell das Wetter umschlagen kann. Daher blieb ich vorsichtig und behielt meinen Plan bei, für einen Tag Rast zu machen. Ich ging zum Supermarkt, um mich mit Lebensmitteln für den Tag zu versorgen. Dabei hatte ich noch einmal kurz die Idee, doch vielleicht weiterzufahren. Allerdings konnte ich meine Ungeduld zügeln und entschied mich endgültig gegen eine Weiterfahrt.

Dies sollte sich als absolut richtig erweisen. Denn innerhalb weniger Minuten schlug das Wetter um und dunkle Wolken zogen auf. Noch bevor ich das Zelt erreichen konnte, fing es auch schon an zu regnen. Ich rettete mich ins Zelt. Das Unwetter meldete sich mit Macht. Die Seitenwände des Zeltes flatterten im Wind, ein vertrautes Geräusch für mich. Ich konnte hören, wie sich die Wellen am Strand auftürmten und an den Felsen brachen. Den Tag verbrachte ich mit meinem Buch. Mit dem frühen Anbruch der Dunkelheit legte ich mich schon schlafen. Um ungefähr drei Uhr morgens wurde ich plötzlich von dem Getöse der Wellen geweckt. Der Sturm zog allmählich Richtung Meer und schickte vereinzelte Wellen zum Festland, die mit brachialer Gewalt auf die Küste prallten, um sich dann im Sand zu verlaufen. Die nächste Welle kam schon hörbar bis auf wenige Zentimeter an mein Zelt heran. Die Situation konnte gefährlich für mich werden. Daher wollte ich schnell das Zelt und meine Sachen zusammenpacken. Doch im gleichen Moment hörte ich das Anrollen einer vermutlich riesigen Welle. Da unterspülte das Wasser auch schon mein Zelt.

Als sich das Wasser wieder ins Meer zurückzog, riss es das Zelt mit. Kurz bevor es ins Meer gezogen wurde, blieb es an ein paar Sträuchern hängen. Das war meine Rettung. Ich sprang hinaus und betrachtete die ganze Situation. Mein neuer Kochtopf aus Rom und andere Uten-

silien lagen verteilt am Strand. Noch bevor die nächste Welle kam, zog ich verzweifelt das Zelt mitsamt seinem Inhalt den Strand hinauf, weg vom Meer. Wenige Meter entfernt entdeckte ich einen kleinen Sanddamm. Ich schaffte das Zelt dorthin und sammelte den verstreuten Rest meiner Sachen zusammen. Glücklicherweise war nichts verloren gegangen. Schnell baute ich mein Zelt wieder auf und stellte fest, dass es im Inneren tatsächlich trocken geblieben war. Auch der Inhalt meines Rucksacks wurde verschont. Ich beobachtete eine Zeit lang die Wellen in der Hoffnung, das Meer würde sich beruhigen. Doch das Gegenteil war der Fall. Allerdings fühlte ich mich hinter dem kleinen Damm sicher und schlief auch kurze Zeit später tatsächlich ein.

Am Morgen wurden die Folgen des Sturmes sichtbar, obwohl der blaue Himmel und das friedliche Meer nichts von dem gewaltigen

Ausbruch in der Nacht erahnen ließen. Nachdem ich mein Zelt abgebaut hatte, lief ich am Strand entlang. Ganze Teile des Strandes waren von den Wellen abgetragen und andere dagegen zugeschüttet worden. Mir wurde deutlich, wieviel Glück ich gehabt hatte. Es hätte auch ganz anders ausgehen können.

Wenig später setzte ich mich wieder auf mein Fahrrad und fuhr los in Richtung Neapel. Und damit begann der wohl traurigste Abschnitt meiner Fahrt durch Italien. Ich durchfuhr mehrere kleinere Städte, weit abseits des Tourismus. Sie erinnerten an Einöden mit verwahrlosten Gebäuden und endlosen Bergen von Müll. Hier zeigte sich Italien von seiner hässlichen Seite, und ein ungutes Gefühl machte sich in mir breit. Inmitten der Müllberge sah ich primitive Behausungen. Manchmal waren die Dächer der „Häuser" nur mit Palmenblättern gedeckt. Freilaufende Hunde durchwühlten den Müll nach ein wenig Nahrung. Überall roch es nach Abfällen. Ich fürchtete mich schon beinahe davor,

durch den Mund zu atmen. Schließlich baute ich wenige Kilometer vor Neapel mein Zelt auf und dachte noch lange über den Tag nach.

Auf dem Weg zum Vesuv

Es wurde immer kühler und der Weg nach Napoli, wie die Italiener die Stadt nennen, war sehr beschwerlich, da es meistens bergauf ging. Umso schöner war dann das Gefühl, als ich endlich angekommen war. Neapel, die Stadt am Vesuv. Der Straßenverkehr war grausam und entzog sich allen mir bekannten Gesetzen, beinahe ein Kulturschock. Ich bekam den Eindruck, dass hier jeder Vorfahrt hat und jeder sich selbst der Nächste ist. Selbst die Polizei schien nicht immer die Regeln zu beachten. So kämpfte ich mich durch den Verkehr bis zur Stadtmitte und machte erschöpft Rast in einem kleinen Café. Nachdem ich mich ausgeruht und meine Vorräte im Supermarkt wieder aufgefüllt hatte, zog ich in der Dunkelheit weiter Richtung Ercolano. Auf halbem Weg schlug ich mein Zelt auf.

Die Nacht war sehr kalt und der Morgentau brachte Nässe. So konnte ich das Zelt nur äußerst oberflächlich trocknen. In einem nahe gelegenen Café tankte ich etwas Wärme auf. Dabei wurde ich von zwei älteren Menschen angesprochen. Offensichtlich fühlten sie sich durch mein skurriles Aussehen, das eher an einen Landstreicher erinnerte, dazu ermuntert. Mit Hilfe einer Weltkarte, die ich zusammen mit dem Kochtopf in Rom erworben hatte, erzählte ich ihnen vom geplanten Verlauf meiner Reise. Dadurch zog ich die Aufmerksamkeit weiterer Gäste auf mich, die sich in einer Traube um mich herum versammelten. Ich wurde immer wieder auf einen Kaffee eingeladen, wobei ich erwähnen muss, dass eine Tasse Kaffee, konkret ein Espresso, ja nur einen kleinen Schluck bedeutet. Nach einiger Zeit hatte ich mich von innen und außen aufgewärmt und war für eine Weiterfahrt motiviert. Zu meiner positiven Grundstimmung und meiner Energie trug sicherlich auch das gute Wetter bei. Die Sonne kam heraus und lieferte mir die Wärme, die ich benötigte. Mein Ziel war der Gipfel des Vesuv, der mächtige Vulkan, der die römische Stadt Pompeji mit Schutt und Asche bedeckt hatte. Dieses Ereignis stellte wieder einmal einen Sieg der Natur über den Menschen dar.

Als ich in Richtung Vesuv abbog, konnte ich noch nicht ahnen, welch wunderbare Erfahrung ich dort machen würde. Es ging steil den Vulkan hinauf. Ständig stieg ich ab, um mein Rad hochzuschieben. Auf der Suche nach einem sicheren Zeltplatz stieg ich immer höher und konnte schon bald auf Neapel hinabblicken. In der Landschaft waren zahlreiche Kunstwerke und Statuen zu entdecken. An einem Panoramahang blieb ich staunend stehen. Neapel und das Meer lagen mir zu Füßen. Die untergehende Sonne ließ das gesamte Meer erstrahlen. Ungefähr zehn Meter über dem Panoramahang baute ich mein Zelt auf. Zufrieden mit der Auswahl des Platzes setzte ich mich auf einen Felsen und machte mir ein Schokoladenbrot. Plötzlich ertönte ein lautes „Woooooooooohhooooooooooo". Ich drehte mich erschrocken um und sah, einige Meter über mir, jemanden posieren. Mein Zelt passte gut ins Grün der Umgebung und so lag es außerhalb des Sichtbereichs dieser Person. Ich wollte diese Person kennenlernen und stieg zu ihm hinauf. Es handelte sich um Gerry, 24 Jahre alt. Ich stellte mich vor, zeigte auf mein Zelt und führte ihn dorthin. Von oberhalb sowie unterhalb des Weges war mein Zelt tatsächlich nicht sichtbar – somit ein ausgezeichneter Zeltplatz. Schnell erfuhr ich, dass Gerry aus Neapel stammte und in Bari, an der Ostküste Italiens, Medizin studierte.

Wir setzten uns vor meinem Zelt auf zwei kleine Felsbrocken und ich erzählte ihm von meiner Reise – und auch von dem Fahrraddiebstahl in Rom.

„Ja, da musst du aufpassen, Rom ist ein gefährliches Pflaster. Gut, dass du schnell durch Neapel gefahren bist. Neapel gilt als eine der gefährlichsten Städte hier in Italien. Dort wäre dein Fahrrad auch nicht sicher."

Anscheinend hatte ich Glück gehabt. Gerry sah mein angeknabbertes Schokoladenbrot und fragte mich: „Wovon ernährst du dich denn auf deiner Reise?" Lächelnd schob er hinterher: „Wohl nicht nur von Brot und Schokoladencreme – oder?!"

Ich nickte und antwortete: „Doch, vorwiegend schon. Es ist billig, ich bekomme es überall und es ist gut haltbar. Zudem fahre ich jeden Tag zwischen 80 und 100 Kilometern, da verbrauche ich einige Kalorien."

Gerry erschrak: „Aber doch nicht nur solche Kalorien! Du brauchst etwas Richtiges zu essen. Kochst du abends nichts?"

Gerry hatte sicherlich recht mit seinen Bedenken. Und ich erinnerte mich an den frisch ergatterten Grill, der zusammen mit meinem Fahrrad gestohlen worden war. Ich musste mir etwas Neues einfallen lassen.

„Nein, ich muss mir neue Utensilien zum Kochen besorgen."

„Meine Mutter ist eine ausgezeichnete Köchin. So, wie ich sie kenne, hat sie wieder viel zu viel gekocht. Ich fahre kurz hinunter nach Neapel und packe etwas für uns ein. Wir machen hier ein schönes Abendessen!"

Was für eine wunderbare Idee! Ich wollte allerdings nicht, dass er sich solche Mühe machte. Meinen schüchternen Einwand überhörte er und verschwand mit seinem Auto.

Wenig später wurde es dunkel, leichter Regen setzte ein. Ich hörte, wie ein Auto vorfuhr und Gerry aus dem Auto stieg, mit zwei Taschen voll leckerer Sachen: einer Reispfanne mit Salat, Früchten, Würstchen, Schokolade – und Wasser. Alles, wovon ich nächtelang geträumt hatte, und alles mit viel Liebe von Gerrys Mutter zubereitet. Gerry hatte meine Ukulele gesehen und holte eine Gitarre aus seinem Wagen. Ich erinnerte mich nur zu gut an Elmar, hatte aber noch keine Zeit gefunden, auf der Ukulele zu üben. Außer Bruder Jakob hatte ich nichts vorzuweisen, doch Gerry zuliebe sang ich es

auf Deutsch vor. In meiner Kindheit lernte ich in der Schule Chinesisch (Mandarin), vergaß aber leider alles, was ich gelernt hatte …
bis auf die chinesische Version von Bruder Jakob. Somit konnte ich
Gerry auch mit der chinesischen Version unterhalten, die auf Deutsch
übersetzt lautet:

> Zwei Tiger, zwei Tiger
> rannten schnell, rannten schnell.
> Einer hatte keine Augen,
> einer hatte keinen Schwanz.
> Sehr merkwürdig, sehr merkwürdig.

Gerry bot mir seinerseits ein kleines Konzert und spielte einige Lieder, unter anderem eins, das er selbst komponiert hatte.

Der Regen prasselte auf das Zelt und in der Ferne zog ein Gewitter
auf, das sich mit gleißenden Lichtern ankündigte. Es erhellte den Himmel im Sekundentakt. Gerry und ich saßen im Zelt und sangen gemeinsam. Es war ein Abend, den ich nie vergessen werde. Als er wieder
nach Hause fuhr, versprach er, mit einem Frühstück am nächsten
Morgen wiederzukommen. Kurz, nachdem er losgefahren war, zog das
Unwetter dicht über den Vesuv. Ich befürchtete schon das Schlimmste, als die ersten Blitze über meine Schlafstätte zuckten. Mein Zelt war
hell erleuchtet und augenblicklich grollte der Donner. Das Echo vervielfältigte sich und man hatte den Eindruck, als ob es von überall her
schallte. So ging es mehrere Male hintereinander und ich begriff, dass
die Lage meines Zeltes anscheinend nicht klug gewählt war. Was für
mich unüblich war: Ich faltete meine Hände und begann zu beten …
die Not in dieser Situation brachte mich irgendwie dazu. Letztlich
empfand ich diesen Moment als einen weiteren Schritt in Richtung
meines Glaubens. Das Unwetter zog vorbei, und die Gewalt von Blitz
und Donner schwächte sich ab. Die Nacht war geprägt von Sturm und
unerbittlichem Regen.

Wie versprochen kam Gerry am nächsten Morgen mit einem herrlichen Frühstück zurück. Es regnete noch leicht und wir machten es uns im Zelt gemütlich.

„Hast du viel von dem Gewitter gestern mitbekommen?", nuschelte er mit einem halben Croissant im Mund.

„Das Gewitter war direkt über mir. Ich habe gedacht, jeden Moment schlägt hier ein Blitz ein", berichtete ich von der letzten Nacht. Ich erzählte Gerry nicht, dass ich angefangen hatte, zu beten. Obwohl ich nicht genau wusste, warum, schämte ich mich dafür. Leben wir in einer Zeit, in der Menschen sich für ihren Glauben und das Beten schämen müssen? Ich ließ die Frage unbeantwortet und widmete mich wieder Gerry, der noch mit seinem Croissant im Mund zu kämpfen hatte. Er schluckte das Croissant mit einem Mal hinunter, nur um zu bemerken: „Wahnsinn, ich hätte nicht diesen Mut gehabt, alleine bei dem Gewitter hier zu zelten." Seine Bewunderung für den augenscheinlichen Mut wollte ich ihm nicht nehmen.

„So etwas passiert schon häufiger. Ich kann mir das Wetter und auch so ein Gewitter ja nicht aussuchen", versuchte ich eine Erklärung.

Der Regen plätscherte noch über uns und ich dachte darüber nach, ob ich den Vulkan heute bezwingen sollte.

„Der Tag sieht ziemlich verregnet aus, soll ich lieber morgen den Gipfel hoch?", fragte ich Gerry, gerade rechtzeitig, um ihn ohne ein Croissant im Mund zu erwischen.

„Das Wetter soll morgen wieder besser werden, ich würde warten", riet er mir – und daran hielt ich mich auch.

Wir verabschiedeten uns und Gerry plante, am Abend mit einem Abendessen wieder zurückzukommen. Ich konnte eine Fortsetzung der Kochkünste Gerrys Mutter kaum erwarten.

Kurze Zeit später verdunkelte sich der Himmel erneut und starker Regen setzte ein. Ich wartete den Regen noch eine Zeit lang ab. Im richtigen Moment verließ ich mein Zelt und fuhr mit dem Fahrrad hoch zum Vulkan. Ich wollte doch nicht bis zum nächsten Tag mit dem Besuch warten. Als der Regen wieder stärker wurde, fand ich Zuflucht in einem Gasthaus. Da ich weit außerhalb der Saison reiste, waren auch keine Gäste im Lokal.

Aus dem Nebenraum kam eine kleine Frau mittleren Alters mit kurzen braunen Haaren.

„Was kann ich für Sie tun?", fragte sie überrascht. Sie erwartete wohl keine Gäste.

„Ich wurde vom Regen überrascht", log ich ein bisschen, schließlich war ich ja mitten im Regen losgefahren. Doch ich wollte ihr nicht erzählen, dass ich in der Nähe zeltete. „Ich habe mir gedacht, dass ich hier den Regen abwarte, falls das in Ordnung ist", meinte ich weiter und setzte mein charmantestes Lächeln auf.

„Ja, natürlich", antwortete die Dame und lud mich ein, in das Nebenzimmer zu kommen. Ich folgte der Einladung und fand einen rustikalen Raum vor. Ein kleines Feuer loderte im Kamin, die Einrichtung war komplett aus Holz gefertigt. Alles sah sehr schlicht, aber dennoch gemütlich aus. Ein kleiner Junge rannte durch den Raum und die Dame rannte ihm hinterher.

„Ich bin Sascha aus Deutschland", stellte ich mich höflicherweise vor.

„Ich bin Nadia aus der Ukraine", sagte sie und schimpfte sogleich mit dem Jungen, der wieder ausgebüxt war. In der Ecke des Raums stand ein Schaukelstuhl, in dem ein älterer Herr mit weißem Bart saß. Er schaute grimmig und etwas apathisch drein, und ich wusste nicht einzuschätzen, ob er wegen mir grimmig war oder ob es seinem Wesen entsprach. Ich vermutete, dass er der Hausherr war. Auf dem Tisch stand etwas Essen, ein paar gebratene Spaghetti, nicht mehr. Ich kam als Gast wohl unpassend.

„Setz dich ruhig", forderte Nadia mich auf, den Jungen mit einem Arm fest im Griff. Ich setzte mich und Nadia brachte mir einen Teller mit Spaghetti, was ich äußerst unangenehm fand – schließlich wollte ich ja nur den Regen abwarten.

„Bitte sehr", sagte sie und servierte mir den Teller. Inzwischen war der Junge dabei, ein paar Bücher in den Kamin zu schmeißen und Nadia eilte ihm hinterher, um ihn davon abzuhalten. Sie schimpfte auf Italienisch und verließ mit ihm im Arm das Zimmer.

Nun war ich alleine mit dem grimmigen alten Mann und wusste nicht so recht, wie ich mich verhalten sollte. Er hatte mich natürlich auch bemerkt und zeigte auf ein paar Holzscheite. Ich warf sie ins Feuer und kam damit offensichtlich seiner Bitte nach. Nadia kehrte zurück, noch mit dem Jungen im Arm kämpfend.

Der grimmige Mann erzählte etwas auf Italienisch und erhob sich aus seinem Schaukelstuhl, mühsam und langsam verließ er den Raum.

„Danke für die Gastfreundschaft, das ist zu freundlich", sagte ich.

Nadia setzte sich und meinte: „Ja, sehr gerne, kein Problem, ich habe gerne Gäste hier."

„Warum ist der Mann jetzt gegangen?"

„Er misstraut dir wohl, aber mach dir darüber keine Sorgen. Den Regen kannst du hier abwarten."

Das tat ich auch, und nach 15 Minuten machte ich mich wieder auf den Weg. Gerne wäre ich länger geblieben, um mich noch etwas mit Nadia zu unterhalten. Doch dem älteren Herrn missfiel ja wohl meine Anwesenheit. Daher zog ich es vor, das Gasthaus zu verlassen.

Anschließend fuhr ich den Vesuv mehrere Male hinauf und hinunter, einfach weil es mir Spaß machte. Ohne Gepäck zu fahren war ein herrliches Gefühl. Am späten Nachmittag kehrte ich zu meinem Zelt zurück.

Gerry kam abends wieder und brachte, wie versprochen, das hausgemachte Abendessen seiner Mutter mit. Ich genoss die gute italienische Küche. Es sollte das letzte Treffen mit Gerry sein, denn am nächsten Tag nahm er den Bus zurück nach Bari. Wir verabschiedeten uns herzlich mit dem Versprechen, uns irgendwann wiederzusehen.

Am nächsten Morgen ließ sich die Sonne wieder blicken. Ich nutzte die Chance, meine Sachen während des Frühstücks endlich zu trocknen. Ich setzte mich an den Abhang und packte meine Schokoladencreme mit Baguette aus. Es kamen einige Autos die Straße hochgefahren und jeder, der mich beim Frühstücken sah, grüßte. Als dann meine Sachen gepackt waren, marschierte ich mit dem Fahrrad los in Richtung Gipfel. Ich kannte die Wegstrecke ja schon vom Vortag. Bei einem nahegelegenen Restaurant schloss ich mein Fahrrad ab und „parkte" mein Gepäck beim Besitzer, der sich freundlich anbot, darauf aufzupassen. Ich nahm nur das Wichtigste mit und setzte meinen Weg fort. Es wurde immer einsamer um mich herum, und mit der Einsamkeit kam auch noch die Kälte.

Am Berg standen viele verkohlte Bäume, was auf einen großen Waldbrand vor nicht allzu langer Zeit schließen ließ. Es wirkte beängstigend, und je weiter ich kam, desto eisiger wurde die Straße. Dabei musste ich sehr aufpassen, um nicht auszurutschen. Später ging das Eis in Schnee über. Meine Schritte waren durch ein deutlich knirschendes Geräusch zu hören. Die Temperatur lag unter null Grad Celsius. Auf

einer Höhe von 1080 Metern erreichte ich einen Sammelplatz. Ein Tor diente als Zugang zum befestigten Weg, der zum Gipfel führte. Jahreszeitenbedingt war es verschlossen. Doch ein Loch im Zaun führte um das Tor herum in Richtung Weg.

Ich überlegte nicht lange und schlüpfte durch das Loch. Dabei bemerkte ich zunächst nicht, wie zwei Personen mich bei der „Schandtat" beobachteten und mir folgten. Als ich den Weg zum Gipfel erreichte und ihm folgte, holten mich die zwei Personen ein und sprachen mich an. Es war ein holländisches Paar. Er hieß René und sie Evy, zwei Urlauber also, die die Chance nutzten, den Gipfel des Vesuv zu erreichen. Und so begleiteten sie mich bis nach oben. Der Pfad war komplett mit Schnee bedeckt, eine wahre Winterlandschaft. Wir trafen noch auf zwei weitere Wanderer, die ebenfalls durch das Loch geschlüpft waren. Nach 20 Minuten Fußweg kamen wir am Krater an.

Die Aussicht war überwältigend. Dämpfe gelber Farbe, höchstwahrscheinlich toxisch, krochen durch das Gestein und stiegen empor. Wir liefen um den kilometerbreiten Krater herum und bestaunten sein

Ausmaß. Nach etwa einer halben Stunde Aufenthalt machten wir uns auf den Rückweg. Inzwischen hatten wir uns auch ein wenig kennengelernt. Bald schon begann es zu dämmern. Mir blieb nicht mehr viel Zeit, mein Zelt aufzubauen. Auf dem Rückweg holte ich meine Sachen im Restaurant ab, bedankte mich beim Eigentümer und baute mein Zelt kurz vor Sonnenuntergang an meinem „alten" Zeltplatz wieder auf. Mein nächstes Ziel stand auch schon fest: Pompeji.

Die Nächte wurden immer kälter und das Trocknen des Zeltes schon fast zum Ritual, ein Ritual, das mir Sorgen bereitete. Mir wurde immer klarer, dass der Winter immer näher kam und ich bisher zu langsam vorangekommen war. Zunächst einmal musste ich mich vor den bevorstehenden kalten Nächten wappnen.

Nach dem gewohnten Schokoladenfrühstück fuhr ich los – mit Pompeji im Blick. Ich fuhr mit guter Laune und rasanter Geschwindigkeit den Vesuv hinab. Pompeji lag gut 30 Kilometer entfernt. Nach einer Stunde Fahrt kam ich auch schon dort an. Seit meiner Kindheit hatte mich die untergegangene Stadt fasziniert. Und nun war ich hier, stand mittendrin in diesem historischen Ort. Pompejis Warnung an die moderne Zivilisation ist offensichtlich. Doch wird sie auch ernst genug genommen?

Pompeji

Früher gingen Historiker davon aus, dass der Vulkanausbruch am 24. August des Jahres 79 n. Chr. stattgefunden haben sollte. Doch nach heutigem Erkenntnisstand muss dieses Ereignis wohl einige Wochen später stattgefunden haben. Denn man fand konservierte Lebensmittel, die eigentlich nur im Herbst hergestellt oder geerntet werden konnten.

Über dem Vesuv, dem Vulkan im Westen Italiens, in Kampanien, steigt seit Tagen Rauch auf. Im Jahre 62 n. Chr. ereignete sich schon ein Erdbeben, von dem die Stadt sich noch nicht erholt hatte. Von dem Vesuv allerdings befürchteten die Bewohner nie eine Gefahr. Der letzte Ausbruch ereignete sich 1900 Jahre zuvor, in einer längst vergangenen Zeit. Doch tief im Inneren des scheinbar friedlichen Berges brodelte es immer noch. Unverdächtig sammelte sich das Magma. Zwar gab es Vorboten wie Erdbeben oder Gasaustritte, doch die Menschen ahnten nicht, was auf sie zukommen würde.

Manche Historiker gehen vom 24. Oktober 79 n. Chr. aus, als es einen ohrenbetäubenden Knall gab. Der Vesuv erwachte und eine 32 Kilometer hohe Rauchwolke stieg zum Himmel empor. Noch ehe die Bewohner mitbekamen, was sich ereignete, ging auch schon ein Regen von Bimsstein über der Stadt nieder und zerschmetterte Dächer, blockierte die Ausgänge der Stadt und machte die Bewohner zu Gefangenen. Panik breitete sich aus. Die Menschen versuchten, mit ihrem Hab und Gut die Stadt zu verlassen, was ihnen aber nicht mehr gelang.

Pompeji wurde nach und nach von einer 25 Meter dicken Schicht aus Asche und Schutt begraben. Es gab keine nachweislich Überlebenden. Und auch weitere Städte im Süden fielen dem Ausbruch zum Opfer.

Und so lag Pompeji fast 1700 Jahre unter der Erde. Seine Ruinen sind überaus gut erhalten. Ich wanderte durch die Straßen der Stadt, als würde sie noch in voller Blüte stehen. Dabei hätte ich mich nicht

gewundert, einem römischen Obsthändler zu begegnen. Von den vielen Fresken und Wandmalereien, den beeindruckenden Mosaiken, die von dem Alltagsleben aus längst vergangener Zeit erzählten, war ich sehr beeindruckt. Die versteinerten Gebilde der damaligen Opfer sind Zeugen ihrer Zeit, die augenscheinlich während des Ausbruchs gestoppt worden waren. Sie verdeutlichen eindringlich den Moment des Schreckens. Ich kann diesen Schrecken nachempfinden. Zugleich bin ich fasziniert und beeindruckt und schaue immer wieder demütig zum gewaltigen Vesuv, der – wie Richter und Henker zugleich – über Pompeji thront.

Ich stand nun inmitten des damaligen Theaters und versuchte mir vorzustellen, wie in der Antike fast 20 000 Zuschauer hier Platz genommen hatten, um die Aufführungen oder Spiele zu bestaunen.

Am späten Nachmittag verließ ich Pompeji wieder. Die Sonne ging unter, und außerhalb der Stadt suchte ich nach einem geeigneten Zeltplatz. Auf einer entlegenen Wiese, zehn Kilometer von Pompeji entfernt, entdeckte ich eine geeignete Ecke, versteckt hinter Sträuchern. Die frostige Nacht kündigte sich schon am Abend an. Ich machte ein kleines Feuer, um der Kälte wenigstens ein bisschen entgegenzuwirken. Vergebens, wie sich herausstellte, denn in der Nacht fror ich fürchterlich. Meine Gliedmaßen zitterten unaufhörlich und ließen an ein Schlafen nicht denken. Meine Schuhe hatte ich nicht ausgezogen, um die Füße ein wenig vor der bitteren Kälte zu schützen. Der Winter hatte mich nun eingeholt und bestrafte mich dafür, nicht vorbereitet gewesen zu sein. Nun musste ich diese Nacht irgendwie überstehen.

Der nächste Morgen kam und brachte die wärmende Sonne. Ich hatte alle Mühe, meine Gliedmaßen wieder aufzuwärmen. Als ich aufstand und das Zelt verließ, sah ich einen dicken Frostpanzer auf der Zeltwand. Auch das Feuerholz, das ich am Abend zuvor mühsam zusammengetragen hatte, war komplett mit Frost überzogen und somit nicht zu gebrauchen. Ich wartete also, bis die Sonne mir die lang erwartete Wärme spendete. Das Zelt und auch ich tauten langsam auf. Ich sog die Wärme wie einen Schwamm auf und erfreute mich an ihr. Doch diese Nacht hatte mir klargemacht, dass es so nicht weitergehen konnte. Entweder kam ich bald in wärmere Gefilde oder ich musste für die Übernachtungen eine andere Lösung finden. Ich trocknete mein Zelt und als es sicher verstaut war, fuhr ich los. Kurz vor den ersten Anstiegen hatte mein Fahrrad einen platten Reifen. Hilfe bekam ich von einem Lkw-Fahrer, der mich bis nach Bari mitnahm, wo ich spät am Abend ankam.

Freunde in Bari

Am 6. Dezember erreichte ich Bari. Dort wollte ich erst einmal zur Ruhe kommen. In einem Schnellimbiss suchte ich ein wenig Wärme und Gesellschaft – ohne etwas zu bestellen. Als die Tischnachbarn ihren Platz verließen, nahm ich mir ihr Tablett, um bei der Bedienung nicht aufzufallen und nach draußen verwiesen zu werden. Anscheinend wurde ich bei der Aktion beobachtet. Gedankenversunken bemerkte ich nicht die Person, die auf mich zukam.

„Bist du nicht der Mann, der im Kolosseum in Rom Schokoladenbrote gegessen hat?"

Ich drehte mich um und schaute in das brillenverzierte Gesicht eines jungen Mannes mit einem herrlichen italienischen Akzent. Seine Frage konnte ich nur bejahen und sie zauberte mir ein Lächeln ins Gesicht. Der junge Mann stellte sich als Ernesto vor und setzte sich zu mir. Er hatte mich wohl schon länger beobachtet und wollte sich mir, dem Mann mit dem Hut und dem vielen Gepäck, wohl unbedingt vorstellen. Ich erzählte ihm von meiner Reise und meiner letzten, frostigen Nacht. Schulterklopfend versicherte er mir, dass es in Bari etwas wärmer sein würde. Ich solle mir keine Sorgen machen. Am Ende des kurzen Gespräches lud er mich zu sich nach Hause ein. Ich lehnte ab und bevorzugte es, alleine zu sein. Drei Wochen war ich nun schon in Italien unterwegs und hatte mich an die Einsamkeit gewöhnt. Er ließ seine Handynummer da, falls ich es mir anders überlegen sollte. Zuletzt sagte er noch: „Gerade heute Abend solltest du nicht alleine sein."

Ich schaute Ernesto staunend hinterher. Dabei wunderte ich mich über seine Aussage. In mein Tagebuch schrieb ich, was ich im Moment fühlte und welche Gedanken mich derzeit beschäftigten. Je mehr ich schrieb, desto klarer wurde mir, dass ich die Einladung hätte annehmen sollen. Schließlich wählte ich doch Ernestos Nummer, um ihn zu fragen, ob die Einladung noch bestehe. Dies stand wohl außer Frage und Ernesto schickte mir seine Adresse. Er wohnte etwas außerhalb von Bari, in Cellamare. Die gute Gesellschaft und ein warmes Bett wollte ich mir nun doch nicht entgehen lassen. Als ich bei Ernesto ankam, begrüßte er mich herzlich. Er lebte in einer Beziehung mit Antonio. Sie wohnten, gemeinsam mit den Hunden Margo und Argo, auf einem großen Anwesen. Die Hunde bewohnten den unteren Teil des Hauses, Ernesto und sein Partner Antonio lebten Patera, ich bekam mein eigenes kleines Zimmer. Zunächst konnte ich mich endlich einmal wieder duschen. Es war die erste Dusche nach über drei Wochen und ich genoss jeden einzelnen Tropfen Wasser auf meiner Haut. In einer großen Waschschüssel wusch ich meine Klamotten und der ausgewaschene Schmutz trübte das Wasser dunkel. Wenig später saßen wir – Ernesto, Antonio und ich – beim gemeinsamen Abendessen. Ernesto hatte ein leckeres Gratin mit Hähnchenbrust gezaubert, von dem ich mir jeden Bissen schmecken ließ.

„Du kannst ruhig langsamer essen", meinte Antonio und lachte dabei. Ich hörte gar nicht richtig hin und schlang das Essen nur so hinunter, obwohl es verdient gehabt hätte, von mir langsam und genüsslich zerkaut zu werden.

„Du bist jetzt den ganzen Weg mit dem Fahrrad aus Deutschland hierher gekommen?", fragte mich Antonio. Ich sah ihn an, schluckte mein Essen und holte zunächst einmal Luft, bevor ich ihm antworten konnte: „Ich bin in Barcelona gestartet, vor mehr als zwei Monaten."

„Wohin willst du?"

„Ich hoffe, ich erreiche China. So sieht mein Plan aus."

„Du scheinst ja ganz schön Hunger zu haben, hier nimm mehr." Dabei reichte Ernesto mir die Auflaufschale und ich lud noch eine große Portion auf meinen Teller.

„Ich ernähre mich die meiste Zeit nur von etwas Brot und Schokoladencreme. Das hier ist jetzt meine erste warme Mahlzeit seit längerem", erklärte ich. Beide sahen sichtlich geschockt aus.

„Du hast Glück, dass heute *Nikolaustag* ist", sagte Antonio.

„Warum?"

„Der heilige Sankt Nikolaus ist der Schutzpatron dieser Stadt. Wir sind sehr gläubige Menschen und am Nikolaustag ist es üblich, Barmherzigkeit zu zeigen. Deswegen hat Ernesto dich auch eingeladen. Um dir etwas Gutes zu tun", erklärte Antonio.

Dank des Sankt Nikolaus kam ich also zu meiner warmen Mahlzeit. *Was für eine glückliche Fügung,* dachte ich. Abermals kam ich mit dem Thema „Glaube" in Kontakt. Der Glaube prägt die Menschen und ihre Kultur. Wollte ich die Kultur kennenlernen, musste ich zunächst ihren Glauben ergründen. Ich bemerkte kaum, dass, je länger ich mich mit dem Glauben beschäftigte, eben diese Fähigkeit – zu glauben – in mir heranwuchs. Ich betrachtete den Glauben immer mehr als etwas, aus dem ich Kraft für meine Reise schöpfen konnte. Ich benötigte keine unmittelbaren Auswirkungen oder Beweise dafür. Ich musste auf das vertrauen, was für mein Auge unsichtbar war. Dies galt es für mich, als faktenorientierte Person, zu erlernen.

Ich versank in meine Gedanken … und Ernesto holte mich dort wieder heraus: „Hey, geht es dir gut? Du isst ja nichts mehr."

Ich schaute die beiden an und sagte: „Ich werde dem heiligen Sankt Nikolaus für diesen Abend und diese Nacht danken – und dafür, dass ich euch kennenlernen durfte." Ein Lächeln ging über beide Gesichter.

Zum ersten Mal in Italien schlief ich in einem warmen und weichen Bett.

Den nächsten Tag nutzte ich, um die Kirche des heiligen Sankt Nikolaus in Bari zu besichtigen. Dort lagen die sterblichen Überreste des historischen Nikolaus, entführt aus der türkischen Stadt Demre, dem antiken Myra. Die Altstadt von Bari wurde wohl eine lange Zeit von der italienischen Mafia dominiert, und gewisse Stadtteile werden noch heute von ihr kontrolliert.

Am Hafen hatte ich Kontakt zu einigen Fischern, die am Ufer beschäftigt waren. Zu gerne wäre ich mit aufs Meer hinausgefahren. Zwei englischsprachige Studenten halfen mir, meinen Wunsch in die Tat umzusetzen. Doch leider wiesen mich die Fischer ab mit der Begründung, dass das Risiko für einen Unerfahrenen wie mich einfach zu groß sei. Ich war ihnen nicht böse und dankte zuletzt den Studenten, die für mich übersetzt hatten. Entspannt wanderte ich noch durch den alten Torbogen in die Altstadt und genoss den Spaziergang durch die schmalen Gassen.

Nachdem ich eine weitere Nacht bei Ernesto und Antonio verbracht hatte, brach ich am frühen Morgen auf. Ich fuhr die Küste von Bari entlang und stieß auf einen wunderschönen Sandstrand. Dort sprach ich eine Gruppe von Studenten an. Schnell stellte sich heraus, dass einige aus Deutschland kamen. Ich erzählte von meiner Reise. Ein Student namens Simon hörte mir besonders begeistert zu, lud mich sogar zu sich nach Hause in Bari ein und gab mir seine Handnummer. Doch ich lehnte ab. Nachdem ich mich von der Gruppe verabschiedet hatte, machte ich einen kleinen Spaziergang durch die Altstadt. Schließlich entschloss ich mich dazu, Simons Einladung doch anzunehmen. Es war nun bereits mein dritter Tag in Bari. Doch eine längere Pause und etwas Gesellschaft aus der Heimat würden mir sicher guttun. Ich fuhr zu Simons Wohnung, die nahe dem Stadtzentrum lag. Dort angekommen erzählte mir Simon seine Geschichte. Er war mit Vespa, Rucksack und Zelt von Freiburg aus nach Bari gefahren. Dabei wurde er zunächst von einem Kumpel begleitet. Simon, das merkte man schnell, war ein Abenteurer durch und durch, ein Reisender. Ich war überzeugt, dass es ein gutes Wochenende mit ihm werden würde. Simon kochte nach deutscher Art, und seine Kohlsuppe ließ heimatliche Gefühle in mir aufkommen. Später nahm er mich mit auf eine Studentenparty. Wir hatten jede Menge Spaß. Ich genoss jede Minute.

Auf der Party lernte ich Saskia kennen, die, zu meiner Verwunderung, ebenfalls aus meiner Heimatstadt Moers kam. An diesem Abend erlangte ich ein bisher vermisstes Gefühl von Lebensqualität zurück. Durch die Erzählungen der Reisegeschichten von Simon war ich auch zu der Überzeugung gelangt, dass ich mehr Lebensqualität in meine Reise bringen sollte. Dazu müsste ich mir – ganz praktisch – eine bessere Ausrüstung anschaffen, um den kalten Nächten zu trotzen. Und selbstverständlich sollte ich mir jederzeit warme Mahlzeiten zubereiten können. Der Start der Reise war von meiner Unerfahrenheit geprägt, und ich wollte mit so wenig Gepäck wie möglich meine Reise beginnen. Nun, über zwei Monate später, hatte ich einiges an Erfahrung gesammelt und wusste nun besser, worauf es ankam und was ich benötigte.

Fünf Tage verbrachte ich in Bari. Und als ich weiter nach Brindisi fuhr, blickte ich wehmütig auf eine facettenreiche Stadt zurück. Von Brindisi aus wollte ich die Fähre nach Griechenland nehmen. Schon nach kurzer Fahrt schlug ich mein Zelt auf einem privaten Strandabschnitt, der nicht abgesperrt war, auf. Nachts konnte ich dort ja unmöglich jemanden stören. Mit dem Sonnenaufgang bemerkte ich, wie ein Auto vorfuhr. Ich machte das Zelt auf und sah einen Mann zu einer Hütte am Privatstrand laufen. Er hatte mich bemerkt, doch nichts gesagt. Ich vermutete, dass er der Eigentümer war und packte schnell meine Sachen zusammen. In dem Moment kam der Mann wieder aus der Hütte heraus. Ich schritt auf ihn zu, um ihm zu erklären, dass ich das Grundstück sofort verlassen würde. Doch er verstand mich offensichtlich nicht und sagte auch nichts. Ich rechnete damit, dass er sich beschweren oder – im schlimmsten Fall – die Polizei rufen würde, wenn er es nicht schon getan hatte. Doch in seinen Händen hielt er einen Teller mit Broten und eine Tasse Kaffee – und brachte das so zubereitete Frühstück zu mir. Ich stand ihm überrascht gegenüber und wusste nicht, was ich sagen sollte. Dann fragte er mich, ob die Nacht kalt gewesen war. Zuletzt gab er mir eine Flasche Wasser und eine Flasche Limonade mit. Ich bedankte mich. Frisch gestärkt machte ich mich auf den Weg nach Polignare de Mare. Während meiner Fahrt sah ich vermehrt streunende Hunde und Katzen, leider allzu oft auch als Kadaver am Straßenrand liegen. Schon bald erreichte ich die wunderschöne Stadt an der Steilküste.

Die letzten Tage in Italien

Auf dem berühmten Felsen von Polignano de Mare, der weit bis ins Meer ragte, standen Kirchen und weitere Gebäude. Das hellblaue Wasser des Meeres brach sich an den Felsen: Ein atemberaubender Anblick. *Domenico Mudugno ist die Stimme der Stadt,* dies veranschaulichte mir ein Student. Er stellte sich mit dem Blick Richtung Meer an die Klippe und begann voller Lebensfreude *Volare* zu singen. Seine Stimme hallte von den Klippen wider und schwebte wie der Geist Mudugnos übers Meer. Ich schloss meine Augen und genoss diesen unvergleichlichen Moment. So lernte ich Polignano de Mare von einer einzigartigen Seite kennen. Ich fuhr später durch die kleine Altstadt, die sich sehr stilvoll und geradezu bezaubernd präsentierte.

Die engen steinernen Gassen schlängelten sich durch die Stadt und waren sehr verwinkelt.

Ich fuhr weiter und erreichte das kleine Dorf Mola di Bari und fuhr an der wunderschönen Kirche Parrocchia Santa Maria di Loreto vorbei. Die Stadt an der Steilküste schien zu schlafen. Die Straßen waren menschenleer, und bei der Durchfahrt schaute ich auf die alten Gemäuer. Die ganze Stadt strahlte eine wunderbare Ruhe aus und gab mir das Gefühl, am Ziel meiner Italienreise zu sein. Ich fuhr weiter die lange Landstraße entlang, als ich wieder freie Sicht auf das Meer hatte. Entlang der Steilküste säumten steinerne Hütten mit Spitzhüten die Landschaft. Es waren die traditionellen *Trulli* der Einwohner Apuliens. Die Rundhäuser mit der charakteristischen Dachspitze, auch Pinnacolo genannt, werden teilweise noch immer bewohnt.

Hinter den Ruinen der antiken Stadt Egnazia zeltete ich. Die Ruinen ruhten in aller Stille und schimmerten in den letzten Strahlen der untergehenden Sonne. Hier gab es keinen Besucherandrang, keine Tageskasse. Egnazia ruhte abseits des touristischen Rampenlichts und

schien mit dem Außenseiterdasein gut leben zu können. Dies machte die antike Hafenstadt für mich so besonders. Das Meer war lebendig, die Wellen brachen an der Brandung. Von Menschenhand geformte Löcher in Form von Quadern fingen das auf, was das Meer zu verschenken hatte. Algen, Krabben und kleine Fische blieben bei jedem Wellengang zurück. Die Fallen, in denen die Fischer die Meerestiere gefangen hatten, wurden abends geleert.

Es war eine sternenklare Nacht. Ich setzte mich vor das Zelt und schaute hinauf in den Himmel. Überwältigend! Eine kleine Brise vom Meer kühlte die Temperatur etwas ab. Doch den Platz unter dem freien Himmel wollte ich nicht verlassen und am liebsten auf ewig hinaufschauen. Niemand ist gezwungen, in ferne Länder zu reisen, um etwas Neues zu entdecken. *Tritt aus der Haustür heraus und betrachte den Sternenhimmel, verliere dich in seinen Weiten und es gelingt dir, zu dir selbst zurückzukehren.*

Am nächsten Morgen waren es noch 60 Kilometer, ehe ich Brindisi erreichte. Es war ein beschwerlicher Weg, und aus mir unerfindlichen Gründen fehlten mir Energie und Kraft. Vielleicht lag es an der sich lang hinziehenden Straße, die mehrere Kilometer nur geradeaus verlief und kaum Abwechslung bot. Am späten Nachmittag erreichte ich schließlich Brindisi. Simon hatte mich auf die Idee gebracht, einen Campingkocher anzuschaffen. In Rom hatte ich ja bereits den passenden Topf dazu erworben. Die kalten Nächte zeigten mir, dass heißes Wasser und eine warme Mahlzeit beinahe überlebenswichtig waren, für den Körper und den Geist, was sich natürlich auch auf meine Motivation auswirkte. Zusätzlich kaufte ich eine Isoliermatte. Diese Investition sollte ich nicht bereuen. Zehn Wochen hatte ich es ohne diese Hilfsmittel geschafft, nun wurden sie zu meinen neuen Wegbegleitern.

In Brindisi suchte ich mir einen Zeltplatz und verbrachte meine letzte Nacht in Italien. Ich versorgte mich am nächsten Morgen noch mit Lebensmitteln und suchte den Hafen auf. Am Ticketschalter kam die ernüchternde Information, dass die Fährverbindung von Italien nach Patras nach Bari verlegt worden war. Dort kam ich gerade her. Ich hätte von dort aus abfahren sollen. Somit bestand nur die Verbindung nach Igoumenitsa, 300 Kilometer von Patras entfernt. Eine Rückkehr kam für mich nicht in Frage, zumal ich auch keine Garantie hatte, dass die Verbindung von Bari nach Patras wirklich existierte. Ich nahm das Ticket nach Igoumenitsa. Am Abend legte die Fähre ab.

Ro

Das vierte Kapitel

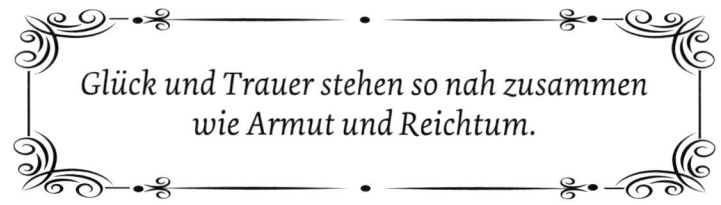

Η Ελλάδα έχει δύο όψεις

— *I Elláda échei dýo ópseis* —

> Glück und Trauer stehen so nah zusammen
> wie Armut und Reichtum.

Ich verließ Italien. Über einen Monat lang hatte ich dieses wunderschöne Land mit dem Fahrrad bereist. Ein Land voller gastfreundlicher Menschen, prächtiger Natur – zugleich aber auch von Kriminalität und Armut geprägt. Auf der Fähre suchte ich mir einen Platz im Restaurant, um dort die Überfahrt zu verbringen. Hier waren viele Fernkraftfahrer aus Osteuropa anzutreffen. An das Alkoholverbot an Bord schien sich niemand zu halten. Die Fahrer saßen zusammen und aßen, tranken und feierten. Nach osteuropäischer Tradition standen verschiedene Schnäpse auf dem Tisch. Es war eine herrliche Stimmung. Tatsächlich kam es aber auch zu einer Schlägerei. Ein angetrunkener Passagier randalierte und schlug wie wild um sich. Dies schien aber die wenigsten zu stören. Es wurde in aller Ruhe weiter getrunken und gegessen – und Sicherheitskräfte, falls es welche gab, ließen sich nicht blicken. Zumindest für ein paar Stunden wollte ich die Augen zumachen und etwas schlafen. Gegen vier Uhr morgens neigte sich die Überfahrt dem Ende zu. Nachdem ich die letzte Stunde mit dem Kopf auf dem Tisch geschlafen hatte, packte ich meine Sachen zusammen und ging in den Frachtraum zu meinem Fahrrad. Direkt daneben stand ein weiteres Rad. Es war voll beladen mit Taschen und sah aus wie das Fortbewegungsmittel eines Radreisenden. Etwas weiter stand ein Trike, ein Fahrrad mit drei Rädern, wobei der Sitz tief, knapp über dem Boden, angebracht war. Die ganze Konstruktion sah aus wie ein Liegefahrrad. Ich wollte die Menschen, die mit diesen Rädern unterwegs waren, kennenlernen – und wartete. Bald schon kamen zwei Personen auf die Räder zu, ein junger Mann und eine junge Frau. Ich begrüßte beide mit einem freudigen *Hallo,* was mit einem freundlichen Lächeln beantwortet wurde.

„Woher kommst du?", fragte das Mädchen und machte ihr Trike fahrbereit.

„Aus Deutschland", antwortete ich.

„Und wo willst du hin?", hakte sie nach.

„Ich bin in Barcelona mit dem Fahrrad gestartet und möchte nach China fahren", klärte ich sie kurz auf, um dann zu fragen: „Wie heißt ihr?"

„Ich bin Fernanda und mein Freund heißt Christoph. Wir studieren zur Zeit in England und möchten Europa mit dem Fahrrad bereisen. Eigentlich war es seine Idee." Sie stieß Christoph an und lachte.

„Ja, ich habe sie gezwungen mitzukommen, damit sie mal etwas anderes sieht, außer ihrem Zimmer", bemerkte er höhnisch.

„Ich bin halt ein gemütlicher Mensch", erwiderte sie. Ich lachte.

„Wir kommen aus Chile", meinte Christoph. „Fernanda wollte unbedingt in England studieren und dann bin ich einfach mitgekommen. Nun folgt sie mir auf eine Reise", sagte er augenzwinkernd.

„Wohin fahrt ihr jetzt?", wollte ich mehr von den beiden wissen.

„Eigentlich wollten wir nach Patras. Doch leider gab es keine Fährverbindung mehr, so haben wir die Fähre nach Igoumenitsa genommen. Wir werden von dort aus den Bus nach Patras nehmen und dann weiter mit dem Fahrrad nach Athen fahren. An Heiligabend wollen wir dort ankommen."

Ich steckte in einem ähnlichen Dilemma, auch mein Plan war es ja zunächst, nach Patras zu reisen. Ich erzählte den beiden von meiner Erfahrung am Ticketschalter. Bald entschieden wir, zusammen bis nach Athen zu fahren. Die Fähre legte an und wir verließen das Schiff.

Von Igoumenitsa aus ging keine Fähre nach Patras. Die Stadt war von einer hohen Gebirgskette umschlossen. Die Vorstellung, 300 Kilometer mit dem Fahrrad über das Gebirge zu fahren, sah eher düster aus. So blieb einzig und allein der Bus, der nur zwei Mal die Woche fuhr. Glücklicherweise sollte an diesem Tag eine Fahrt stattfinden. Allerdings hatten wir die Befürchtung, dass wir die Räder nicht mitnehmen könnten und der Busfahrer uns einfach stehen lassen würde. Die Dame am Ticketschalter riet uns dazu, die Tickets später zu kaufen und die Räder schon auseinanderzubauen, da der Busfahrer nicht viel Zeit hatte. Kurzerhand fingen wir an, die Räder zu zerlegen, um den Transport zu vereinfachen. Tatsächlich willigte der Fahrer – zwar widerwillig – ein, uns und unsere Räder mitzunehmen. Der Busfahrer war schlecht gelaunt, und der Aufwand eines Fahrradtransportes passte ihm wohl nicht. Er beschimpfte uns drei wohl sogar, wovon wir allerdings kein Wort verstanden. Zu guter Letzt trat ich dem Busfahrer noch versehentlich auf den Fuß und verschlimmerte dadurch seine Laune ungemein.

Doch es war geschafft. Die Fahrräder waren eingeladen und wir kauften die Tickets. Die Busfahrt zeigte, was für ein schlimmes Übel die Fahrt mit den Rädern über die Bergkette geworden wäre. Ein schmaler Weg am Abhang führte aus Igoumenitsa hinaus. Auf der Fahrt holten wir ein bisschen Schlaf nach. Die Busfahrt endete in Rio, 20 Kilometer vor Patras. Bevor die Dunkelheit hereinbrach, legten wir das letzte Stück mit unseren Rädern zurück.

Auf der Suche nach einem geeigneten Zeltplatz fuhren wir die Küste entlang. Ich kundschaftete einige Plätze aus und fand den meiner Meinung nach schönsten Platz direkt am tiefblauen Meer. Dort verbrachte ich, gemeinsam mit Fernanda und Christoph aus Chile, die erste Nacht in Griechenland. Ich genoss die Gesellschaft der beiden und fand es herrlich, gemeinsam zu kochen und zu erzählen. Wir tauschten Geschichten und Erfahrungen am Lagerfeuer aus.

„Als wir einmal in einem Dorf übernachteten, wurden wir zu einem *Michael-Jackson-Tanzwettbewerb* eingeladen", erzählte Fernanda über ein ganz besonderes Erlebnis, das sie in Italien hatten. „Christoph ist tatsächlich dort aufgetreten und hat sogar den ersten Platz gemacht." Ich staunte nicht schlecht und fragte Christoph: „Bist du so ein guter Tänzer?" Er antwortete mir augenblicklich mit einer kleinen Tanzeinlage, die so gut und gleichzeitig so witzig war, dass ich beim Lachen von meinem Sitz kippte.

„Ich hätte dir auch den ersten Platz gegeben", kommentierte ich die spontane Tanzeinlage und wollte wissen, welchen Preis er denn bekommen hätte.

„Einen Blumenstrauß und eine Einladung zum Essen. Die Bergbewohner waren unglaublich freundlich und hilfsbereit", schwärmte Fernanda.

„Das kann ich nur bestätigen. Ich habe auch viele gute Erfahrungen in Italien gemacht. Jetzt freue ich mich auf Griechenland", bestätigte ich die positive Erfahrung der beiden. Wir hielten jeder einen Becher mit Tee in der Hand, freuten uns auf unser bevorstehendes Abenteuer und stießen zusammen darauf an.

Die Sonne ging auf und meine erste Nacht in Griechenland ging vorüber. Fernanda und Christoph waren schon fleißig dabei, ihre Zelte abzubauen.

„Guten Morgen", begrüßte ich die beiden und gähnte dabei ausgiebig.

„Buen Dia", erwiderte Fernanda freudig auf Spanisch.

„Warum seid ihr denn schon so früh wach?", wollte ich wissen.

„Du bist einfach spät dran", antwortete Christoph und hatte recht. Ich kam morgens früh schlecht hoch und tat mich schwer, direkt loszuradeln.

Auf dem Weg nach Athen lag südwestlich ein Zwischenziel: Korinth. Die Stadt liegt auf einer schmalen Landenge und verbindet die Halbinsel Peloponnes mit dem Festland. 132 Kilometer waren bis dorthin zu fahren. Die Distanz war überschaubar, doch das Wetter war nicht gut. Schon in der Nacht hatte es angefangen zu regnen. Am Morgen nutzten wir eine kurze Regenpause, um die Zelte abzubauen und zu trocknen.

„Meint ihr, das Wetter bessert sich?", fragte Christoph und schaute besorgt nach oben, wo er erneut aufkommende dunkle Wolken erblickte.

„Der Sommer ist zu Ende, mit Regen habe ich schon fast gerechnet", merkte ich an.

Der Morgenwind trocknete die Zelte. Die Sonne schaute hinter den Wolken hervor und half dabei, uns von der kalten Nacht aufzuwärmen. Ich setzte mich auf einen Felsen und frühstückte. Später bemerkte ich einen streunenden Hund. Natürlich teilte ich mein Frühstück mit dem

Streuner und bemerkte, dass er ein Halsband trug. War er ein Freigänger oder entlaufen? Ich spielte noch ein wenig mit dem Hund und ging sogar ein Stück mit ihm spazieren.

Christoph und Fernanda sahen mich mit dem Hund und meinten: „Hast du einen neuen Freund gefunden? Wie heißt er?", rief mir Christoph hinterher. Als ich wieder zurückkam, sagte ich zu den beiden, dass ich den Hund am liebsten mitnehmen würde: „Meint ihr, wenn ich ihn *Streuner* nenne, ist das beleidigend?" Beide lachten und stimmten mir zu, ihm den Namen *Streuner* zu geben. Natürlich konnte ich den Hund nicht mitnehmen, streichelte ihn noch einmal und verabschiedete mich von dem zutraulichen Tier.

Kaum waren die Zelte trocken, setzte auch wieder starker Regen ein. Er sollte uns noch während der gesamten Fahrt bis nach Athen begleiten. Unterwegs fand ich einen Strauch mit Kumquats. Das sind kleine orangefarbene Zitrusfrüchte, die samt Schale genascht werden können. Ich zeigte sie meinen chilenischen Freunden. Die Frucht hat einen einzigartigen, süß-bitteren Geschmack. Ich beklaute zwei Sträuche und ließ mir die Kumquats schmecken. Wir fuhren an schönen Küsten und verträumten Orten vorbei. Mir fiel auf, wie intensiv blau das Wasser des Meeres in Griechenland wirkte.

Auf geht's nach Korinth

„Happy Birthday to youuuuuu, Happy Birthday to yooouuuuu …", ertönte es am nächsten Morgen. Wir hatten unsere Zelte in einem Hinterhof aufgestellt. Verschlafen wie immer kroch ich aus meinem Zelt. Christoph und Fernanda standen dort mit einem kleinen Kuchen in der Hand.

„Woher wusstet ihr …?", fragte ich die beiden, noch halb im Schlaf.

„Die Dame am Ticketschalter in Igoumenitsa nannte das Datum, das hast du wahrscheinlich gar nicht mitbekommen. Wir mussten ihr unsere Reisepässe geben, erinnerst du dich?", erklärte mir Christoph.

Ja, er hatte recht, und ich freute mich riesig über diese Überraschung. Zum Frühstück gab es nun Geburtstagskuchen und Regen. Wir mussten abermals das schlechte Wetter abwarten und bereiteten uns langsam auf die Abfahrt vor.

Regen und Wind sollten uns zwar nicht aufhalten, aber immerhin unsere Fahrt verlangsamen.

Christoph war immer sehr ungeduldig, wenn wir warteten.

„Wann können wir denn endlich mal weiter?!", fragte er und sprach mir dabei aus der Seele.

„Yia", hörte ich hinter einer Mauer in einer Siedlung, durch die wir gerade fuhren. Ich stoppte und sah eine lächelnde Frau mittleren Alters mit blonden Locken über die Mauer blicken. Christoph und Fernanda stoppten fünf Meter vor mir.

„Seid ihr Radreisende?", fragte die Frau mit einer exzellenten englischen Aussprache. Mir fiel schon bei unserer Ankunft in Igoumenitsa auf, dass die Menschen gutes Englisch sprachen.

„Ja, genau, ich komme aus Deutschland, und meine Freunde hier kommen aus Chile. Wir sind auf dem Weg nach Athen", erklärte ich ihr.

Christoph und Fernanda kamen dazu, begrüßten die Frau und stellten sich vor.

„Ich bin Eleni. Es ist schon lange her, dass ich hier Radreisende gesehen habe. Wenn ihr Lust habt, lade ich euch auf eine Tasse Tee ein." Diese Einladung wollten wir nicht abschlagen, und Eleni öffnete ihr Gartentor für uns. Passenderweise zogen die Regenwolken vorüber und die Sonne schien. Im Garten standen zwei Bäume und einige Büsche, alles hübsch ordentlich und gepflegt. Sie begleitete uns zu einem kleinen Tisch, der mitten im Garten stand. Dort nahmen wir Platz. In der Zwischenzeit verschwand Eleni ins Haus. Ich beugte mich zu meinen chilenischen Freunden und meinte, dass die Frau sehr freundlich sei. Die beiden stimmten mir zu. Wenig später kam Eleni mit einem großen Tablett zu uns. Sie servierte uns Tee und dazu noch Gebäck in einer hübschen Schale. Wir bedankten uns höflich und Eleni setzte sich zu uns.

„Das ist griechisches Gebäck, lasst es euch schmecken." Dann fragte sie uns: „Wo fahrt ihr denn hin?" Da Christophs und mein Mund mit dem guten Gebäck beschäftigt war, antwortete Fernanda für uns alle: „Sascha fährt mit seinem Fahrrad von Barcelona nach China. Wir beide sind von England aus gestartet und sind durch Frankreich, Spanien und Italien gefahren. Ich studiere in England und ich nutze meine Semesterferien für die Reise. Das war eigentlich Christophs Idee." Der konnte gerade nicht sprechen, da er noch mit seinem Gebäck beschäftigt war.

„Christoph ist sehr abenteuerlustig und wollte schon immer so eine Radreise starten. Hier in Europa haben wir dann unsere Chance genutzt. Ich denke, in Athen werden wir den Zug nach Thessaloniki nehmen und von dort aus durch den Balkan fahren."

„Das klingt ja sehr spannend", sagte Eleni und bemerkte die fast schon vollständig geleerte Schüssel mit dem Gebäck. Dafür waren hauptsächlich Christoph und ich verantwortlich.

„Warte, ich habe da noch etwas für euch." Eleni sprang auf und verschwand erneut ins Haus.

„Könnt ihr euch nicht benehmen? Ihr müsst der Frau nicht die Haare vom Kopf fressen", beschwerte sich Fernanda sichtlich beschämt und warf Christoph einen besonders bösen Blick zu. Da kam Eleni auch schon zurück und verteilte drei kleine Schälchen an uns.

„Eingelegte Kumquats und Orangen für euch. Die Früchte sind hier aus meinem Garten." Wir schauten uns um und nun fiel mir auf, dass die Büsche einige Kumquats trugen. Wir ließen uns jeden Bissen schmecken.

„Ich muss zugeben, dass diese kleinen Früchte wirklich köstlich sind. Ich habe noch nie zuvor Kumquats probiert, aber ich bin begeistert", bemerkte Fernanda.

„Seit wann lebst du schon hier?", wollte ich von Eleni wissen.

„Das ist eine lange Geschichte." Eleni lehnt sich zurück und lacht. „Aber die möchte ich euch nicht vorenthalten. Ihr befindet euch gerade in nisí tis asfáleias, der Insel der Sicherheit. So wird dieses Grundstück genannt. Und dies hier ist das älteste Haus der Gemeinde. Vor siebzig Jahren gab es hier eine schwere Flut, das gesamte Dorf wurde überschwemmt und größtenteils zerstört. Ein kleines Mädchen fand hier im Garten Zuflucht. Die Mauer des Gartens schützte das Grundstück. Von knapp hundert Menschen überlebten gerade einmal fünf. Darunter das kleine Mädchen, meine Oma. Ihre Familie bestand darauf, in der Gemeinde zu bleiben. Sie bauten alles wieder auf. Die Insel der Sicherheit ist für mich ein mentaler Zufluchtsort. Und wann immer ich Menschen die Gelegenheit geben kann einmal abzuschalten, lade ich sie hierhin ein."

Auch wir drei konnten hier für eine kurze Zeit abschalten, alles um uns herum vergessen – und Elenis Gastfreundschaft genießen.

„Hat dich die Geschichte deiner Oma zu einer gläubigen Person gemacht?", war ich neugierig.

„Meine Oma hat durch dieses Ereignis ihren Weg zum Glauben gefunden. Ich bin davon überzeugt, dass solche Erlebnisse die Menschen prägen und nachhaltig verändern. Ich glaube nicht an Gott, aber ich glaube an die positive Energie, die dieses Haus mit dem Garten ausstrahlt. Dessen bin ich mir zu jeder Zeit bewusst."

Glaube bedeutet nicht, an die Existenz eines alten bärtigen Mannes, der hoch oben im Himmel sitzt, zu glauben. Glaube kann, wie bei Elenis Geschichte und die ihrer Oma, eine tiefe Verbindung zur Geschichte und die Erinnerung an dieses Haus bedeuten. Genauso war auch der Glaube an die Stärke des menschlichen Geistes und an den Zusammenhalt einer Gemeinschaft inmitten von Tragödien und Zerstörung.

Eleni setzte sich nachdenklich neben mich und fuhr fort: „Mein Glaube ist auch eine Art Resilienz, eine innere Kraft, die mir weiterhilft, Schwierigkeiten zu überwinden und wieder aufzustehen, selbst wenn alles um mich herum zusammenzubrechen scheint. Das hat mich die Geschichte meiner Oma gelehrt, das fühle ich hier in diesem Garten.

Christoph meldete sich nun auch zu Wort: „Es ist schön zu sehen, wie dieses Haus und der Garten hier für dich und deine Familie zu einem solchen Symbol des Glaubens geworden sind."

„Ja", stimmte Fernanda zu, „ich finde es faszinierend, wie Menschen unterschiedliche Wege finden, um ihre eigene Spiritualität auszuleben. Für manche mag es ein traditioneller Glaube sein, für andere ein tieferes Verständnis der Natur, oder für dich Eleni, eine positive Energie, die dich umgibt und mit der Geschichte dieses Hauses und mit deiner Oma zu tun hat."

Während wir in den nächsten Minuten in unsere Gedanken versunken waren, genossen wir gleichzeitig die ruhige Atmosphäre des Gartens und versuchten, die positive Energie, die von diesem Ort auszugehen schien, in uns aufzunehmen. Es war ein Moment der Verbundenheit und des Nachdenkens über die Bedeutung von Glauben und Zuflucht in unserem Leben. Jeder von uns ging seinen eigenen Weg, diesen Glauben zu finden, und ihn in den Herausforderungen des Alltags zu leben.

Bald wurde es Zeit, uns von Eleni zu verabschieden. Wir bedankten uns sehr für ihre Gastfreundschauft und für ihre Einsichten, die sie uns in ihr Leben und Denken gewährt hatte.

An diesem Abend erreichten wir einen Küstenabschnitt, zwanzig Kilometer vor Korinth. Elenis Geschichte beschäftigte uns während der ganzen Fahrt. Jeder war mit sich selbst beschäftigt. Erst, als wir unsere Zelte aufgebaut hatten, lösten wir uns aus unseren Gedanken und stießen mit einer Flasche Wein auf den hinter uns liegenden Tag an.

„Salute!", riefen wir freudig.

„Wisst ihr, in Deutschland haben wir die Tradition, zur Weihnachtszeit Glühwein zu trinken", erklärte ich meinen chilenischen Freunden.

„Was ist denn Glühwein?", hakte Christoph nach.

„Das ist heißgemachter Wein, zusammen mit ein bisschen Zimt, Orange und auch Nelken", schwärmte ich und dachte an ein duftendes Glas Glühwein auf dem Weihnachtsmarkt in meiner Heimatstadt.

„Das können wir ja mal zusammen ausprobieren", schlug Fernanda vor, und ich stimmte direkt zu.

In der Ferne sahen wir die Lichter von Korinth leuchten. Über unseren Köpfen zeigte sich bei völliger Dunkelheit ein schier endloser Sternenhimmel, abgelöst durch einen prächtigen Sonnenaufgang am nächsten Morgen. Ich stand extra früh auf, um den Sonnenaufgang über Korinth bewundern zu können und schätzte jede Minute des kostbaren Sonnenlichts. Es waren nur noch wenige Kilometer bis zur Stadt. Nach dem gemeinsamen Frühstück brachen wir auf. Wir folgten der Hauptstraße nach Korinth und kamen schon bald im Stadtzentrum an. Wir ließen es uns nicht nehmen, unsere Ankunft mit einer Portion *Suflaki* zu feiern. Dabei tranken wir auch *Canal,* das Bier aus dieser Region; benannt nach dem berühmten Kanal bei Korinth, der sich quer durch das Land zog. Unterwegs war mir mal wieder eine Zeltstange gebrochen und ich hoffte, in Korinth Ersatzteile zu bekommen, was leider nicht möglich war. Bevor wir die Stadt verließen, kauften wir Proviant ein, darunter Wein, um später Glühwein zu probieren. Wir überquerten den Kanal und verließen somit die Halbinsel Peloponnes.

Die Nacht feierten wir mit Musik und bereiteten Glühwein zu. Dazu pflückten wir ein paar Orangen, die an jedem Baum zu wachsen schienen. Glühwein war wohl in Chile eher nicht bekannt, weshalb es mir

eine Ehre war, diese spezielle Erinnerung an meine Heimat mit meinen Weggefährten zu teilen. Die Temperatur passte. Es wurde wieder kälter und gerade bei sternenklaren Nächten mussten wir uns dick einpacken. Doch das tat dem Spaß keinen Abbruch, und wir tanzten und feierten. Ehe wir uns versahen, war der Wein ausgetrunken, die Musik verstummt und jeder in seinem Zelt.

Der tote Hund

Auf der Hauptstraße nach Athen stoppte Christoph am nächsten Tag plötzlich und zeigte auf die Straße vor uns. Aus der Ferne sahen wir einen Körper auf der Straße liegen. Wir fuhren ein Stück näher heran und erkannten, dass es ein Hund war. Noch bevor wir die Fahrräder abstellten, beschlossen wir, den Leichnam von der Straße zu tragen. Christoph übernahm die unangenehme Aufgabe, den Zustand des Hundes zu überprüfen und schien dies nicht zum ersten Mal zu machen. Es war ein trauriger Anblick. Christoph und ich nahmen jeweils die Vorder- und Hinterpfoten und hoben den leblosen Körper in die Höhe. Dabei hing der Kopf nach hinten hinunter, die Zunge rutschte aus der Schnauze heraus. Ich hatte die Befürchtung, dass der Körper zerreißt oder der Kopf auf dem Asphalt aufschlägt. Die blutrot unterlaufenen Augen waren offen und schienen uns anzustarren.

Was diese Augen wohl zu sagen versuchten?! Wir legten den Hundekörper neben einen Erdhügel. In einem nahegelegenen Geschäft besorgte ich eine Schaufel. Damit schütteten wir Erde auf das tote Tier. Anschließend vollendete Christoph die Arbeit mit einem großen Stein, der als eine Art Grabstein diente. Fernanda schmückte das Grab mit Blumen. Tatsächlich erwiesen wir mit einer Gedenkminute dem Tier unseren Respekt.

Bevor wir weiterfuhren, wurden wir von einem jungen Mann angesprochen, der unsere Aktion beobachtet hatte. Er wollte diese Geschichte mit anderen Menschen teilen, um so unser sicherlich anrührendes Verhalten anderen zu vermitteln. Vielleicht haben wir so wenigstens etwas bewirken können.

Es war nicht das einzige tote Tier, das uns auf unserer Fahrt begegnete. Auf unserem Weg durch Griechenland fanden wir immer wieder Kadaver von Katzen oder Hunden am Straßenrand. Schrecklich mit anzusehen, und jedesmal machte es uns einfach nur traurig.

Abends schlugen wir an einem nahegelegenen Strand unsere Zelte auf. Als ich abends über die Ereignisse des Tages nachdachte, wurde mir bewusst, dass ich wohl einer der Sieben Taten der Barmherzigkeit begegnet war.

Die sieben Taten der Barmherzigkeit

Ihre Grundlagen bildet der Text vom Evangelisten Matthäus, der in seinem Gleichnis vom Gericht des Menschensohnes über die Völker die Taten der Barmherzigkeit formuliert.

Aus dem Gleichnis vom Gericht des Menschensohnes über die Völker (Matthäus 25, 31 – 46)

35 Denn ich war hungrig und ihr habt mir zu essen gegeben; ich war durstig und ihr habt mir zu trinken gegeben; ich war fremd und ihr habt mich aufgenommen;

36 ich war nackt und ihr habt mir Kleidung gegeben; ich war krank und ihr habt mich besucht; ich war im Gefängnis und ihr seid zu mir gekommen.

So steht es im Matthäus-Evangelium des Neuen Testaments in der Bibel. Jesus' Predigt, die Eschatologische Rede und das Gleichnis vom Weltgericht gilt als die letzte Predigt, die der Prophet auf dem Ölberg in Jerusalem gehalten haben soll. Jesus prophezeit seinen Jüngern in dieser Predigt seinen baldigen Tod und seine Wiederauferstehung. Im späteren Teil der Rede erzählt er, wie der König oder auch Menschensohn (im Christentum werden beide mit Jesus gleichgesetzt) zwischen Rechtschaffenden auf der rechten Seite und den Verfluchten auf der linken Seite unterscheidet. Am Ende eines jeden irdischen Lebens wird Bilanz gezogen, und welche sich nicht als ehrbar erwiesen, werden aussortiert und schmoren im Höllenfeuer. Dabei spielt es keine Rolle, mit wie vielen schlechten Taten derjenige vorbelastet ist. Gedeutet wird es so, dass, was seinen geringsten Brüdern (die Menschheit) getan, auch für ihn getan wurde. Sprich – eine gute Tat! In dem Fall kann dies als eine gute Tat für sich selbst gedeutet werden. Tue ich dir etwas Gutes, so kommt es zu mir zurück. Hier ist allerdings nur von den sechs Werken der Barmherzigkeit die Rede. Das siebte Werk der Barmherzigkeit fügte der Kirchenvater Lactantius hinzu, und über die Jahre etablierte es sich als die *Sieben Taten der Barmherzigkeit.* Ich kann mich nicht daran erinnern, je freiwillig einen Blick in die Bibel geworfen zu haben. So waren mir auch die Sieben Taten der Barmherzigkeit völlig unbekannt.

Doch schließlich sollte mich die darin beschriebene Barmherzigkeit während meiner gesamten Reise begleiten und zum roten Faden meines Weges werden. Abgeschottet von allem Übel der Welt lebte ich in einem wohlbehüteten Land und genoss die vorhandenen Vorzüge. Niemals musste ich Hunger oder Durst leiden oder kam in Bedrängnis, einen Schlafplatz finden zu müssen. So kam ich nie auf die Idee, über Barmherzigkeit nachzudenken, was ja immer auf ein Gegenüber gerichtet ist. Ich hatte in meinem Leben immer nur meine eigene Person in den Vordergrund gestellt. Der Glaube an die Barmherzigkeit ist der Glaube an das Gute in der Welt. Es schafft Vertrauen der Menschen zueinander und ermöglicht es jedem Einzelnen, davon zu profitieren.

Nie in meinem bisherigen Leben war ich auf die Idee gekommen, um die Welt zu reisen. Dafür reichte auch das Geld nicht. Letztlich war ich ein Gefangener meiner Lebensumstände, ob selbst verschuldet oder nicht.

Doch die Währung der Barmherzigkeit ermöglichte es mir, die Welt zu sehen und zu entdecken. Die Welt zu bereisen bedeutet nicht, nur an besonderen und herrlichen Orten zu sein, sondern es bedeutet auch, zu lernen und das Gelernte weiterzugeben, so weit es einem nur möglich ist. Es bedeutet nicht nur, die Welt, die Menschen und die Zusammenhänge zu verstehen, sondern auch sich selbst zu entdecken und seinen eigenen Platz in der Welt zu finden.

Wo wir auch hingehen und wie wir es tun, formt uns, und wir geben es an die Welt weiter. So erschaffen wir uns unsere Welt, in der wir leben und in der wir unseren Mitmenschen begegnen. All das entsteht durch das Reisen. Reisen verbindet uns Menschen. Es hilft dabei, unsere Identität zu formen. Und dabei spielt – zumindest für mich ist das der Fall – die Erschaffung meiner Identität zur Erfüllung der Sieben Taten der Barmherzigkeit eine wichtige Rolle. Die Sieben Taten beziehen sich auf die Grundbedürfnisse und die Sicherheit des Menschen und wurden vom Verfasser nach dem ausgerichtet, was Menschen miteinander teilen können. Sie zeigen auch auf, wie wir die Möglichkeit besitzen, Gefühle wie Geborgenheit und Freude zu teilen.

Die ersten beiden Taten der Barmherzigkeit lauten, Hungernde zu speisen und Durstige zu tränken. Ich selbst war noch in keiner Situation, in der ich starken Hunger leiden musste. Doch durch die Erfahrungen auf meiner Reise konnte ich vielleicht erahnen, wie es sich anfühlt, nicht genug zu essen zu haben. In Spanien, Frankreich und Italien standen mir teilweise nur zwei Euro täglich zur Verfügung. Davon kaufte ich mir meistens Baguette und Bananen sowie Schokoladencreme. Ich verlor merklich an Gewicht. In Bari wurde mir gezeigt, wie ich genügsam reisen und dennoch die Lebensqualität nicht zu verlieren brauchte. Mit dem Durst sah es schon anders aus. Es gab schon einige Umstände, in denen ich nicht richtig geplant hatte – und so geradewegs in eine Wassernotlage geriet. Ein Glas Wasser in so einer Situation ist ein Goldschatz.

Auf meiner Reise wurde ich immer wieder mit Kleidungsstücken versorgt, und es erfüllte sich somit die dritte Tat der Barmherzigkeit, nackte Leiber zu kleiden. Es ist ein natürliches Grundbedürfnis, sich zu kleiden. Mit der Kleidung schirmen wir uns vor schädlichen Umwelteinflüssen ab. Kleidung zu teilen bedeutet Fürsorge.

Die vierte Tat lautet: Fremde zu beherbergen. Man empfing mich auf meiner Reise immer wieder mit offenen Armen und stellte mir eine Unterkunft zur Verfügung.

Die fünfte und sechste Tat lauten, Kranke zu pflegen und Gefangene zu besuchen. Der siebten Tat war ich nun begegnet – Tote zu bestatten.

Regen und Flut

Noch bevor wir Athen erreicht hatten, mussten wir zwei Tage in Nea Peramos ausharren. Ein Unwetter zog auf, es regnete und stürmte unentwegt. Ein Weiterkommen war nicht möglich. In einem verlassenen Schulkomplex, der bereits zu einer Ruine verfallen war, verschanzten wir uns, um das Unwetter abzuwarten. Trotz der, zugegeben spärlichen, Überdachung regnete es hinein, und bald stand auch das Haus unter Wasser. Viel war es nicht, doch es reichte aus, um Teile der Ausrüstung und der restlichen Sachen nass zu machen. Was sich zunächst unspektakulär anhört, kann auf so einer Reise sehr ungemütlich werden. Gerade im Herbst ist es schwer, Zelt, Klamotten, weitere Utensilien wieder trocken zu bekommen. Sonnenstunden waren sehr rar.

Am nächsten Tag zeichnete sich allerdings eine Wetterbesserung ab. Wir fuhren weiter, schließlich wollten wir ja bald Athen erreichen. Es dauerte nicht lange, und wir befuhren eine Straße voller Schlamm und Müll. Die Häuser waren total verschmutzt und teilweise ebenfalls mit Schlamm überzogen. Einige waren zerstört, Laternenmaste waren abgeknickt. Wir konnten uns den Zustand der Stadt nicht erklären. Wenig später erreichten wir den Stadtkern. Wir benötigten diverse Lebensmittel und betraten ein kleines Geschäft. Der Verkäufer klärte uns auf, dass die Stadt Mandra eine Woche zuvor von einer Flut heimgesucht worden war. Durch den starken Regen hatte sich Wasser in den Bergen gesammelt und so, gebündelt als Sturzflut, die Stadt geflutet. Die Katastrophe kostete 24 Menschen das Leben. Auf ihrem Weg hinunter in das Tal zerstörte die Flut ganze Straßenzüge und riss riesige Löcher. Laternen waren weggespült worden, Autos gegen Hausfassaden geschleudert. Die Flut war erbarmungslos.

Nea Peramos, unser eigentliches Ziel, war nicht weit entfernt. Auch diese Stadt war von der Flut betroffen gewesen. Es war ein schrecklicher Anblick, als wir an einem riesigen Loch in der Straße vorbeifuhren. Der Boden war abgesackt und hatte alles mit sich in die Tiefe gerissen. Wir fühlten uns irgendwie demütig, als wir durch die zerstörten Straßen fuhren. Für mich war es tatsächlich das erste Mal, dass ich in einem Katastrophengebiet stand. Dabei wünschte ich mir, so etwas nie wieder sehen zu müssen.

Wir verließen Mandra, und zehn Kilometer vor Athen bauten wir unsere Zelte auf. Es war das letzte Mal, dass wir gemeinsam zelteten.

Athen

Zwei Wochen waren wir – Fernanda, Christoph und ich – nun zusammen unterwegs und hatten einen Teil Griechenlands durchquert. Auch wenn sich die Reise in Griechenland sehr von meinem Aufenthalt in Italien unterschied, war die Erfahrung, mit Gleichgesinnten gereist zu sein, sehr schön. Es war unser letzter Abend vor der Ankunft in Athen, dem gemeinsamen Ziel. Wie unterwegs besprochen, zelebrierten wir den letzten Abend mit einem Topf Glühwein. Ich pflückte fleißig Orangen, um dem Glühwein auch die angemessene Fruchtnote zu verleihen.

„Daran könnte ich mich gewöhnen", bemerkte Christoph, als er von dem Getränk kostete. Auch Fernanda sah überaus zufrieden aus und wollte direkt mehr.

„Ich bin froh, dass ich euch kennenlernen durfte", gestand ich. „Es war eine tolle Erfahrung, und wir haben in der kurzen Zeit viel zusammen erlebt. Ich danke euch!" Am liebsten hätte ich die beiden gedrückt und hätte sie noch bis nach China mitgenommen.

„Für uns war es auch schön mit dir, Sascha", antwortete Fernanda, „das war die erfahrungsreichste Zeit bisher, und wir danken dir für die gute Gesellschaft. Und wie geht es jetzt für dich weiter?"

„In Athen werde ich mir darüber Gedanken machen, doch ich glaube, dass ich als Nächstes in die Türkei fahre und von dort aus weiter in den Iran."

Christoph hörte gespannt zu und meinte: „Das wäre doch auch etwas für uns – oder nicht? Ich würde gerne Asien sehen." Sein Blick ging zu Fernanda.

„Nein", antwortete sie sofort, „wir verlassen Europa nicht. Wer weiß, was da im Iran oder so mit uns passiert. Europa ist sicherer." Damit war die Diskussion wohl abgeschlossen. Wir stießen ein letztes Mal mit unserem Wein an und tranken auf unsere Erfahrungen, die wir in den letzten beiden Wochen gemacht hatten.

Am nächsten Tag – es war der 24. Dezember, Heiligabend – hieß es dann wirklich Abschied nehmen. Ich begleitete die beiden noch bis zu ihrer Unterkunft in der Stadtmitte. Zum Abschied drückten wir uns herzlich. „Bitte passt auf euch beide auf. Ich hoffe, wir sehen uns eines Tages wieder", sagte ich zum Abschied. Dabei wurden Fernandas Augen ganz glasig. „Grüße China von uns", sagte Christoph noch – und im nächsten Moment sah ich sie in ihrer Unterkunft verschwinden.

Ich fuhr nun erst einmal durch die Straßen Athens. Wenig später checkte ich ausnahmsweise in einem Hostel ein, um über die Weihnachtstage eine Bleibe zu haben. Es mussten sämtliche Sachen, die in Nea Peramos nass geworden waren, erst einmal wieder in Ordnung gebracht werden. Und außerdem war ich auch neugierig auf neue Bekanntschaften.

Bereits am ersten Tag in Athen lernte ich Dimitri kennen, einen jungen Griechen.

„Du siehst aus, als könntest du ein Bier vertragen", sagte der junge Mann und warf mir eine Dose zu. "

„Das hast du mir angesehen?", fragte ich verwundert. „Die letzten Tage waren nicht einfach. Ich bin mit dem Fahrrad von Patras hierher gefahren und es war sehr regnerisch und windig."

„Ja, das ist für die Jahreszeit doch normal. Wo kommst du denn her und wohin fährst du?"

„Ich komme aus Deutschland und bin mit dem Fahrrad in Barcelona gestartet, bin auf dem Weg nach China und werde hier in Athen das Visum für den Iran beantragen." Ich machte meine Dose Bier auf, wir stießen an und ich erzählte weiter: „Solange muss ich mich um eine Unterkunft kümmern. Ich bin jetzt zum ersten Mal in einem Hostel, kann mir das jetzt nur für zwei Tage leisten. Und was machst du eigentlich?"

„Ich bin gestern von Santorini hierhin gekommen und werde als nächstes mit meinem Fahrrad in die USA fliegen. Ich warte noch auf mein Visum – und dann geht es looooooooos", freute sich Dimitri und stieß erneut mit mir an. „Sag mal, hast du schon von dieser Victoria hier im Hostel gehört?", wollte Dimitri von mir wissen.

„Die Frau aus Argentinien?"

„Ja, genau. Ich weiß, dass sie hier in Athen in einer Flüchtlingsunterkunft arbeitet. Sie hilft dort in der Küche. Du kannst sie ja mal fragen, ob du auch dort anfangen kannst. Und meistens stellen sie dir eine Schlafmöglichkeit. Frag sie doch mal."

Dimitri hatte eine recht gute Idee, und ohne lange zu überlegen sprach ich Viktoria am nächsten Tag darauf an. Sie verriet mir den Standort und noch in derselben Stunde machte ich mich auf den Weg dorthin. Von der Hauptstraße aus bog ich in eine schmuddelige Nebenstraße ab und stand bald vor einem Hotelgebäude. City Plaza stand in orangenen Buchstaben an der Frontseite über dem Eingang. Ich ging durch die Glastür und wurde direkt von zwei jungen Männern in Empfang genommen, die an einem provisorisch eingerichteten Empfang, einem Holztisch, saßen.

„Hey, was können wir für dich tun?"

Unvermittelt sprach ich sie auf mein Anliegen an: „Ich habe Interesse daran, hier zu arbeiten und würde gerne wissen, ob ihr Hilfe benötigt."

„Warte kurz hier, ich frage mal nach", sagte einer der beiden und ging die Treppe hinauf, während der andere mich intensiv beobachtete. Nach etwa fünf Minuten wurde ich nach oben in das Büro des Koordinators gebeten. Am Schreibtisch saß ein Mann, vermutlich mit asiatischen Wurzeln, und sah mich an.

„Warum möchtest du hier arbeiten?", begann er das Gespräch, ohne sich richtig vorzustellen.

„Ich bin die nächsten zwei Wochen hier in Athen und würde mich gerne nützlich machen. Ich benötige nur einen Schlafplatz."

„Bist du von der Polizei oder mit welcher Intention kommst du her?" Den Schock auf diese Frage konnte er mir wohl ansehen und ich kam ins Stottern. Doch der Mann fuhr unbarmherzig fort: „Was kannst du denn?"

Ich musste innerlich schmunzeln und hoffte, dass er jemand bräuchte, der die Tür aufhält. Sonderlich viele Fähigkeiten konnte ich nicht vorweisen, und während ich überlegte und kein Wort herausbrachte, sprach der Mann weiter: „Du kannst ja in der Küche helfen. Ich rufe mal eben Xenia." Er rief sie kurz an.

„Wir haben oben einen Plan, du kannst dir eine Schicht in einem Bereich aussuchen. Xenia zeigt dir auch dein Zimmer. Willkommen im City Plaza." In dem Moment kam auch schon eine Frau in meinem Alter in den Raum. Sie hatte lange schwarze Haaren und viel Schminke im Gesicht. Sie strahlte über beide Ohren und bat mich darum, mit ihr in die erste Etage hinaufzugehen.

„Ich bin Xenia und führe dich hier ein bisschen herum."

Während wir die Treppe hochstiegen, erklärte sie mir, was das City Plaza ist. „Es war früher ein Hotel mit dem Namen City Plaza. Das Gebäude stand mehrere Jahre leer und wurde von einer Gruppe Anarchisten gekapert. Sie besetzten das leerstehende Hotel und gaben den geflüchteten Menschen auf der Straße ein Zuhause. Somit etablierte sich mitten in der Stadt eine Flüchtlingunterkunft. Mehrere Male wurde das City Plaza vor der Polizei verteidigt, die uns abführen wollten. Doch wir ließen uns nicht einschüchtern und verteidigten uns erfolgreich. Schließlich wurden genug Anteile am Hotel abgekauft, sodass jede weitere Entscheidung über das Haus legal blockiert werden konnte. Das Wort Hotel scheint anfangs zu verwirren, 350 Menschen, davon 120 Kinder, leben hier. Teilweise bewohnen zwei bis drei Familien ein Zimmer. Sicherlich ist es keine Unterkunft für mehrere Jahre, doch allemal besser, als draußen schlafen zu müssen."

Ich war beeindruckt von der Aufopferungsgabe und engagierten Arbeit dieser Menschen. Bei unserem Rundgang führte mich Xenia in einen großen Raum, der mit Sesseln, mehreren Sofas, Stühlen und Tischen ausgestattet war. Die Wände waren mit knalligen Farben bemalt, eine gemütliche Wohnzimmeratmosphäre herrschte hier.

„Hier ist unser Gemeinschaftsraum, die Bewohner und freiwilligen Helfer können hier zusammenkommen, sich ausruhen, sich austauschen oder auch gemeinsam spielen. Zum Beispiel trifft man sich hier jeden Abend zum Kartenspiel. Hier an der Wand kannst du eintragen, wann du deinen Dienst übernehmen möchtest. Mindestens eine Schicht am Tag ist Pflicht." Ich konnte mir gut vorstellen, in der Küche auszuhelfen und trug sogleich meine erste Schicht ein. Wir gingen weiter und stiegen im großzügigen Treppenflur eine Etage hinauf.

„Ich zeige dir jetzt dein Zimmer, das teilst du dir mit drei anderen Volontären. Noch mal kurz zum City Plaza: Die Menschen kommen aus 15 verschiedenen Ländern. Die Hauptsprache ist hier Englisch. Es gibt eine Schule für die Kinder und sogenannte Sprachklassen für Erwachsene. Wir unterrichten Englisch, Französisch, Spanisch und auch Deutsch. Die Kleinen werden in einem Kindergarten betreut. Ein eigenes Kino gibt es auch. Hier ist dein Zimmer, du kannst deine Sachen hier abstellen." In klaren Worten informierte mich Xenia über die Einrichtung. Schließlich öffnete sie eine Tür, hinter der sich ein kleines Hotelzimmer verbarg. Dieses Zimmer war für die nächsten zwei Wochen mein Zuhause. Noch bevor Xenia die Treppe wieder hinunterging, drehte sie sich zu mir um und sagte: „Frohe Weihnachten, ich hoffe, es wird dir bei uns gefallen."

In den nächsten Tagen arbeitete ich in der Küche und half dabei, das Gemüse und leckere Zutaten kleinzuschneiden. Es mussten Mittag- und Abendessen für fast 400 Menschen zubereitet werden. Der Koch kam aus Syrien und lebte ebenfalls im City Plaza. Mit seinen 25 Jahren war er noch recht jung, doch er befehligte die Küche, als wäre sie sein Schiff.

In meinem Zimmer schliefen noch drei weitere Menschen. Xaviar kam aus Spanien, er verbrachte hier seinen Urlaub und half im City

Plaza aus. Während ich mich für zwei Schichten in der Küche eintrug, half er auch nachts beim Wachdienst aus. Pierre und Antoine kamen aus Frankreich und reisten per Anhalter durch die Welt. Sie reisten nur mit wenigen Sachen und führten einen minimalistischen Lebensstil. Meine erste Nacht im City Plaza war gleichzeitig deren letzte Nacht. Sie zogen weiter nach Thessaloniki im Norden Griechenlands. So lernte ich Antoine nur einen Abend lang kennen. Er verabschiedete sich von allen. In der Küche zeigte er seine Eigenschaft, gewisse Situationen und Mitmenschen ins Lächerliche zu ziehen, nur um anderen ein Lächeln zu schenken, was ihn gleichzeitig auch so liebenswert machte. Im Aufenthaltsraum spielte er auf seiner Gitarre, sang französische Lieder und begeisterte damit die Menschen. Antoines Lebensart beschränkte sich darauf, den Menschen Lebensfreude zu schenken, ohne der Welt allzu viel dafür zu nehmen.

Ein Jahr später erfuhr ich, dass sein Leichnam im südostasiatischen Dschungel gefunden worden war. Obwohl ich Antoine nicht richtig kannte, stimmte es mich traurig, dass die Welt so einen – zumindest so wie ich ihn kennengelernt hatte – lebenslustigen Menschen verloren hatte. Es erinnerte mich gleichzeitig an die Schattenseite des Reisens, so wie wir „Weltenbummler" es praktizieren. Ich war raus aus dem sicheren Umfeld in Deutschland und musste lernen, dass reisen auch darin besteht, gewisse Risiken einzugehen. Eine der großen und wichtigsten Lektionen auf meiner Reise war, dass das Leben aus Risiken besteht und nicht nur aus Sicherheiten.

Mit vielen neuen Bekanntschaften lebte ich mich im City Plaza gut ein und genoss die Vorzüge einer großen Gemeinschaft, die untereinander hilft. Die Bewohner gingen freundschaftlich miteinander um und jeder wusste, wie er sich in die Gemeinschaft einbringen konnte. Ich fing an, doppelte Schichten zu arbeiten. Zum einen wollte ich meine Dankbarkeit zum Ausdruck bringen, die Chance erhalten zu haben, hier arbeiten zu dürfen. Zum anderen liebte ich es, in der Küche zu arbeiten und naschte mich durch die Menüs. Großzügige Spenden machten die Essensausgabe erst möglich. Somit war stets genug Essen vorrätig und alle achteten auf eine faire Verteilung. Menschen aus der ganzen Welt waren im City Plaza beschäftigt. Viele kamen aus Spanien, aber auch aus Deutschland und Frankreich. Zwischendurch fuhr ich immer wieder zurück zum Hostel, um Dimitri zu besuchen. Dieser hatte inzwischen sein Visum für die USA erhalten. Am letzten Abend tranken wir ein Bier zusammen und stießen auf neue Abenteuer an.

Die Tage vergingen und somit auch das Jahr. Rückblickend hatte sich viel für mich geändert. Ich hatte mein Leben quasi auf den Kopf gestellt und war bereits dabei, mein Leben vor der Reise tatsächlich hinter mich zu lassen. Aus den anfänglichen sechs Monaten, die ich reisen wollte, sollten mit hoher Wahrscheinlichkeit mehr werden, dies wurde mir immer mehr bewusst.

Knapp zehn Wochen war ich mit dem Fahrrad durch Europa gereist, eine gut zu überblickende Zeitspanne. Schon jetzt konnte ich mir nur noch schwer vorstellen, nach Deutschland zurückzukehren, um mein altes Leben fortzuführen. Wenn ich mein früheres, „gutes" Leben in Deutschland mit dem jetzigen verglich, zog das alte Leben deutlich den Kürzeren – und von Heimweh war schon gar nicht die Rede.

Den Eintritt in das neue Jahr feierte ich mit mir selbst an der Akropolis, dem Monument im Herzen Athens. In meinen Gedanken ließ ich das vergangene Jahr Revue passieren, während das Feuerwerk beinahe majestätisch über der Akropolis explodierte. All meine Fehlschläge und Glücksmomente zogen noch einmal an mir vorbei. Und ich malte mir aus, wie wohl das kommende Jahr für mich werden würde. Dabei hatte ich nicht den Hauch einer Ahnung, was auf mich zukommen würde. Gut so!

Ich lief durch Athens Straßen und bemerkte, dass sie voller Menschen ohne Obdach war. Die ganz Glücklichen unter ihnen konnten sich mit einem Schlafsack zudecken, die meisten aber waren der eisigen Kälte schutzlos ausgeliefert. Durch meine Erfahrung, die ich in Marseille gewonnen hatte, konnte ich ihr Leid ansatzweise nachvollziehen.

Ich versuchte, soweit mein Geld reichte, den Menschen auf der Straße mit einem heißen Tee etwas Wärme zu geben – wahrlich nur ein Tropfen auf dem heißen Stein. Wenn es nach mir gegangen wäre, hätte ich ganz Athen mit heißem Tee versorgt. Doch weder Geld noch Zeit reichte, um den Massen an frierenden Menschen helfen zu können. Noch nie habe ich so viele obdachlose Menschen gesehen. Athens Kontrast war auf negative Art und Weise einzigartig.

Unter den vielen Bekanntschaften, die ich im City Plaza machte, stachen einige Begegnungen heraus; so wie die mit Massoud.

Nach erfolgreichem Schnibbeln einiger Zucchinis und Zwiebeln stand ich, zusammen mit drei weiteren Helfern, an der Essensausgabe. Sie war auf einem Tisch vor der Küche aufgebaut. Vor uns der große Essenssaal, bestückt mit Tischen und Stühlen. Da nicht alle 400 Menschen gleichzeitig dort Platz fanden, kamen sie in Schüben, und so verteilte sich die Essensausgabe über fast zwei Stunden. Der Koch lieferte frisch gekochtes Essen regelmäßig nach und übergab uns stolz seinen riesigen Topf mit Nachschlag. Die Mahlzeiten reichten von Reis mit Geflügel, über Bratkartoffeln, bis hin zur Spaghetti Bolognese – für jeden war etwas dabei. Die Arbeit war geschafft und zufrieden bauten wir die Essensausgabestelle wieder ab. In knapp drei Stunden würden wir mit den Vorbereitungen für das Abendessen anfangen. Der letzte Topf war schon weggeräumt, als ich jemanden die Treppe hochrennen hörte. Mit einer Laptoptasche umgeschnallt kam ein junger Mann mit schwarzen kurzen Haaren auf uns zu.

„Ich bin zu spät", keuchte er. „Tut mir leid", fuhr er fort und schnappte erneut nach Luft. Wie von Geisterhand gezaubert, überreichte ich ihm einen Teller, den ich mir für später aufgespart hatte. Doch eigentlich gehörte der Teller ihm, dachte ich mir.

„Ich danke dir so sehr", freute sich der junge Mann, setzte sich an den Tisch und lud mich mit einer Handbewegung dazu ein, ihm Gesellschaft zu leisten. Mit Freuden kam ich der Bitte nach und setzte mich dazu.

„Hier, wir können uns den Teller teilen", bot er mir an.

„Nein, dankeschön, ich habe gerade schon einen Teller gegessen, dieser hier gehört dir", antwortete ich ihm.

„Weißt du, was man von der Liebe erzählt?", begann er unvermittelt. Ich schüttelte leicht den Kopf.

„Dass sie Grenzen überwinden kann, auch die Unterschiede zwischen dir und mir." Der junge Mann lachte und gab mir verblüfftem Hutträger die Hand.

„Ich bin Massoud und wie heißt du?"

„Ich bin Sascha, freut mich." So lernte ich Massoud kennen, mein Wegbegleiter für die kommenden Tage im City Plaza und ein Freund über Grenzen hinweg. Im City Plaza war es üblich, zum Namen auch die Nationalität auszutauschen.

„Du bist aus dem Iran?", reagierte ich fast ein wenig ungläubig. Massoud war diese Reaktion wohl gewohnt.

„Das ist mein nächstes Reiseziel", verriet ich ihm daraufhin. „Ich habe mein Visum hier in der Botschaft beantragt."

„Oh, wirklich? Ich dachte, du hast Angst vor mir", lachte Massoud. „Immer wenn ich erzähle, dass ich aus dem Iran komme, haben die Menschen Mitleid oder Furcht. Als wären wir alle Terroristen."

„Nein, daran habe ich keine Sekunde gedacht. Ich freue mich darauf, in den Iran zu fahren."

„Du fährst mit dem Auto in den Iran?," fragte Massoud leicht irritiert nach.

„Nein, mit dem Fahrrad. Ich bin auf dem Weg nach China", antwortete ich ihm.

„Das ist ja unglaublich", sagte Massoud und legte sein Besteck zur Seite, der Teller war nun leer. „Wenn du in Teheran bist, kannst du gerne bei meiner Familie unterkommen, sie würden sich sehr freuen", bot er mir an. Nun konnte ich es erst recht kaum abwarten, in den Iran zu reisen.

Im Laufe der nächsten Tage wurden Xaviar, Massoud und ich zu einer Art Dreiergespann und wir verbrachten viel Zeit zusammen. Eines Abends gingen wir in die Stadt, um uns in verschiedenen Clubs die Seele aus dem Leib zu tanzen. Auf den Straßen Athens wurde offenes Feuer entzündet und die Menschen versammelten sich um die Feuer, entweder für die Geselligkeit oder zum Tanzen. Auf dem Weg dorthin beobachteten wir, wie linksradikale anarchistische Kräfte sich eine Straßenschlacht mit der Polizei lieferten. Die Linken warfen Molotowcocktails auf die Polizisten, die sich das wiederum nicht gefallen ließen, und sie gingen mit aller Härte gegen diese Gruppe vor. In einem kleinen Club war es dann soweit. In dem Moment, in dem wir den Club verlassen wollten, bemerkte ich eine starke Rauchentwicklung vor der Tür. Es war das von der Polizei eingesetzte Tränengas. Etliche Menschen flüchteten von der Straße in den Club, um dort Schutz vor dem ausströmenden Tränengas zu suchen. Aber auch dort waren sie nicht sicher, denn das gefährliche Gas zog auch dort hinein. Alle fingen nun an zu husten und hielten sich die Hände schützend vor die Augen und die Nase, so auch ich. Doch alle Bemühungen brachten nichts, das Gas reizte den Hals und brannte in den Augen. Bald war der ganze Club, der aus einem kleinen Raum bestand, gefüllt mit Tränengas. Alle verließen sofort den Club, um nach frischer Luft zu schnappen. Nach einigen Minuten verzog sich das Gas und auch draußen war die Luft wieder einigermaßen klar. Die schwer bewaffnete Polizei rannte durch die Straße, auf den Fersen der linken Randalierer. Zum Glück war nicht viel passiert und wir feierten die ganze Nacht durch.

An einem anderen Tag besuchten wir zusammen die Flüchtlingsunterkunft in Eleona. Sie wurde von einer regierungsunabhängigen Organisation, einer NGO (Nichtregierungsorganisation), betrieben. Nach Aussagen einer Helferin war in den Augen der griechischen Regierung das große Zeltlager auf dem Flughafen Elimiko nicht ansehnlich genug für ausländische Gäste. Und im übrigen lag es wohl zu nahe bei den Touristenunterkünften. Die Flüchtlinge wurden auf umliegende Zeltlager verteilt. Gegen Geld schoben die Organisationen sich gegenseitig die geflüchteten Menschen zu, wobei Familien auseinandergerissen wurden. So zumindest berichteten es mir die Menschen dort. Für die NGO's war dies ein lohnendes Geschäft, und die Schicksale der Menschen standen hinten an. Für mich war dies ganz klar Menschenhandel. Die Flüchtlinge in der Unterkunft in Eleona lebten auf engstem Raum in Containern zusammen. Im City Plaza hatten die Menschen es allem Anschein nach wohl besser. Einer der Bewohner der Unterkunft in Eleona erzählte uns davon, wie er seinen Bruder auf der Flucht und seinen besten Freund bei einem Messerkampf in der Unterkunft in Eleona verloren hatte. Grund für den Messerkampf war wohl das Essen bzw. die Verteilung des Essens.

Die Zeit in Athen stimmte mich nachdenklich. In Deutschland war dieses Leid so weit für mich entfernt, dass ich keine Vorstellung davon hatte, was sich außerhalb der Wohlstandsblase abspielte. Nach über zwei Wochen bekam ich das Visum für den Iran. Es war das erste Visum in meinem Leben – und war schon etwas stolz.

„Zeig doch mal", sagte Massoud im Essensraum und ich reichte ihm meinen Reisepass mit dem Visum. Er schaute hinein und sagte etwas auf Persisch zu seinem Kumpel neben ihm. Der nahm meinen Reisepass und sah sich das Visum an. Mit leicht bedrückter Miene gab er mir den Reisepass zurück.

„Ich freue mich, dass du meine Heimat besuchen kannst", sagte er mit zittriger Stimme, konnte seine Trauer aber nicht zurückhalten und verschwand.

Ich war in der Lage, seine Heimat zu besuchen, eine Heimat, die er mit Sicherheit nicht freiwillig verlassen hatte. Eine Heimat ohne Perspektive. Vielleicht wurde er sogar verfolgt. Die Geschichten im City Plaza waren sehr verschieden und meist bedrückend zugleich. Das City Plaza war viel mehr als eine sichere Unterkunft unter menschenwürdigen Bedingungen. Es war ein Ort des interkulturellen Austauschs und eine Kampfansage an die katastrophale Politik der Europäischen Union. Sie degradierte Menschen zur Ware und ließ es zu, dass sie in Container gesteckt und außer Sichtweite wohlhabender Touristen gebracht wurden. Diese Politik wurde – und wird auch heute noch – gespeist aus einem immer noch vorhandenen und wieder aufkeimenden tiefverwurzelten Rassismus und ist geprägt von Ressentiments gegenüber dem Fremden. Das Konzept des City Plaza zeigte, was trotz geringer finanzieller Mittel, aber mit motivierten freiwilligen Helfern möglich und stemmbar ist. So wurde das City Plaza zu einem Symbol in Europa, um gegen die gescheiterte europäische Migrationspolitik zu protestieren und der Welt die menschenverachtende Politik Athens offen zu zeigen.

„Hier, du kannst meinen Teller nehmen, du brauchst Kraft für deine Fahrt", sagte Massoud und schob mir seinen Teller hin. Ich blickte auf und wollte ablehnen, doch ich sah schon an seinen Augen, dass er keine Diskussion zulassen würde. Xavier legte mir noch zwei Schokoriegel hin. „Das ist für unterwegs", meinte er und ich schlang eine Gabel mit leckerem Essen nach der anderen hinunter.

Der Tag meiner Abfahrt war gekommen. Draußen war es bereits dunkel. Es war der erste Abend nach zwei Wochen, an dem ich keine Spätschicht in der Küche hatte. Meine Sachen waren gepackt und standen bei mir am Tisch. Als der Teller leer war, wussten wir alle, dass nun der Abschied unausweichlich war. Mit einer Umarmung verabschiedete ich mich herzlich von Massoud und Xavier.

„Pass auf dich auf und mache keinen Unsinn", sagte Xavier mit einem Lächeln im Gesicht.

„Denk an meine Familie in Teheran. Ich habe ihnen schon Bescheid gegeben und mein Bruder wird dir helfen, sobald du im Iran bist", sagte Massoud. Nun setzte ich meinen Rucksack auf und nahm meine Taschen. Gemeinsam gingen wir zu meinem Fahrrad. Nachdem ich alles verstaut und befestigt hatte, drehte ich mich noch einmal zu den beiden um und sagte: „Ich werde euch und die Zeit hier im City Plaza nie vergessen. Eine schönere Zeit als die letzten Wochen hier mit euch hätte ich mir zum Abschied aus Europa nicht vorstellen können."

Ich stieg aufs Rad und fuhr los, hinaus in die dunklen Straßen von Athen. Sie wirkten auf mich in diesem Augenblick deutlich dunkler als sonst – was wohl vor allem an meiner melancholischen Stimmung nach dem Abschied lag. Auf dem Weg zur Hafenstadt Piräus ließ ich die zwei Wochen Revue passieren. Dabei wurde mir bewusst, dass Athen die dunkle Seite der Welt offenbart hatte. Alles Schlimme dieser Welt, so meine Wahrnehmung, wurde in dieser Stadt in zusammengefasster Form demonstriert. Dennoch war ich dankbar für diese Erfahrung. In Piräus schließlich stieg ich auf die Fähre in Richtung Türkei.

Es tat gut, nach über zwei Wochen Pause den Fahrtwind wieder zu spüren, und meine Abenteuerlust flammte wieder auf. Ich verließ zum ersten Mal in meinem Leben den scheinbar sicheren europäischen Kontinent und wusste nicht, was mich alles erwarten würde. Dieses Gefühl des Ungewissen war tatsächlich eine starke Empfindung, die ich immer wieder auf meinen Reisen fühlen konnte. Nicht zu wissen, was passiert bzw. was passieren könnte, machte diese Reise so lebendig und hielt meinen Drang aufs Vorwärtskommen aufrecht. Dieser Drang, weiter ins Ungewisse zu fahren, war Teil meiner neu gewonnenen Freiheit. Ich tauschte Sicherheit gegen Freiheit und bereute es zu keinem Zeitpunkt.

Ich nahm nun die Fähre nach Chios, einer kleinen griechischen Insel vor der türkischen Küste. Die Fähre fuhr wie geplant los und ich schlief an Bord ein. Um sechs Uhr morgens legte die Fähre in Chios an.

Die Prozedur, die nun folgte, kannte ich schon von der Überfahrt nach Igoumenitsa. Mein Fahrrad stand im Frachtraum. Und wie schon bei der letzten Überfahrt stand auch jetzt wieder ein mit Taschen beladenes Fahrrad neben meinem. Dieses Mal war es ein besonderes Fahrrad, ein Tandem mit Anhänger. Während ich dieses interessante Gefährt näher betrachtete, legte sich eine Hand auf meine Schulter.

„Magst du unser Tandem?",
hörte ich eine Männerstimme und
schaute mich um. Dort standen
eine Frau und ein Mann mit Fahr-
radhelmen auf.

„Hey, ich bin Sascha aus
Deutschland", stellte ich mich vor
und reichte den beiden die Hand.
Der Mann stellte sich als Flauw vor und die Frau als Aurélien.

„Wir kommen aus Frankreich und fahren mit unserem Tandem in
die Mongolei." Ich staunte Bauklötze. „Es ist unsere Hochzeitsreise",
fügte Flauw stolz hinzu.

Die Mongolei, so dachte ich in diesem Augenblick, ist sicherlich
auch ein schönes Ziel. Und je nachdem, wie weit ich komme, könnte
ich die Mongolei auch China vorziehen.

Während ich mit meinen Gedanken über die Mongolei als interes-
santes Reiseziel nachdachte, erzählten mir die beiden von ihrer bisherigen Reise.

„Wir sind über den Balkan gekommen und haben schon gute Erfahrungen in islamisch geprägten Ländern gemacht", merkte Aurèlien
an. Ich wollte mehr wissen, und Flauw erzählte begeistert weiter: „Wir
haben eine unvergleichbare Gastfreundschaft erfahren und so viele
nette Menschen getroffen, die uns weitergeholfen haben."

„Die Erfahrung habe ich auch gemacht. Aber was hat das mit dem
Islam zu tun?", wollte ich wissen.

„Das wirst du schon sehen", sagte Aurèlien mit einem Augenzwinkern.

Im Frachtraum wurde die Laderampe geöffnet. Kurze Zeit später
betraten wir die griechische Insel Chios, eine Zwischenstation auf dem
Weg in die Türkei. Noch am Hafen kauften wir die Tickets für die
Überfahrt nach Çeşme. Somit konnte mein Abenteuer in der Türkei
beginnen.

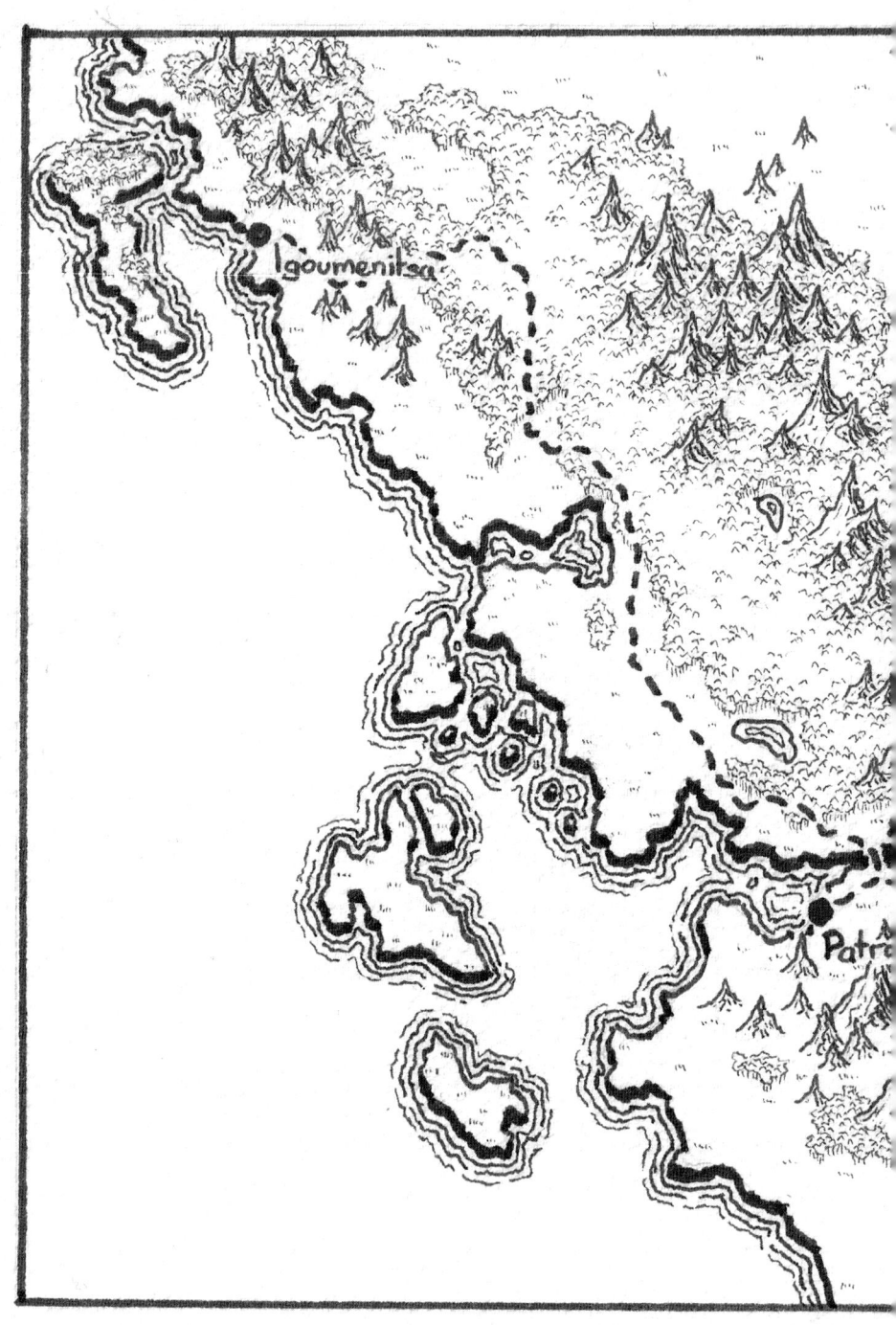

Korinth

Athen

Piräus

GRIECHENLAND

Das fünfte Kapitel

— yabancılar arkadaş olduğunda —

> Es ist mir eine Ehre, ein Land als Fremder zu betreten und eine noch größere Ehre, es als Freund zu verlassen.

Während wir auf die Fähre warteten, wurden wir von türkischen Lkw-Fahrern zu einem türkischen Tee eingeladen, dem Çay. Dazu gab es türkisches Gebäck. Eine Tradition, die sich noch viele Male auf meiner Reise durch die Türkei wiederholen sollte. So begann die Gastfreundschaft in diesem Land schon auf Chios. Ein kleines Boot, das Platz für maximal 20 Personen hatte, beförderte uns nach Çeşme.

Für mich war es die erste Grenzkontrolle in meinem Leben.

In einem Europa ohne Grenzen hatte ich diese Erfahrung nie gemacht. Ich war tatsächlich etwas aufgeregt. Doch die Kontrolle verlief ohne Probleme und wir durften einreisen. In einem Café sprachen wir darüber, wie die Reise weitergehen könnte. Anschließend kauften wir einige Lebensmittel und erkundeten die Stadt.

Der *Azān* ertönte, der Gesang aus den Minaretten der Moscheen rief zum Gebet auf, fünfmal am Tag. Es war fremd für mich, und der Gesang konfrontierte mich mit einer Religion, mit der ich mich vorher nie beschäftigt hatte: dem Islam.

Nachdem wir uns auch mit Landkarten versorgt hatten, fuhren wir los. Zuerst folgten wir der Hauptstraße Richtung Norden. Weit außerhalb der Straße sahen wir Baracken, provisorisch aus Sperrmüll zusammengebaute Behausungen, in denen Familien lebten. Nach einer steilen Fahrt bergauf wurde es Abend, und so hielten wir an einem Waldstück, um dort zu zelten.

„Sollen wir ein Feuer machen?", fragte Flauw mich, und ich nickte nur. Der Waldboden war noch nass, anscheinend hatte es erst vor kurzem geregnet. Am Himmel sah ich dunkle Wolken aufziehen. Flauw und ich gaben unser Bestes, möglichst trockenes Holz zu finden. Doch viel gab der Waldboden nicht her. Das wenige Holz, das wir zusammengetragen hatten, bearbeitete ich aufwändig. Ich schnitzte Kerben in die Äste und versuchte, einige Fasern trockenes Holz herauszuschneiden, um eine gute Grundlage für das Feuer zu schaffen. Doch wir scheiterten jedes Mal beim Entzünden. Das Holz war zu nass. Aurèlien hatte schon den Gaskocher vorbereitet und wartete auf uns.

„Wir können auch den Gaskocher benutzen", rief sie uns zu, als wir zum zehnten Mal versuchten, das Feuer zu entzünden. Enttäuscht gaben wir auf und kochten unser Essen mit dem Gaskocher. Wir aßen Pasta und grillten Sucuk, eine türkische Wurstspezialität.

„Ist es sowas wie euer Lebensziel, in die Mongolei zu reisen?" wollte ich von den beiden wissen. Flauw antwortete: „Wir sind jetzt seit sechs Jahren zusammen und immer wieder gerne verreist. Unsere Hochzeitsreise sollte etwas Besonderes werden. Daher haben wir beschlossen, mit dem Fahrrad zu reisen und haben uns für ein Tandem entschieden."

„Klappt das Fahren mit einem Tandem denn gut?"

„Wir sind sogar schneller als mit einem normalen Fahrrad. Ganz speziell bei Bergaufstrecken merke ich schon, dass wir mit gebündelter

Muskelkraft fahren." Ich wurde fast neidisch. Es fing leicht an zu regnen und der Himmel verdunkelte sich immer mehr.

„Wir sollten schnell alles wieder einpacken", meinte Aurèlien und verschwand mit einem Arm voller Proviant, um es ins Zelt zu bringen. Noch bevor es wie aus Eimern schüttete, zogen wir uns in unsere Zelte zurück. Ein Unwetter bestimmte die Nacht. Ein Gewitter mit viel Regen zog über uns hinweg und ließ mich nicht schlafen. Nach jedem Blitz zählte ich die Sekunden bis zum Donner, um abzuschätzen, wieviele Kilometer das Gewitter entfernt war. Ich kam auf zwei Kilometer. Das Gewitter erinnerte mich an das Unwetter auf dem Vesuv in Italien. Ich verkroch mich in meinen Schlafsack und schlief irgendwann ein.

An den nächsten Tagen fuhren wir über hügeliges Gelände südlich von Izmir und hielten uns an die Küstenlinie, vorbei am Ikarischen Meer. Flauw und Aurèlien zeigten mir, was sie mit „gebündelter Muskelkraft" meinten und ließen einen Hügel nach dem anderen – ohne große Mühe – hinter sich. Mich strengte es immer wieder aufs Neue an, einen Hügel zu erklimmen.

„Du siehst ja ganz schön geschafft aus", bemerkte Aurèlien dann auch abends, als wir zum Essen zusammensaßen.

„Ich merke, dass ich zwei Wochen pausiert habe und mich erst wieder an das tägliche Radfahren gewöhnen muss", versuchte ich eine Erklärung für meine konditionellen Probleme. Und dann fing es auch schon wieder an zu regnen, und wir flüchteten in unsere Zelte. Der Regen schien gar nicht aufzuhören. Bis in die Morgenstunden hinein schüttete es ununterbrochen. Am Morgen schließlich packten wir unsere Zelte, nass wie sie waren, und fuhren weiter. Eine halbe Stunde, nachdem wir losgefahren waren, hörte der Regen plötzlich auf. In einem Restaurant, das am Weg lag, aßen wir etwas und trockneten die Zelte in der warmen Morgensonne. Wir fuhren weiter und das Gebirge, das wir überquerten, wollte kein Ende nehmen. Wir fuhren etwa den halben Tag, als mein Hinterreifen sich mit einem lauten Knall verabschiedete. Mit dem Tandem und der daraus resultierenden doppelten Antriebskraft fuhren meine Reisebegleiter immer weit vor, sodass sie von dem Knall nichts mitbekamen.

In Athen hatte ich mich glücklicherweise mit Flickzeug eingedeckt und so konnte ich das Reifenproblem letztlich lösen; dachte ich zumindest. Weit gefehlt! Das Abmontieren des Hinterreifens erwies sich als problematisch. Als der Schlauch nach einer halben Stunde endlich geflickt war, hatte ich Schwierigkeiten, ihn mit meiner unterdimensionierten Luftpumpe aufzupumpen. Kurz vor Einbruch der Dunkelheit brach ich meine Reparaturbemühungen ab und suchte mir einen sicheren Zeltplatz nahe der Klippe. Von dort aus überblickte ich das Meer, und in der Ferne sah ich, wie sich wieder ein Gewitter zusammenbraute. In der Nacht raubte es mir erneut den Schlaf.

Der nächste Tag wurde nicht besser. Ich sah keine andere Möglichkeit, als die Strecke zurückzulaufen, um eine Tankstelle zu erreichen, die ich bereits passiert hatte. Es regnete in Strömen, und die zwei Kilometer Weg kamen mir wie eine Ewigkeit vor. An der Tankstelle konnte ich endlich den Schlauch aufpumpen und weiterfahren. Doch mit einem Knall wurde der Neustart sozusagen sabotiert. Die Situation machte mich ratlos. Die Mitarbeiter der Tankstelle kamen mir zu Hilfe, ohne, dass ich sie gefragt hatte. Sie drückten mir einen Çay in die Hand und baten mich, Platz zu nehmen. Sodann inspizierten sie das Fahrrad. Dabei entdeckten sie einen Riss im Fahrradmantel. Ein kurzer Anruf der Mitarbeiter genügte und wenig später kam ein älterer Herr mit dem Auto und brachte einen neuen Mantel. Der war schnell montiert. Ich bedankte mich und verabschiedete mich herzlich.

Leider war weiterhin der Regen mein Begleiter. Er wurde so stark, dass er mich am Weiterkommen hinderte und ich Schutz in einer Hütte suchte. Hier befand sich der Wachposten eines Hotelkomplexes. Der ältere Herr in der Kabine begrüßte mich herzlich und versorgte mich mit Çay und türkischen Süßigkeiten. So konnte ich das Ende des Unwetters in aller Ruhe abwarten. Bald zog es vorüber und ich fuhr weiter. An einem Rastplatz folgte ich einem kleinen Pfad abseits des Weges und baute dort mein Zelt auf. Es tat gut, wieder allein zu reisen, so sehr ich die Gesellschaft des französischen Paares auch genossen hatte.

Die Ruinen von Ephesus

Der Regen wurde von starken Sturmböen abgelöst und es stürmte die ganze Nacht. Das Zelt hielt wacker durch, und der Sturm dauerte auch noch den nächsten Morgen an. Der starke Wind hinderte mich arg daran, das Zelt vernünftig abzubauen. Es kostete mich an Kraft, bis das Zelt verpackt war. Ich folgte der Hauptstraße an der Küste entlang. Das Wetter besserte sich und bald schon ließ sich die Sonne blicken.

Ich war auf dem Weg nach Ephesus, der antiken Stadt, die auch schon in der Bibel erwähnt wurde. Auch der Tempel der Artemis, eines der sieben Weltwunder der Antike, steht in Ephesus. Der Legende nach zog die Göttin Artemis aus dem Tempel nach Pella im Königreich Makedonien, um bei der Geburt des Thronfolgers des Königs von Makedonien zu helfen und ihren Segen zu geben. Dieser Thronfolger sollte später als Alexander Große in die Geschichte eingehen und Ephesus von den Persern befreien.

Schon von Weitem konnte ich das riesige Amphitheater sehen. Ich betrat die Ruinenstadt und war überwältigt. Die gut erhaltene Straße aus Marmor führte einen Hang hinauf. Zahlreiche Katzen fühlten sich hier heimisch. Die Stadt war in einem prachtvollen Zustand und erzählte von seiner Geschichte. Julius Caesar, Kleopatra, der Apostel Paulus und selbst Maria Magdalena: Die Liste der prominenten Besucher der Antike ist lang und liest sich wie das „who is who" der Geschichte.

Ephesus Weg zu einer bedeutenden Stadt der Antike hatte sie auch ihrem Hafen zu verdanken. Damals reichte das Mittelmeer noch fünf Kilometer weiter ins Land hinein, und so lag Ephesus direkt an der Küste. Ich staunte nicht schlecht, als ich das gut erhaltene große Theater von Ephesus betrat. Hier hielt Apostel Paulus seine Abschiedsrede an die Ältesten der Stadt. Er betonte seine Hingabe und Treue zu Gott in der Verkündigung des Evangeliums. Mir wurde bewusst, dass ich mich an einem historischen Ort befand, in der Geschichte geschrieben worden war.

Mit einer Mischung aus Ehrfurcht und Bewunderung lief ich über den Marmorweg den Berg hinauf und konnte die Ruinenstadt in ihrer ganzen Pracht bestaunen. Ich hatte ein gutes Gefühl und die Ankunft in Ephesus zeigte mir, dass die Reise mir den richtigen Weg wies. Zu dem Zeitpunkt fühlte ich mich am richtigen Ort, ein Gefühl, das sich schlecht beschreiben lässt. Ich erinnerte mich an Reginas Geschichte in Katalonien. Ihre Geschichte über den Wegweiser wurde jetzt fast greifbar für mich. Dieses unbeschreibbare Gefühl – sollte es ein Wegweiser für mich sein? Ein Marker, der mir aufzeigte, dass ich mich am richtigen Punkt meiner Reise befand?

Ich verließ Ephesus vor Sonnenuntergang und folgte der Straße nach Kuşadası. Zwanzig Kilometer waren es noch bis dorthin. Bei Eintritt der Dämmerung erreichte ich die Küstenstadt. Kuşadası lag direkt an der Ägäis und war Anziehungspunkt für viele Touristen. Ich stand auf der Promenade und schaute hinüber auf eine Insel am Horizont.

„Das ist Griechenland", sagte ein Mann neben mir. Ich schaute zu einem kleinen Mann mit Brille und einem Gehstock. Er stand gekrümmt neben mir. Dem geschätzten Alter nach zu urteilen, hätte er den Gehstock nicht gebraucht.

„Welche Insel ist das?", wollte ich von dem Mann wissen.

„Das ist Samos. An der kürzesten Stelle liegt die Insel nur 1,7 Kilometer entfernt. Sie sollte eigentlich zu uns gehören." Ich wollte es genauer wissen und der Mann erklärte mir: „Ich bin kein Nationalist, aber ich empfinde die Insel als Sicherheitsrisiko, vor allem, wenn ich an das griechische Militär denke. Ich bin übrigens Sarper."

„Ich bin Sascha", stellte ich mich vor und reichte ihm die Hand. Doch den Handschlag erwiderte er nicht. Ich dachte mir nichts dabei, schaute wieder zurück auf die Insel und träumte mich irgendwohin, als ich die vielen kleinen Lichter auf der Insel sah.

„Ich sehe, dass du mit dem Fahrrad reist. Wohin soll es denn gehen?", fragte er mich unvermittelt.

„Ich bin auf dem Weg nach China. In Barcelona bin ich gestartet", antwortete ich. „Vor ein paar Tagen erst bin ich in der Türkei angekommen. Ich bin das erste Mal hier. Mir gefällt es." Ich lächelte bei meinen Worten und Sarper erkannte wohl, dass ich das Kompliment ernst meinte.

„Meine Wohnung ist gar nicht weit entfernt. Wenn du möchtest, lade ich dich zum Abendessen ein. Und falls du noch keinen Schlafplatz hast, bist du diese Nacht herzlich willkommen bei mir." Ich nahm dankend an und freute mich über die erste Einladung in der Türkei. Er war mit dem Auto unterwegs und ich fuhr hinter ihm her zu seiner Wohnung. Es war tatsächlich nicht weit, und ich konnte ihm gut auf meinem Fahrrad folgen. Beim Aussteigen und auf dem Weg in seine Wohnung fragte ich ihn mehrfach, ob ich behilflich sein könnte. Doch er lehnte immer ab und meinte, gut alleine zurechtzukommen. Dabei war er ziemlich wacklig auf seinen Beinen, und anscheinend konnte er auch nicht schwer heben. Es war offensichtlich, dass eine Krankheit ihm zu schaffen machte. Er hatte die „Glasknochenkrankheit", wir er mir am Esstisch erzählte.

Zum Abendessen bereiteten wir gemeinsam Fisch und Salat zu. Beim Essen musste er mit seinem rechten Arm die linke Hand zum Mund führen. Ohne ihn dazu aufgefordert zu haben, erzählte mir Sarper von seiner Krankheit und meinte schließlich: „Schon von Geburt an habe ich gelernt, damit zu leben. Das ist meine Prämisse: Zu leben." Mir wurde klar, dass Sarper mehr vom Leben verstand, als ich oder viele andere. Wie oft habe ich einfach nur in den Tag hinein„gelebt", ohne darüber nachzudenken, was für ein Geschenk das Leben überhaupt ist. Seit Beginn meiner Reise glaube ich immer besser zu verstehen, was Leben für mich wirklich ist. Es ist für mich vor allem der Abbau von Barrieren, um meine Freiheit zu verschieben, zu erweitern. „Das Leben ist für mich die Vielfalt der Erfahrungen, Begegnungen und Möglichkeiten, die es bietet. Diese Möglichkeiten gilt es auszuschöpfen", philosophierte Sarper. Und ich gab ihm recht.

„Gab es denn in deinem Leben auch mal einen Tiefpunkt, wegen deiner Krankheit, meine ich?", wollte ich wissen.

„Ja, selbstverständlich, wie für jeden Menschen. Da hebe ich mich von niemanden ab. Aber aus so einem Tiefpunkt wieder gestärkt rauszugehen, das ist die Herausforderung, und da lässt mir meine Krankheit keine andere Wahl." Ich bewunderte Sarper für seine Einstellung dem Leben gegenüber und besonders, wie er mit seiner Krankheit umging. Obwohl wir den Rest des Abends fast nur noch über meine Reise sprachen, musste ich immer wieder über seine Worte nachdenken.

Als wir uns am nächsten Morgen verabschiedeten, sagte er noch zu mir: „Atatürk, der Gründungsvater der modernen Türkei, sagte einst, die Zivilisation geht wie die Sonne im Osten auf. Je weiter du in den Osten reisen wirst, desto mehr wirst du ein Verständnis für die Zivilisation bekommen." Ob Atatürk dies wirklich gesagt hatte, wusste ich

nicht, doch im Verlauf meiner weiteren Reise würde ich feststellen, dass Sarper mit seiner Aussage recht behalten sollte.

Bei meiner Weiterfahrt lag die Ägäis rechts von mir. Die Sonne schien und ich konnte einen Blick auf die griechische Insel Samos werfen. Bald erreichte ich einen großen Wald, der nach Söke, einer kleinen Stadt, führte. Der Aufstieg dorthin war enorm anstrengend. Ich fand einen abgelegenen Zeltplatz im Wald auf 600 Metern Höhe. Es wurde kälter und die Temperatur fiel auf knapp unter null Grad Celsius. Dunkle Wolken kündigten Regen an.

Am nächsten Morgen führte mich der Weg weit über die Berge. Der Regen verwandelte den provisorischen Weg in einen Pfad voller Schlamm und Matsch. Nachdem es bergab ging, erreichte ich kurze Zeit später ein kleines Dorf vor Söke. Ich wollte noch eine Pause einlegen, doch plötzlich einsetzender Starkregen hielt mich davon ab. Schnell rettete ich mich in eine Teestube, und schon beim Eintreten wurde ich willkommen-

geheißen. Ich setzte mich und bestellte einen Çay, um mich aufzuwärmen. Offensichtlich hatte ich das Interesse der übrigen Gäste geweckt. Ein junger Mann sprach mich direkt an. Es dauerte nicht
lange und ich erzählte den Leuten in der Teestube „meine Geschichte".

Gegenüber der Teestube stand eine Moschee und der *Azān* erklang,
der Gebetsruf des Muezzin. Der Ruf schallte über das ganze Dorf bis

hin zu den Bergen. Mich packte die Neugier und ich fragte, ob es möglich sei, die Moschee zu besichtigen. Der junge Mann verwies auf meine Hose, die durch den Schlamm völlig verdreckt war. Er wollte damit sagen, dass es nicht möglich ist, mit solch dreckigen Klamotten eine Moschee zu betreten. Und so wechselte ich meine Hose und wurde anschließend zur Moschee begleitet.  Es war das erste Mal in meinem Leben, dass ich eine Moschee betrat – und war sofort fasziniert. Der kleine Saal war mit einem roten Teppich ausgelegt und mit goldenen Mustern verziert. Dort, wo in einer christlichen Kirche der Altar stehen würde, war nur eine kleine Ausbuchtung. Der Imam war anwesend. Er zeigte mir die Moschee und versuchte, vieles verständlich zu erklären. Nach einem kurzen Gebet lud er mich ein, mich zu ihm zu setzen. Später bedankte sich der Imam bei mir für mein Interesse.

Die nächste *Namaz,* das rituelle Gebet, sollte am späten Nachmittag stattfinden – und ich wollte dabei sein. Wir gingen zurück zur Teestube, und ich lernte dort das türkische Spiel *OK* kennen.

Am Nachmittag kehrte ich zur Moschee zurück. Ungefähr zwanzig Menschen hatten sich dort eingefunden. Der Imam trug ein schlichtes weißes Gewand und einen Turban. Die Menschen beugten sich nach vorne und beteten. Dann stellten sie sich in zwei Reihen auf. Ich wurde dazu eingeladen, mich dazuzustellen – und ich betete mit ihnen. Wir hoben die Hände mit dem Daumen bis an die Ohrläppchen und legten sie dann an der Kniescheibe ab, ließen uns auf die Knie fallen, wobei die Arme nach vorne ausgestreckt waren. Dies wiederholten wir einige Male. Dabei wurde ein Gebet auf Arabisch gesprochen – mal lauter,

mal leiser. Nach dem Gebet verteilten sich die Menschen im Raum, nahmen eine Gebetskette und beteten weiter, jeder für sich. Auch ich nahm eine der Ketten, die an der Wand hingen – und sprach ebenfalls ein kleines Gebet. Anschließend standen die Menschen auf und reichten sich gegenseitig die Hände. Schnell bildete sich um mich herum eine kleine Menschengruppe, da es ersichtlich war, dass ich nicht aus der Gegend kam. Und dann stellten sie mir eine Reihe Fragen. Ein älterer Herr, der Deutsch verstand und auch sprechen konnte, übersetzte für die neugierige Menge. Der inzwischen umgekleidete Imam kam dazu, und ich wollte ihm die Gebetskette zurückgeben, doch er legte mir die Kette zurück in die Hand und gab sie mir mit für meine weitere Reise.

Der Besuch der Moschee, die Gebete und die Begegnung mit dem Iman waren außerordentliche Erfahrungen für mich. Sie motivierten mich, mich von nun an intensiver mit dem Islam und dem Koran zu beschäftigen. Dies hatte ich vorher nie getan und das, obwohl es in Deutschland viele Möglichkeiten gab, sich mit dieser Religion oder auch mit der türkischen Kultur zu beschäftigen und auseinanderzusetzen. Ich war wohl bisher so festgefahren in meinem Leben und in meiner Routine, dass es keinen Raum gab, mich mit einer anderen Weltanschauung, einer anderen Religion, mit anderen Lebenseinstellungen … zu beschäftigen. Auch hatte ich kaum Interesse für „fremde" Menschen und ihre Lebensweise entwickelt. Die Reise und konkret die Erfahrungen, die ich nun in der Türkei gemacht hatte, zeigten mir, dass ich viel zu wenig auf das geschaut hatte, was wirklich wichtig war im Leben.

Das Restaurant am Strand

Mit diesen Gedanken fuhr ich am nächsten Tag weiter und folgte der Straße nach Didim, einem Urlaubsparadies an der ägäischen Küste. Durch das gute Wetter und einer relativ ebenen Straße kam ich bis auf zehn Kilometer vor Didim an. Am Strand suchte ich mir einen Zeltplatz, sah hinaus auf das Meer und freute mich schon auf eine wunderbare Nacht am Strand mit Blick auf die Sterne. Das Zelt war schon fast aufgebaut, als plötzlich ein älterer Herr in meine Richtung lief. Der Mann mit dem typischen türkischen Schnauzbart und lichtem Haar gestikulierte und sprach auf Türkisch zu mir. Dann drehte er sich um und deutete mit einer Handbewegung an, ihm zu folgen. Ich

fragte mich, was er von mir wollte. Ob er mich zu sich nach Hause einladen wollte? Jedenfalls packte ich wieder mein Zelt zusammen und folgte ihm. Es ging den Strand hinauf zu einem Gebäude. Und tatsächlich lud der Mann mich zu sich nach Hause ein. Es bestand aus den Grundmauern eines alten Restaurants. Sein Schlafplatz war ein zwei Meter langer Raum mit eingerissenen Wänden. Das Dach war

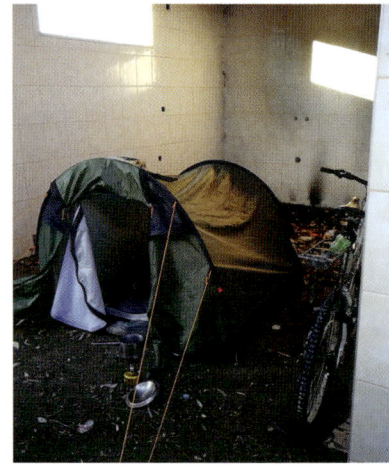

nur noch zur Hälfte vorhanden. Der ältere Herr war eigentlich obdachlos. Er sprach kein Englisch, sodass wir uns hauptsächlich durch Handzeichen verständigten. Ich legte meine Hand auf die Brust und stellte mich vor.

„Mustafa", antwortete er und legte ebenfalls seine Hand auf die Brust. Dann zeigte er auf das Meer, wo sich dunkle Wolken bildeten. Und schon bald zog ein schwerer Sturm mit Starkregen auf. Mustafa hatte mich vor dem Unwetter bewahrt. Der Sturm wütete heftig und tobte die ganze Nacht. An der eingerissenen Mauer seiner Behausung hatte der Mann einen Müllbeutel befestigt, den er als Plane benutzte, um sich vor Sturm und Regen zu schützen. Mustafa besaß nicht viel. Dabei schaute ich auf meine ganzen Besitztümer, worunter sich mittlerweile eine Gaskartusche mit Gaskocher befand sowie Wasser, Tütensuppen und Brot, Tomaten, Olivenöl und Gurken. Mir ging es gut, und ich wollte meinen Reichtum mit Mustafa teilen. Ich bot ihm an, einen Tee zu kochen und wollte mein Wasser dafür benutzen. Doch er bestand darauf, dass ich sein Wasser dafür benutzte. Wir tranken gemeinsam Tee, schwiegen dabei und schauten hinaus auf das Meer. Es war durch den Sturm enorm aufgewühlt und schlug hohe Wellen.

Der Strand wurde zum Teil weggespült. Ich war froh, dass Mustafa mich zu sich geholt hatte.

Nach dem Tee bereitete ich noch eine leckere Suppe zu, und Mustafa wollte mir dafür ein paar Tomaten schenken. Doch ich lehnte ab, schließlich brauchte er für die Suppe ja nicht zu bezahlen.

„Teşekkürler", sagte ich, was *danke* auf Türkisch heißt. Mustafa sah mich freudig an und erwiderte meinen Dank. Ich war beeindruckt davon, wie wenig Mustafa besaß, doch wie viel er gab. Da der Sturm noch den ganzen nächsten Tag andauerte, fand ich weiterhin Schutz in Mustafas Behausung. Dabei lernte ich diesen liebenswürdigen älteren Herrn immer besser kennen.

Mitgefühl und Güte finden sich in allen Lebenssituationen und unabhängig von sozialen oder emotionalen Umständen. Barmherzigkeit ist nicht abhängig von der Herkunft eines Menschen, macht sich weder am Aussehen, noch am Intellekt oder an besonderen Fähigkeiten fest. Barmherzigkeit geschieht zwischen den Menschen, „wandert" von Herz zu Herz und bedarf keiner Sprache. Wir, also Mustafa und ich, verständigten einander, ohne die gleiche Sprache zu sprechen, und halfen einander.

Ganz unerwartet lernte ich eine wichtige Lektion – oder auch nur ein weiteres Kapitel in derselben Lektion, die mich meine Reise ständig lehrte. Ohne Unterbrechung flüsterte eine Stimme ohne Sprache in mein Ohr und zeigte mit einem Ereignis, einer Begegnung nach der anderen, was Leben überhaupt bedeutet. Ich mag in Deutschland Partys ohne Ende gefeiert haben, konnte behaupten, mich außergewöhnlichen sportlichen Herausforderungen gestellt zu haben. Doch am Ende fühlte ich noch nie den Moment, endlich angekommen zu sein, bei mir selbst, der Zufriedenheit, ja vielleicht sogar des Glücklichseins, so bewusst und so lebendig wie in der Gesellschaft dieses älteren Herrn, in der Gesellschaft von Mustafa.

Die Südküste der Türkei

Am nächsten Tag beruhigte sich das Wetter wieder, und die Wellen des Meeres trafen nur noch ganz sanft auf den Strand. Der Himmel war blau gefärbt und die Sonne strahlte. Es versprach, ein schöner Tag zu werden. Ich verbeugte mich zum Abschied vor Mustafa und bedankte mich für alles. Auch Mustafa verbeugte sich und bedankte sich ebenfalls.

Ein Jahr später kam ich tatsächlich zu diesem Ort zurück. Doch Mustafa sah ich nie wieder.

Bei bestem Wetter fuhr ich nun weiter nach Didim zum Tempel des Apollo. Ich besichtigte die gut erhaltene Ruine im winzigen Stadtzentrum und fuhr anschließend weiter in Richtung Milas. Die Straße führte über die Berge, vorbei an einem wunderschönen See. Das schöne Wetter genoss ich in vollen Zügen. Mit neuer Energie überquerte ich in kurzer Zeit die Berge, wobei ich eine beachtliche Distanz zurücklegte.

Plötzlich stoppte ich, als ich auf der linken Seite sah, dass undeutliche Gebilde aus dem Wald herausragten. Das wollte ich mir näher ansehen und verließ die Hauptstraße. Dabei folgte ich einem kleinen holprigen Weg und stieß auf eine antike Tempelanlage. Sehr abgelegen und abseits des Tourismus. Es gab weder ein Kassenhaus, noch war ein Zaun zu sehen. Ich war alleine und begann, die Ruine zu erkunden.

Einer kleinen Informationstafel entnahm ich, dass es sich um den Tempel des Zeus von Lepsynos handelte. Nach einem Besuch des Tempels fuhr ich weiter und hatte kurz vor Ova erneut eine Panne. Der Reifen war wieder platt. Auf der Suche nach einer Tankstelle wurde ich von einem Herrn auf Türkisch angesprochen. Er konnte zwar weder Englisch noch Deutsch sprechen, verstand aber mein Problem. Ich folgte ihm zu seiner Wohnung, die nicht weit entfernt lag. Dort sollte ich warten.

In der Ferne sah ich einen Trecker mit Anhänger. Als dieser auf den Hof fuhr, verstand ich, weshalb ich warten sollte. Wir luden gemeinsam das Fahrrad auf den Anhänger und fuhren zur nächsten Tankstelle. Dort wurde der Schlauch geprüft und unter Wasser gehalten, um festzustellen, wo sich das Loch befindet. Es wurden mindestens acht Löcher gefunden. Der Schlauch war praktisch unbrauchbar. Glücklicherweise fand sich noch ein Ersatzschlauch und das Fahrrad wurde repariert. Leider zog sich die Reparatur so lange hin, dass ich bald mein Zelt aufbauen musste und den Tag damit beendete.

Zwei Tage später hielt ich mittags an einer Moschee vor Ova an. Im unteren Teil des Gebäudes befand sich ein Supermarkt. Hier kaufte ich ein paar Lebensmittel. Anschließend besuchte ich die *Namaz*. Der freundliche Imam lud mich anschließend zum Essen in sein Haus ein.

Seine Frau kochte ein leckeres türkisches Essen und der Imam versuchte, mir die Inhalte der Gebete der *Namaz* zu erklären. Ich trank noch einen Çay, bevor ich mich von ihm und seiner Frau verabschiedete.

Nach einer anstrengenden Bergauffahrt erreichte ich einige Zeit später die Küstenstadt Kalkan. Sie liegt gut 100 Meter abwärts von der Straße. Während der rasanten Bergabfahrt dachte ich schon an den beschwerlichen Aufstieg am nächsten Morgen. Zwischen den Klippen am Strand baute ich mein Zelt auf. Zu den letzten Lichtstrahlen der Sonne wurde zum Gebet aufgerufen. Eine wunderschöne Atmosphäre!

Es war ein herrlicher Morgen, und die Sonne strahlte wie schon lange nicht mehr. Das gute Wetter verleitete mich dazu, früh aufzustehen. Nachdem ich das Zelt verpackt hatte, entdeckte ich den nächsten platten Reifen an meinem Fahrrad. Es konnte so nicht weitergehen! Zunächst frühstückte ich am Strand. Danach machte ich mich auf den Weg zu einer Tankstelle, um den Schlauch zu flicken. Kalkan liegt im Tal einer Bucht. Der Aufstieg zur Hauptstraße war beschwerlich. An der Tankstelle reparierte ich den Schlauch und setzte sodann meine Reise fort. Auf meinem Weg sah ich mächtige Klippen und Schluchten. Wunderschöne Berge und weite Landschaften mit Wäldern erstreckten sich vor mir. Das klare Wasser des Meeres lud zum Schwimmen ein. Ich erblickte ein wunderschönes Panorama, das sich bis zum Horizont erstreckte. Anschließend ging es zur Stadt Kas bergab. Darauf folgte eine Strecke von zehn Kilometern bis auf 600 Meter Höhe. Kurz vor Sarila übernachtete ich. Die Stadt Demre hatte ich mir als Ziel für den nächsten Tag vorgenommen.

Auf den Gipfeln der majestätischen Berge waren Schneekuppen zu erkennen. Einer der Berge war sogar vollständig mit Schnee bedeckt. Eine unglaublich schöne Natur zeigte sich mir. Am späten Nachmittag erreichte ich nach einer Bergabfahrt von fast zehn Kilometern Demre in der Provinz Antalya.

In der italienischen Stadt Bari hatte ich die St. Nicholas-Kirche besucht. Dort ruhten die Gebeine des historischen Sankt Nikolaus. Italienische Seefahrer raubten einst seine sterblichen Überreste, um sie nach Bari zu bringen. Nun stand ich an dem Ort, an dem dieses Verbrechen geschehen war: in Demre. In der Stadt suchte ich die Saint Nicholas-Kirche auf, benannt nach eben diesem heiligen Nikolaus, der in der antiken Stadt Myra als Bischof gedient haben soll. Als das byzantinische Myra zerfiel, entstand Demre. Ich besuchte anschließend

die Felsengräber von Myra und das gut erhaltene Amphitheater. Langsam schlenderte ich durch die Ruinenstadt und ließ das Gefühl, der Geschichte so nah zu sein, auf mich einwirken.

Vor Einbruch der Dunkelheit fragte ich in einem Restaurant mit dem Namen Parasüt nach, ob ich neben dem Haus mein Zelt aufschlagen dürfte. Ich bekam die Erlaubnis. Wenig später lud mich der Eigentümer zu einer Feier im Restaurant ein. Eine Liveband spielte, und das ganze Restaurant war bis auf den letzten Platz mit feiernden Menschen gefüllt.

Cetin, ein Freund des Besitzers, lud mich ein, sich an ihren Tisch zu setzen, um ihnen Gesellschaft zu leisten. Wir tranken zusammen viel Raki, aßen und tanzten die ganze Nacht hindurch.

Nach dieser langen Nacht musste ich am nächsten Tag erst einmal ausschlafen. Ich wollte mich den ganzen Tag lang nur ausruhen. Die Sonne schien und ich genoss die Zeit am Strand, schwamm im Meer und trank später gemeinsam mit Cetin noch einige Gläser Bier.

Der Eigentümer des Restaurants, Mustafa, zeigte mir die Stadt und anschließend seine Gemüseplantage. Er baute Tomaten und Gurken in großen Gewächshäusern an. Auch erzählte Mustafa mir von seinem Vater, der auf einer Straße in Demre überfahren

worden war. In der Armee war er Fallschirmspringer und sein Spitzname lautete Parasüt = Fallschirm. Diesen Namen trug Mustafa als Tattoo auf seinem Unterarm und hatte das Restaurant zu Ehren seines Vaters nach ihm benannt.

Am nächsten Tag fuhr ich weiter und wurde zuvor von Mustafa mit Salat und Mandarinen versorgt. Der Weg führte bei bestem Wetter vorbei an einem wunderschönen Küstenabschnitt. Entlang des Lykischen Weges verließ ich die Hauptstraße und folgte einem Pfad an der Küste bis hin zur Stadt Karaoz. Dort fand ich einen wunderschönen einsamen Strand, wo ich den Sonnenuntergang verfolgte. Die Sonne ging genau in der Mitte meines Blickfeldes über dem Meer unter. Einer der schönsten Sonnenuntergänge, die ich je gesehen habe. Dort verbrachte ich auch die Nacht.

Am nächsten Tag kam ich in Adrasan an und fuhr direkt zur Bucht. An einem kleinen Hafen mit einem schönen Strand stellte ich mein

Fahrrad ab. Ich beschloss, die Möglichkeit zu nutzen und wanderte durch diese prächtige Natur. Zuerst sah ich einen kleinen Pfad, der auf die Klippen und bis hin zu einem Leuchtturm führte. Die Tour bescherte mir einen unvergesslichen Ausblick. Der Blick auf den Strand und den Berg war atemberaubend.

Nach diesem Ausflug fuhr ich weiter in Richtung Olympos. Der Wald wurde immer dichter und ich sah einige Blockhütten zwischen den Bäumen. In den Baumkronen befanden sich beeindruckende Baumhäuser, die sehr wahrscheinlich an Touristen vermietet wurden. Gegen Abend wandte ich mich schließlich wieder Richtung Strand, um einen Übernachtungsplatz zu finden.

Der nächste Morgen hielt eine Überraschung für mich bereit. Eine penetrante Stimme riss mich aus dem Schlaf. Total verschlafen öffnete ich mein Zelt und erblickte einen Sicherheitsbeamten, der versuch-

te, mir etwas auf Türkisch zu erklären. Er gestikulierte wild mit seinen Armen und zeigte schließlich auf ein Schild, das ich, total übermüdet, am Vorabend wohl übersehen hatte. Hier war es verboten, ein Zelt aufzubauen. Ich entschuldigte mich und packte mein Zelt zusammen. Nun hatte ich noch genügend Zeit, die Ruinenstadt zu erkunden. Es war ein weitläufiges Gebiet. Vom Meer aus führte ein Kanal zum Fluss. Dieser wurde wohl in der Antike angelegt, damit Schiffe ins Landesinnere vordringen konnten. Die Grundrisse des Hafens waren gut erkennbar. Olympos war eine Stadt, die ca. 300 v. Chr. entstanden war und dem Lykischen Städtebund angehörte. Olympos Platz in der Geschichte fällt eher mager aus. Nicht nur Erdbeben setzten der Stadt zu, auch die Pest führte dazu, dass die Stadt im 15. Jahrhundert ausstarb und zur Ruinenstadt verfiel. Olympos ist vor allem wegen seiner geografischen Lage ein bevorzugter Ort. In unmittelbarer Nähe liegt der Berg Yanartas, der mit einem einzigartigen Naturphänomen aufwartet. So machte ich mich auf den Weg nach Cirali, einem kleinen Touristendorf nahe des Berges.

Leider verlor der Vorderreifen wieder Luft und ich musste erneut mein Fahrrad schieben. Der Weg zu Fuß führte durch eine wild bewachsene Ebene bis zum Berg Yanatas. Dort stieg ich den Pfad bis zum *Feuer der Chimära* hinauf. An dieser Stelle lodert seit mehreren tausend Jahren Feuer aus dem Gestein. Ein einzigartiges Naturphänomen, das dem antiken Olympos dazu verhalf, sich als Kultstätte für Hephaistos zu etablieren. Gespannt sah ich mir das Feuerschauspiel an und war beeindruckt von der Vielfalt der Natur.

Ich setzte mich auf einen Felsen, nahm meinen Hut ab und blickte auf das Mittelmeer. Dabei hatte ich das Gefühl, mich an einem der schönsten Orte der Welt zu befinden. Das Meer war auf meiner Reise mein ständiger Begleiter und verkörperte für mich das Gefühl von Freiheit. Ich sah mir meinen Hut an, staubig und verfilzt. Dabei war er mehr als nur ein Talisman. Er war zum Symbol für meine Freiheit geworden. Ich dachte daran zurück, wie wenige Monate zuvor mit dem Hut alles angefangen hatte.

Mit dem Hut in die Schweiz

Der Plan war verwegen. Ungefähr 900 Kilometer Wegstrecke waren es nach Diga di Verzasca, dem Staudamm in der italienischen Schweiz. Nicht etwa mit dem Auto oder dem Zug, nein, den ganzen Weg wollte ich mit dem Fahrrad bestreiten. Aus meinem Freundeskreis wurde die Aktion belächelt und bestaunt zugleich. Doch nachdem ich schon von Moers aus nach Frankreich zu Fuß gelaufen war, ganz ohne Geld, trauten die meisten mir diese Reise schon zu.

„Du weißt, dass du dafür die Alpen überqueren musst?", wurde ich freundlich daran erinnert, wie schwierig die Fahrt werden würde. Nun, genau an diesem Punkt begann die Herausforderung, wonach ich mich doch so sehr sehnte. Inzwischen hatte ich über 15 Marathonläufe absolviert, war aus einem Flugzeug gesprungen und lief meinen ersten Ultramarathon nach Frankreich. Doch so eine Fahrradreise fehlte noch in meiner sportlichen Laufbahn. Es sollte von Moers aus bis in den Süden Deutschlands gehen. Weiter in die Schweiz, bis nach Luzern, um mich dort vom Verzasca-Staudamm 300 Meter in die Tiefe zu stürzen.

Zunächst besorgte ich alles, was man für so eine Reise benötigte: Fahrrad, Zelt, Rucksack – und meinen Hut. Und so startete ich an einem schönen Samstagmorgen in Moers meine Reise. Niemals hätte ich damit gerechnet, dass ich an diesem Morgen das Ende meines normalen Lebens einläutete. Ich durchquerte Deutschland und scheute auch nicht davor, in der Nacht durch die finstersten Wälder zu fahren. Nachts war ich gerne unterwegs. Dies hatte mir bei meinem Lauf nach Frankreich schon gefallen. Ich war frei von allen Verpflichtungen und konnte meine Gedanken nur um mich kreisen lassen. Ich war nur noch für mich verantwortlich.

Bei bestem Wetter erreichte ich Basel in der Schweiz und war begeistert. Ich sah weite Wiesen, beeindruckende Gebirge und glasklare Gewässer. Es lag jederzeit an mir, wann ich pausierte und wann ich meinen Weg fort-

setzte. Ich kam unterwegs mit zahlreichen Menschen ins Gespräch. Häufig erntete ich Staunen über mein Projekt. Dabei stieß ich immer auf eine herzliche Gastfreundschaft.

Einmal ruhte ich mich im Schatten einer Kirche aus. Während ich auf der Eingangstreppe zur Kirche saß, setzte sich ein Geistlicher zu mir. Schnell kamen wir ins Gespräch. Ich erzählte von meinem Leben in Deutschland, von meiner nie endenden Jagd nach Geld. So oft ich auch mehr Geld bekam, so konnte es nie die Lücke in meinem Herzen schließen. Ich war rastlos und müde und bejammerte den Kreislauf, in dem ich feststeckte. Der Geistliche sah mich an und meinte: „Es ist deine Schuld, dass du so rastlos bist, dass dein Herz dürstet. Es ist egal, wieviel Geld und Konsumgüter du besitzt, es wird dir nie genügen. Dein Herz ist kein Sieb, es ist ein Puzzle, und nur du bist in der Lage, das passende Teil hinzuzufügen."

Der Geistliche legte seine Hand auf meinen Hut, den ich noch fest mit den Händen umklammerte. Wir sahen uns an und der Geistliche sprach weiter: „Gib dir selbst das feste Versprechen, dein Leben selbst in die Hand zu nehmen. Du darfst rastlos sein, du darfst dürsten, doch müssen deine Ziele dich auch erfüllen. Bleibe stets auf der Suche und schwinge dich von Ziel zu Ziel." Mein Blick war noch auf den Hut gerichtet. Durch jene einfühlsamen und sicherlich auch pathetisch klingenden Worte änderte sich meine Perspektive auf die Zukunft. Ich gab mir noch vor Ort selbst ein Versprechen: mein Leben zu ändern. Und dabei zugleich auch Risiken einzugehen, weg von dem Geld und den stupiden Gewohnheiten. Mein Hut sollte mich stets an dieses Versprechen erinnern und mein Wegbegleiter werden.

Nie zuvor in meinem bisherigen Leben hatte ich mich so frei gefühlt wie in diesem Augenblick und wie bei dieser Reise in die Schweiz. Ich dankte dem Geistlichen und schwang mich auf mein Fahrrad. Ich wusste nun, was ich ändern musste. Ich wusste es, bevor ich die Alpen überquerte, bevor ich mit lautem Schreien vom Verzasca-Damm stürzte. Es war ein Sturz in die Freiheit.

Am Tag meiner Rückkehr in Moers kündigte ich meine Arbeitsstelle und fand mein fehlendes Puzzleteil.

Bis nach Antalya und weiter

Ich stieg den Berg Yanatas wieder hinab und folgte dem Weg zurück nach Cirali. Kurz bevor ich das Dorf erreichte, bog ich ab. Die einsamen Serpentinen führten zur Hauptstraße nach Antalya. Doch um dorthin zu gelangen, musste ich mein Fahrrad mit dem platten Reifen den Hang hochschieben. Es war mörderisch heiß. Doch bald erreichte ich die Hauptstraße und hielt nach einer Tankstelle Ausschau, um den Schlauch meines Rades zu flicken. Mit gut aufgepumpten Reifen ging es bis nach Tehirova weiter, wo ich am Strand mein Zelt aufstellte.

Am nächsten Nachmittag erreichte ich Antalya und besuchte zunächst ein Restaurant, um mich zu stärken. Es war geschafft. Antalya war eine Zwischenstation, um mich ein paar Tage auszuruhen. Ich bestellte einen Cay und führte mein Tagebuch fort.

Neben mir am Tisch saß ein glatzköpfiger Mann, der sich nach einer ausgiebigen Mahlzeit zufrieden zurücklehnte. Schnell kamen wir ins Gespräch. Er stellte sich als Barber vor, hatte mein vollbeladenes Fahrrad vor dem Restaurant entdeckt und fragte mich nach meiner Reise. Er bezeichnete sich ebenfalls als Reisender. Schließlich lud er mich zu sich nach Hause ein, bewirtete mich dort und sorgte dafür, dass ich zwei neue Reifen für mein Fahrrad bekam.

Am Abend vor meiner Abreise kochten wir zusammen. Besser gesagt, Barber kochte, und ich streichelte seine Katze namens Panda. Das Tier saß bei mir auf dem Schoß und mein Gastgeber erzählte, wie er die Leidenschaft zum Reisen für sich entdeckt hatte. Zwischendurch bereitete er noch Garnelen zu und fütterte ab und zu damit auch die Katze. Er schwang das Messer durch die Luft, wild gestikulierend und meinte unvermittelt: „Mich hat noch nie etwas zu Hause gehalten. Schon als kleiner Junge bin ich immer abgehauen und musste vom Strand getragen werden. Ich bin allerdings viel zu bequem, als dass ich in einem Zelt übernachten könnte. Also musste ich mir Hotelzimmer leisten können und auch einen Flug und sonstige Ausgaben wie Restaurantbesuche oder Freizeitaktivitäten." Er schob Panda wieder eine Garnele ins Maul. „Ich bewundere es immer wieder, wenn ich so Reisende wie dich treffe und sehe, mit wie wenig Geld ihr auskommt."

„Hast du öfters Gäste wie mich?", wollte ich wissen.

„Na klar, nicht besonders viele ausländische Touristen, aber Türken. Die kommen oft per Anhalter. Weil wegen der vielen Touristen hier alles sehr teuer geworden ist, unterstütze ich sie gerne."

„Bist du gegen Touristen?"

„Nein, nicht direkt dagegen. Aber ich sehe ja, was der Tourismus hier anrichtet. Ich sehe die guten Seiten des Tourismus, wie den Ausbau der Infrastruktur oder Veränderungen in den sozialen Strukturen, wie eine aufkommende Weltoffenheit, das mag ich. Aber ich sehe auch, dass sich normale Menschen hier nichts mehr leisten können. Und die wunderbare Stadt ist hauptsächlich den reichen Touristen vorbehalten. Hättest du dir hier ein Hotelzimmer genommen?" Ich verneinte.

„Siehst du. Daher ist es umso wichtiger, dass wir einander helfen." Barber schöpfte die Nudeln ab und bereitete das Gemüse zu. Meine Hilfe bestand darin, Panda zu streicheln und sie zu beschäftigen.

„Es wäre schön, wenn es mehr Menschen wie dich geben würde", schwärmte ich. Dabei bezog ich mich auf seinen Satz, dass wir einander helfen sollten. Barber lächelte und sagte: „Nein, es braucht nur *einen Botschafter guter Taten.* Tut es dir weh, dein Gegenüber anzulächeln? Musst du Hunger leiden, wenn du dein Essen teilst? Schau, ich koche jetzt nicht mehr, ich teile mit dir einfach, was ich habe, und es schadet mir nicht."

„Das müsste man den Menschen sagen", schlug ich vor. Barber verfütterte eine weitere Garnele, Panda gefiel das.

„Wann immer du auch nach Deutschland zurückkehrst, vergiss nicht, was du auf deiner Reise gelernt hast. Betrachte deine Reise nicht nur als eine Überwindung von Distanzen, sondern als Unterricht. Du lernst mit jedem Meter, den du auf dem Fahrrad unterwegs bist. Ich bewundere dich und deine Reise, mach was daraus!" Ich tätschelte der Katze den Kopf, sah dankbar zu Barber und meinte: „Du bist eine großartige Inspiration."

„Ach, quatsch, ich weiß einfach zu leben", meinte er und mischte noch weitere Zutaten ins Essen.

„Fährst du viel mit dem Fahrrad?", fragte ich ihn, weil mir ein Rennrad in seinem Wohnzimmer aufgefallen war.

„Ja, ich fahre öfters über Gaziantep nach Van, wunderschön ist es dort. Du fährst doch auch nach Gaziantep, oder?" Ich nickte.

„Dann kann ich dir die Nummer von Berkan geben. Ein guter Freund von mir. Er lebt mit seiner Familie in Gaziantep, und er wird dich sicher auch beherbergen können." Ich konnte von Glück reden, Barber begegnet zu sein. Vielleicht sollte es auch passieren, vielleicht war Barber einer dieser Wegweiser, denen ich auf meiner Reise folgte, die mir die innere Sicherheit gaben, auf dem richtigen Weg zu sein. Ich erzählte ihm von meinen Wegweisern und fragte, ob er denn auch einer sei.

„Wenn es dir ein gutes Gefühl gibt, dann bin ich wohl einer. Du glaubst daran, und es gibt dir ein gutes Gefühl. Also ist es echt. Ich glaube, du bist auf dem richtigen Weg." Damit hatte Barber recht. Mit dem inneren guten Gefühl verwandelte sich mein Glaube immer stärker in etwas Reales. Letztendlich bleibt es eine persönliche Entscheidung, ob man seinen Glauben als real ansieht oder nicht. Barber half mir bei dieser Entscheidung und ich denke, durch die Begegnung mit ihm ist mein Glaube noch gewachsen. Ich war nun bereit für die Weiterreise.

Barber und ich fielen uns am nächsten Morgen in die Arme. Er setzte mir noch meinen Hut auf, packte mich an den Schultern, als er mich ansah und sagte: „Ich wünschte, ich könnte mit dir kommen, doch ich bin zu bequem. Habe noch viele weitere schöne Begegnungen – und vergiss mich nicht."

„Das werde ich garantiert nicht, ich danke dir für alles." Jedes Wort meinte ich so, wie ich es sagte. Ich habe Barber nicht vergessen und kann stolz behaupten, ihn ein Jahr später, auf meiner zweiten Tour durch die Türkei, wiedergesehen zu haben.

Erholt und mit neuen Reifen fuhr ich weiter. Dann besichtigte ich das antike Hadrianstor im Stadtzentrum von Antalya. Der Küstenabschnitt von Antalya war gesäumt mit Hotelanlagen, und über Kumköy fuhr ich bis nach Belek. An den nächsten Tagen folgte ich der Küste. Dabei war ich immer wieder gezwungen, kleine Umwege zu nehmen. Touristische Anlagen wie Hotels und Schwimmparks versperrten mir nicht nur den Weg, sondern immer auch die Sicht auf eine wunderschöne Landschaft.

Ich durchquerte die nächste touristische Hochburg: Alanya. Auf dem Weg zur Provinz Mersin musste ich nur noch Manavgat als Touristenmagneten hinter mich bringen, um mich wieder in der authentischen Türkei wiederzufinden. Die Landschaft wurde eintöniger, und die Hotelanlagen verschwanden allmählich aus dem Landschaftsbild.

Eine besondere Begebenheit auf meiner weiteren Reise sollte mir erneut verdeutlichen, dass ich auf dem richtigen Weg war. Ich befand mich auf dem Weg zur Stadt Esenbel, mitten in den Bergen. An einem kleinen Supermarkt machte ich eine kurze Pause, um mich von der Fahrt in der Sonne zu erholen. Hätte es eine Eiskammer gegeben, wäre ich wahrscheinlich dort für eine Stunde verschwunden. Eine Bank mit einem Sonnenschirm tat es auch – und so setzte ich mich darunter. Der Inhaber saß schräg gegenüber und starrte in den Himmel. Ein Knall ertönte und ein ohrenbetäubendes Grollen folgte darauf. Ich sah hinauf und dachte, einen Düsenjet erblickt zu haben. Der Inhaber sagte, mit dem Finger zum Himmel gerichtet: „Syria."

Wenig später sah ich auf dem Weg nach Atayurt eine Militärkolonne. Sie hatte wohl Syrien zum Ziel. Der Bürgerkrieg in Syrien sowie die daraus resultierende humanitäre Katastrophe waren in Deutschland sehr weit weg gewesen. Hier kam ich sehr nah an die syrische Grenze heran. Lediglich die hohe Zahl der Flüchtlinge, die in Deutschland aufgenommen worden waren, zeugten davon, dass in dieser Region der Krieg und damit Angst, Hunger und Leid nicht weit entfernt waren. Hier bekam ich einen direkten Eindruck davon, warum so viele Menschen ihre Heimat verlassen hatten.

Meine Fahrt nach Mersin blieb ereignislos, die Tagesroutine bestand aus: aufstehen, Zelt einpacken, fünfzig Kilometer fahren, Pause, vierzig Kilometer fahren, Zelt aufbauen und schlafen. Ich erfuhr viel Hilfsbereitschaft, wurde zum Barbecue eingeladen. Auch die Jandarma, die türkische Polizei, behandelte mich stets freundlich und versorgte mich unterwegs mit Wasser.

Viele antike Stätten und Ruinen lagen auf dem Weg. Gebirgsketten, die überwunden werden mussten, bis ich schließlich Mersin erreichte.

Der Abschied eines guten Freundes

Nun war es soweit, ich wusste es schon lange, wollte es aber nie wahrhaben. Ich verließ das Meer. Das Mittelmeer war ständiger Begleiter und stetige Inspiration gewesen. Das wohltuende Rauschen der Wellen sorgte für einen angenehmen Schlaf. Die frische Brise, die über das weite Meer bis zu mir getragen wurde, gab mir die nötige Energie, um meine Reise zu bewältigen. Das Meer wurde zu meinem Partner, ein treuer Kamerad. Es war nun Zeit, Abschied zu nehmen. Am Strand von Arpaçbahşiş zeltete ich ein letztes Mal am Meer. Ich atmete die frische Brise noch einmal ein, lauschte ein letztes Mal dem Rauschen der Wellen und schlief sanft ein, bereit, das Meer hinter mich zu lassen. In meinem Tagebuch verabschiedete ich das Meer mit einem Zitat von Kapitän Nemo: „Ich liebe das Meer. Das Meer ist alles für mich! Es bedeckt sieben Zehntel der Erdoberfläche. Sein Wind ist rein und gesund.

So unermeßlich diese Einöde auch ist, fühlt sich der Mensch dennoch nie einsam, denn er spürt, wie das Leben um ihn wogt. Ein übernatürliches Dasein rührt sich im Meer. Es ist nur Bewegung und Liebe, lebendige Unendlichkeit (...)"

Rein in den Orient

Die Straße in Richtung Landesinnere lag nun vor mir. Abseits der Küste stellte ich fest, wie sich die einst prachtvolle grüne Landschaft in eine karge Ebene verwandelte, mit einer erschreckenden Leere, die doch auch ihr Geheimnis zu bewahren schien. Wieder einmal platzte der Schlauch meines Reifens. Glücklicherweise war ich nun so geübt, dass ich ihn ohne merklichen Zeitverlust flicken konnte. Auch die Stangen meines Zeltes brachen erneut. Inzwischen war ich auch darin geübt, sie zu reparieren.

Die touristischen Gebiete lagen schon lange hinter mir, die glänzenden Strandpromenaden gehörten der Vergangenheit an. Keine gigantischen Hotelbauten mehr, die mir die Sicht auf die Landschaft versperrten, oder Souvenirgeschäfte, in denen man mir gefälschte antike Münzen unterjubeln wollte. Die auf Hochglanz polierten Straßen waren schon kurz vor Mersin verschwunden. Doch was mich in Osmaniye erwartete, war ein kultureller Schock. Gebäude und Straßen waren entweder zerstört oder nicht fertiggestellt. Es schien fast so, als hätte man Osmaniye nach einer Naturkatastrophe versucht aufzubauen, um es dann wieder zu vergessen. Ja, die Region wurde vergessen!

Über eine kleine Gebirgskette erreichte ich Gaziantep. Barber hatte mich seinem Freund Berkan vermittelt. Er und seine Familie hießen mich herzlich willkommen. Zwei sehr freundliche Menschen, die alles für mein Wohlergehen taten. Sie waren gläubige Muslime und behandelten mich wie ein Familienmitglied. Ich bekam dort einen Raum, um mich zu entspannen und Energie zu tanken.

Gaziantep liegt 50 Kilometer von der syrischen Grenze entfernt. Trotz des herrschenden Krieges im Nachbarland und erhöhter Terrorgefahr sah ich keine erhöhte Polizei- oder Militärpräsenz in der Stadt, und es gab kaum Sicherheitskontrollen. Kinder spielten auf den Straßen. Es war schwer vorstellbar für mich, dass wenige Kilometer entfernt Krieg herrschte.

Berkan war Sportlehrer an einer Grundschule. So bekam ich die Möglichkeit, eine türkische Schule zu besuchen und durfte dort am Sport- und am Musikunterricht teilnehmen. Im Musikunterricht stimmte die Lehrerin auf dem Klavier ein Lied an, und die Kinder sangen dazu über Atatürk, den Staatsgründer der Türkei. Das Interesse der Kinder an mir war riesig. Sobald ich auf den Flur kam, umstellten sie mich und versuchten verzweifelt, mit mir auf Englisch zu sprechen – was auch einigermaßen gelang. Dabei war ich stolz darauf, mein Englisch in den letzten Wochen deutlich verbessert zu haben.

Zusammen mit Berkan besuchte ich den dortigen Basar, der mich durch sein traditionelles und farbenfrohes Erscheinungsbild beeindruckte. Staunend lief ich mit Berkan durch die verwinkelten Gänge und Gassen und bewunderte das reichhaltige Angebot. Hier gab es alles zu kaufen, was man sich vorstellen konnte. Besonders hatten es mir die handgefertigten Waren angetan. Mehrere Gänge waren miteinander verbunden und führten durch ein riesiges, steinernes Gebäude, in dem kleine Kammern für die Händler eingebaut waren. Überall sah man Handwerker an ihren Produkten arbeiten. Die Bandbreite der Produkte reichte von Kupferarbeiten über Glaskunst bis hin zu Textilien und Schuhen. Besonders die Kupferarbeiten bestaunte ich. Mit einem kleinen Hammer wurden Schüsseln oder Tassen in filigraner Kleinarbeit bearbeitet. Die gesamte Geräuschkulisse des Basars wurde vom Klang des Hämmerns und des Klirrens des Kupfergeschirrs übertönt. Menschen drängten sich eng aneinander vorbei, unterhielten sich in den steinernen Gängen und füllten so den Basar mit Leben. Berkan freute sich, dass ich die Eindrücke, die ich auf dem Basar gewonnen hatte, mit staunenden Blicken in mich aufsog.

„Siehst du so etwas zum ersten Mal?", fragte er lachend und meinte damit natürlich den Basar.

„Ja, es ist unfassbar schön", antwortete ich ihm. Dabei wurde mir klar, dass ich noch mehr vom Orient sehen wollte – und ich wusste, dass dies erst der Anfang war.

„Hier entlang, Sascha", hörte ich Berkan etwas lauter sagen. Und schon bogen wir ab und verließen den Basar. Draußen stiegen wir eine steinerne Treppe hoch, bis wir uns auf einer Dachterrasse befanden. Von dort aus konnte ich ganz Gaziantep überblicken. Berkan bestellte für uns einen Cay und je ein Stück Baklava, eine türkische Süßwarenspezialität mit Pistazien.

„Das Baklava scheint dir zu schmecken", meinte er und hatte damit gar nicht so unrecht. Die Aussicht auf Gaziantep, in Verbindung mit dem vorangegangen Besuch im Basar und nun der Cay mit Baklava, passte perfekt zu meiner Vorstellung, die ich vom Orient hatte.

„Danke, dass du mir die Stadt und den Bazar gezeigt hast", sagte ich und legte dabei meine Hand auf die Brust und beugte mich leicht nach vorne. Diese respektvolle Geste wollte ich in Zukunft immer wieder zeigen.

„Es ist mir eine Ehre, dich als Besucher hier zu haben. Danke, dass du mein Gast bist", sagte Berkan. Ich wurde ein wenig rot, da ich so eine überschwängliche Danksagung nicht erwartet hatte. Dann wurde er ernst und sagte zu mir: „Wenn du morgen weiter nach Sanliurfa fährst, musst du aufpassen. Zur Zeit findet dort eine türkische Militäroffensive statt. Dabei wird die syrische Stadt Afrin angegriffen und die ganze Gegend hier ist betroffen. Es wäre, glaube ich, besser, wenn du in eine andere Richtung reisen würdest. Es ist dort nicht sicher."

Berkan machte sich offensichtlich Sorgen um mich und wollte mir helfen. Ich konnte mir nun vorstellen, wohin die Militärflugzeuge flogen und die Militärkolonnen fuhren. Kurdische Milizen sollten im Norden Syriens zerschlagen werden. Um den Distrikt rund um Afrin zu sichern, hielt es die türkische Regierung für nötig, die gesamte Umgebung zu bombardieren. Dies geschah nicht allzuweit entfernt von dem Ort, in den ich fahren wollte. Und ich verstand Berkans Sorgen. Doch ich versuchte, ihn zu beruhigen: „Mach dir keine Sorgen um mich. Ich werde schon auf mich aufpassen." Einige Zeit später wurde mir bewusst, dass ich auf Berkan hätte hören sollen.

Am nächsten Morgen, nach dem Freitagsgebet, verließ ich Gaziantep und verabschiedete mich herzlich von Berkan und Tugba, seiner Frau.

Wie schon von Berkan zuvor, wurde ich auch auf dem Weg nach Sanliurfa immer wieder vor Gefahr gewarnt. *Dikkat*, hieß es immer wieder auf Türkisch, was so viel wie „Achtung" oder „aufpassen" bedeutet. Schon beim Verlassen von Gaziantep wurde mir klar, dass auf meiner weiteren Reise Gefahr von verschiedenen Seiten lauerte. So versuchte jemand, meinen Rucksack zu öffnen, um etwas daraus zu stehlen. Ohne die Menschen unter Generalverdacht zu stellen, wurde mir dann doch bewusst, dass ich mehr auf mich und meine Sachen aufpassen sollte.

Die Landschaft verwandelte sich mehr und mehr in eine karge Steppe und glich einer Ödnis. Hinter der Stadt Nizip am Euphrat schlug ich mein Zelt in einer verlassenen Gegend auf. Mir war bewusst, in

welcher Situation ich mich befand und auch, dass die syrische Grenze nur fünfzehn Kilometer entfernt war. Berkans Warnung ging mir nicht mehr aus dem Kopf, und ich zweifelte an meiner Entscheidung, weiter in Richtung Osten gefahren zu sein.

Ich suchte einen Zeltplatz weit abgelegen von der Straße. Die flache Steppe machte es mir schwer, einen geschützten Platz zu finden, da die Landschaft überall gut einsehbar war. Mit Mühe fand ich ein Feld, das mit kleinen Tannen bewaldet war, obwohl ich das meterhohe Gestrüpp weder als Tanne noch das ganze Gebiet als Wald bezeichnen konnte. Mit einem ungaten Gefühl baute ich mein Nachtlager auf. Dies schaffte ich noch, bevor mich die Dunkelheit einholte. Mit dem Ausschalten der Taschenlampe machte ich mich und mein Zelt in der Nacht unsichtbar. Und so fühlte ich mich doch einigermaßen sicher. Ich legte mich schlafen, alles war still. In dem Moment, als meine Augen zufielen, hörte ich plötzlich einen Schuss. Ich riss meine Augen auf, setzte mich aufrecht und lauschte. Ein weiterer Schuss fiel. Der Lautstärke nach zu urteilen, war es gar nicht so weit weg von mir. Was mag das gewesen sein? War da jemand auf der Jagd? Wenn ja, auf was – oder wen? Waren es Soldaten, die geschossen hatten? Es dauerte nicht lange, bis es den nächsten Schuss gab, und schließlich waren viele Schüsse zu hören. Immer näher schien das Schussgefecht zu kommen. Ich wusste nicht, was ich tun sollte. Schließlich legte ich mich flach auf den Boden meines Zeltes und wartete. Dabei faltete ich meine Hände und tat, was wohl die meisten Menschen in einer solchen Situation tun würden: Ich betete. An dem Punkt, an dem Menschen nichts mehr bleibt, wo Besitztümer keinen Wert mehr haben oder all ihr Wissen keinen Nutzen mehr hat, senden sie Bitten an „ihren" Gott, scheinen – zumindest für kurze Zeit – ihren Glauben zu finden. Anscheinend liegt der Glaube an etwas Übernatürliches wie an Gott tief verborgen in uns. In solch existenzbedrohenden Situationen, die von Angst und Verzweiflung geprägt sind, spielen bisherige Selbstverständlichkeiten, unsere Erfolge, unser Wissen, Ansehen und materieller Reichtum keine Rolle mehr. All dies spielte auch in meiner Notsituation keine Rolle mehr. Nichts als mein Glaube blieb mir, um Kraft zu tanken und ein letztes Stück Geborgenheit zu behalten. Die ganze Nacht hörte ich das Schussgefecht und konnte vor Angst nicht schlafen. Irgendwann muss ich kurz vor Tageseinbruch doch eingeschlafen sein, denn ich fühlte, dass ich aus einem Traum erwachte, an den ich mich nicht mehr erinnern konnte. Sehnlichst wartete ich auf den Sonnenaufgang, in der Hoffnung, dass der nächtliche Spuk vorbei sei und ich mich endlich aus meiner „Gefangenschaft" befreien konnte. Meine Augen fühlten sich schwer an und waren blau unterlaufen. Mühsam baute ich mein Zelt ab. Dabei schaute ich immer wieder in alle Richtungen, voller Angst, in ein nächstes Schussgefecht zu geraten. Als ich schließlich wieder auf dem Fahrrad saß, fühlte ich mich sicher und fuhr den ganzen Weg wieder zurück, den ich zuvor gekommen war. Und schon bald erreichte ich wieder die Hauptstraße. Ich kämpfte mich durch die trockene Einöde und war in meine Gedanken vertieft, die irgendwo zwischen weiterfahren und abbrechen hin und her pendelten. Da stoppte ein Auto vor mir und zwei bewaffnete Männer stiegen aus. Ich hielt erschrocken an. Ist dies der Moment, an dem ich meine Weiterfahrt endgültig bereuen sollte? Einer der Männer blieb am Auto stehen. Ich konnte ihn schlecht erkennen. Der andere kam langsam auf mich zu. Er hatte schwarze, lockige Haare, die ihm bis zu den Schultern fielen. Er trug einen Schnäuzer und eine getönte Sonnenbrille. Es schoss mir durch den Kopf, dass es sich um die türkische Mafia handeln könnte; falls es so etwas überhaupt gab. Die Waffe steckte noch in seinem Holster. Bei mir angekommen, sprach er mich auf Türkisch an. Ich gab ihm zu verstehen, dass ich Tourist sei und die Sprache nicht verstehe.

„Wo möchtest du hin?", wiederholte er nun auf Englisch.

„Ich bin auf dem Weg nach Sanliurfa", antwortete ich wahrheitsgemäß.

„Und danach?"

„Nach Mardin."

„Danach?"

„In den Iran."

„Danach?"

„Nach China", war meine letzte Zielangabe.

Der Mann schnaufte kurz durch und führte das Gespräch fort. „Mit dem Fahrrad. Nach China. Zeig mir deinen Ausweis." Ich tat, was er von mir wollte. Dabei hatte ich begriffen, dass es sich wohl um einen Polizisten handeln musste. Er schaute sich das Foto in meinem Ausweis an und schien mir zu glauben, zumindest zum Teil.

„Ich sage dir was", wandte er sich wieder an mich. „Du kannst noch bis nach Sanliurfa fahren, und dann ist Schluss für dich. Die Agenten hinter Sanliurfa werden nicht so nett sein wie wir. Sie werden dich sofort festnehmen. Das ist keine gute Zeit, um mit dem Fahrrad hier durch die Gegend zu fahren." Mehr als ein Nicken brachte ich als Zustimmung nicht zustande. Berkan hatte recht, ich hätte auf ihn hören und nicht entlang des Kriegsgebietes fahren sollen. Doch worin hätte die Alternative bestanden? Vielleicht wäre der Weg in den Norden sicherer gewesen. Von dort aus gab es auch eine Möglichkeit, in den Iran zu kommen. Nun musste ich mit meiner Entscheidung leben. Als die Männer wieder ins Auto gestiegen waren, setzte ich meine Fahrt nach Sanliurfa fort.

Am späten Nachmittag kam ich in der vermeintlichen Geburtsstadt des Propheten Abraham an. Auf Abraham soll, nach jüdischer, christlicher und auch muslimischer Überlieferung der Monotheismus fußen. Daher werden die drei Weltreligionen auch als die abrahamitischen Relgionen bezeichnet. So befand ich mich in einer bedeutungsvollen Stadt und mich überkam ein Gefühl, das ich jedes Mal hatte, wenn ich mich an historisch wichtigen Orten aufhielt. Ich versetzte mich jedes Mal in die frühere Zeit zurück und stellte mir vor, wie es wohl vor 4000 Jahren ausgesehen haben mag. Sahen die Menschen an dieser Stelle genauso beeindruckt in die Weiten des Himmels wie ich jetzt?

Mich überkamen immer wieder diese Fragen. Es bereitete mir Freude, mich in die damalige Zeit hineinzuversetzen.

Viel Zeit blieb mir nicht, mir Sanliurfa genauer anzusehen. Vielmehr besorgte ich mir ein Ticket für eine Busfahrt nach Van und versprach mir selbst, in diese bedeutende Stadt zurückzukehren. Ein Versprechen, das ich ein Jahr später auch einlöste.

Von meinem Vorhaben, den Grenzübergang weiter im Süden bei Hakkari zu benutzen, wurde mir abgeraten. Einen Ratschlag, den ich beherzigte und mich für den Grenzübergang im Norden bei Van entschied. Eine Stadt, die nordöstlich in den Bergen lag und in der es eisig kalt war. Der Grenzübergang in Van war wohl sehr beliebt. Und so sah ich kein Problem darin, dorthin zu fahren. An der Busstation wurde ich erneut von der Polizei überprüft. Der Bus fuhr die Nacht durch. Für mich war es ungewöhnlich, auf diese Art zu reisen. Und außerdem war es unbequem. Ich konnte es kaum abwarten, wieder auf dem Fahrrad zu sitzen.

Am nächsten Morgen kam ich in Van an. Es war eisig und überall lag Schnee. Die Landschaft war in ein tiefes Weiß gehüllt. Darauf war ich ganz und gar nicht vorbereitet. Ich streifte mir mehrere Pullis und T-Shirts über, bevor ich endlich weiterfahren konnte. In Van ging ich zuallererst in ein Restaurant, um mich aufzuwärmen. Da ich noch erschöpft war, suchte ich mir eine bequeme Sitzmöglichkeit und legte meine Beine hoch. Die Bedienung brachte mir einen Cay. Erst einmal machte ich mir ein paar Gedanken über meine aktuelle Situation und darüber, wie es weitergehen sollte. Ich befand mich vor Kurzem noch in einer Steppe und wurde bei über dreißig Grad auf dem Fahrrad von der Sonne gegrillt. An dem Tag, nachdem ich eine Schießerei nachts überstanden hatten, jagten mir zwei bewaffnete türkische Agenten einen Riesenschreck ein. Anschließend setzte ich einen Teil meiner Reise in einem unbequemen Bus zurück – und nun befand ich mich in einer Stadt, in der die Luft zu gefrieren schien. Immer noch in meine Gedanken versunken, lehnte sich ein junger Mann mit Brille zu mir herüber und sprach mich an: „Entschuldigung, aber ich sehe sofort, dass du nicht von hier bist", sagte er. *War das nun wertend gemeint?,* dachte ich und antwortete ihm, dass ich aus Deutschland komme.

„Ja, das habe ich mir fast gedacht. Ich bin Vellat und reise auch viel. Ich komme jetzt gerade aus dem Iran." Ich wurde hellhörig. Auf meiner Reise hatte ich den ein oder anderen Bericht über den Iran gehört – und sie waren alle positiv. Doch in meiner derzeitigen Situation konnte ich mir nicht so recht vorstellen, wie Reisen im Iran aussehen sollte, und was mich dort erwartete.

„War es gut?", fragte ich meine neue Bekanntschaft schlicht.

„Ich bin öfters dort und bringe Käse aus Tabriz mit. Den solltest du auch mal probieren. Ansonsten ist ein Besuch im Iran eine wunderbare Erfahrung, denke ich. Du kannst dich auf dieses Land freuen." Vellat lächelte. Nach dem ganzen Trubel, den ich die letzten Tage hatte, bereitete mir seine Aussage Freude. Ich konnte es nun nicht mehr erwarten, in den Iran einzureisen. Ich erinnerte mich an Massoud aus dem City Plaza zurück, dass er mich zu seiner Familie in Teheran weitervermittelt hatte.

„Wenn du möchtest, kannst du heute Nacht bei mir schlafen, ich habe öfters Reisende zu Gast", schlug Vellat mir vor. „Dann musst du nicht dein Zelt aufbauen." Dabei zeigte er auf mein Zelt draußen am Fahrrad. Es fröstelte mich schon allein beim Gedanken daran, in der eisigen Kälte zelten zu müssen. Und so nahm ich sein Angebot an. Vellat fuhr mit seinem Auto voraus und ich folgte ihm durch die dunklen, mit Schnee bedeckten Gassen. Dabei dachte ich an ein warmes Bett, das mich sicherlich bei Vellat erwartete. Bei ihm Zuhause angekommen, wurden Vellat und ich freudig von seiner Familie begrüßt. Sie breiteten eine Decke auf dem Boden aus und setzten sich zum Abendessen hin. Vellat und seine Familie waren Kurden, sie standen den persischen Traditionen und deren Lebensweise nahe. Die feinen Unterschiede und Gemeinsamkeiten sollte ich bei meiner späteren Rückkehr besser verstehen lernen. Doch nun war alles neu und aufregend für mich. Zuerst probierte ich den Käse, den Vellat aus dem iranischen Tabriz mitgebracht hatte.

Vellat sah seine Familie zum ersten Mal nach seiner Rückkehr wieder. Er war wohl zwei Wochen im Iran unterwegs gewesen, hauptsächlich im Westen, dem aserbaidschanischen Teil des Landes. Sie unterhielten sich lange auf Kurdisch. Vellat übersetzte immer wieder und servierte mir immer neue Köstlichkeiten. Ihre Namen vergaß ich, doch der Geschmack der verschiedenen Wurst- und Käsesorten blieb mir noch lange in Erinnerung.

„Hier, probier das! Geht es dir gut?", sagte er an diesem Abend ständig zu mir. Bei dem „Festmahl" wurde das Fladenbrot auseinandergerissen, um es mit Käse, Marmelade oder Rührei zu befüllen. Es herrschte eine fröhliche Stimmung. Wir tauschten Erfahrungen aus und verstanden uns prächtig. Draußen herrschte eine eisige Temperatur von -14 Grad Celsius – keine Chance für mich, im Zelt zu übernachten. Umso erfreuter war ich über den gefundenen Schlafplatz.

Am nächsten Morgen verabschiedete ich mich von Vellat und seiner Familie. Als Erstes besorgte ich mir ein paar Dollar, da der Iran vom internationalen Zahlungsverkehr abgeschnitten war und sich der Geldwechsel in Euro als sehr schwierig erweisen würde; was sich hinterher allerdings als falsch herausstellte.

Mit dem Fahrrad fuhr ich Richtung Ozalp, 60 Kilometer mussten bis dorthin zurückgelegt werden. Vor mir tat sich eine unglaubliche Winterlandschaft auf. Schnee, so weit das Auge reichte. Hohe, mit Schnee überzogene Berge, dazu schien die Sonne und ein blauer Himmel tat sich auf. Es wurde wärmer, doch die Fahrt war beschwerlich, es ging stetig bergauf.

Der eisige Wind ließ mein Gesicht gefrieren. Kleine Eiszapfen zeigten sich an meinem Bart. Am Abend spiegelte sich die untergehende Sonne in den Taupfützen auf den Feldern. Ein Farbenspiel aus gelbem Sonnenlicht, braunem Ackerboden und dem Blau des Himmels in den Taupfützen entstand – ein Kunstwerk der Natur.

Später erreichte ich Özalp und wurde glücklicherweise in ein Hotel eingeladen, um dort die Nacht zu verbringen.

Am Morgen des 20. Februar war es dann soweit, ich fuhr nach Kapiköy. Die Grenzstadt musste vor zwei Uhr mittags erreicht werden, ansonsten würde ich vor verschlossenen Toren stehen. Ich ließ das Frühstück ausfallen und fuhr los. Zunächst ging es wieder leicht bergauf, und um kurz nach zwölf erreichte ich die Stadt. Viele Menschen mit Plastiksäcken liefen kreuz und quer, es war ein großes Durcheinander. Ihr ganzes Hab und Gut schienen sie in diesen Säcken verstaut zu haben. Die Grenze war mit einer hohen Mauer und mit Stacheldraht gesichert. Menschen kamen und gingen. In dem ganzen Trubel stellte

sich ein Mann namens Jimmy vor, um mir kurdische Spezialitäten zu verkaufen. Ich probierte mich durch verschiedenen Käsesorten und setzte mich hin, um mit Brot und Käse zu frühstücken. Nach einer Stunde Pause ging es weiter. Mit Fahrrad und Gepäck zog ich zum Grenzposten.

Van

Gaziantep

TÜRKEI

Das sechste Kapitel

شروع و پایان یک سفر

— Shoroo va payane yek safar —

> Die eigene Kultur ist der größte Schatz des Menschen.

Nach dem Verlassen der türkischen Grenze musste ich mein Fahrrad abstellen und wurde dazu aufgefordert, einem iranischen Beamten zu folgen. Dabei hatte ich ein schlechtes Gefühl, schließlich war mir nicht viel Gutes über die iranische Polizei berichtet worden. Doch meine Befürchtungen waren unbegründet. Im Gegenteil: Ich wurde nicht nur bei meiner ersten Begegnung höflich und respektvoll behandelt, sondern auch später im Land. Ich folgte dem Polizeibeamten am Grenzzaun entlang zur Wartehalle. Dort herrschte ein dichtes Gedränge, die Menschen auf der iranischen Seite drängten zur Grenze in die Türkei und warteten darauf, ausreisen zu dürfen. Der Beamte brachte mich zu einem Büro, vor dem ich warten musste. Als ich hineingebeten wurde, inspizierte man meinen Reisepass. Ich nahm respektvoll meinen Hut ab und schaute dem Beamten dabei zu, wie dieser höchst sorgfältig den Reisepass durchblätterte.

Viele Menschen versuchten zwischenzeitlich in das Büro zu kommen und diskutierten mit dem Beamten. Im Büro standen auch zwei Jugendliche, mit Handschellen gefesselt. Ihr Bewacher war kaum älter als sie. Der Wachposten nahm seine Pflicht nicht so ernst und immer, wenn er sich unbeobachtet fühlte, quatschte er mit den Gefangenen. Schließlich nahm der Beamte seinen Stempel aus dem Tresor und mein Reisepass wurde abgestempelt. Anschließend wurde ich herzlich mit den Worten „Welcome to Iran" begrüßt. Ich ging zurück zu meinem Fahrrad, zeigte dem Wachposten meinen Stempel vor und fuhr los.

Freudig trat ich in die Pedale und war begierig darauf, das für mich neue Land zu entdecken. Es war kurios, dass auf der iranischen Seite des Gebirges kein Schnee lag, so, als hätte der Iran Väterchen Frost's Einreise untersagt.

In der nächsten kleineren Stadt tauschte ich meine Dollar in iranische Rial um. Ich bekam ein dickes Bündel mit Scheinen, auf denen

Zahlen mit vielen Nullen zu sehen waren. Die Menschen grüßten mich und waren neugierig.

Eine wunderschöne Berglandschaft mit roten Felsen und einem Fluss lag vor mir. Die Straße führte direkt am Abhang neben dem Fluss entlang. Zehn Kilometer vor Khoy baute ich mein Zelt auf. Das Abenteuer Iran konnte beginnen!

Der nächste Tag begann für mich gemütlich. Ich hatte mein Zelt in der Nähe eines Ackers aufgebaut. Die Temperatur in der Nacht lag noch in der Wohlfühlzone bei ungefähr -1 Grad. Am Morgen kuschelte ich mich in meinen Schlafsack und genoss die frühen Morgenstunden. Später, nach meinem traditionellen Frühstück mit Brot und Schokoladencreme, packte ich mein Zelt ein und fuhr durch Khoy. Die Menschen dort waren sehr neugierig und jedes Mal, wenn ich stehenblieb, versammelten sie sich um mich herum und sprachen alle durcheinander auf mich ein. So viel Beachtung war mir unangenehm, doch konnte ich mich ihr nicht entziehen. Außerhalb der Stadt hielt ich an

einer Raststätte. Auch hier kam ich schnell ins Gespräch mit einer Gruppe Jugendlicher, was immer man auch als Gespräch bezeichnen kann. Es waren Wortfetzen, mit denen wir uns verständigten. Ich erzählte ihnen von meiner Reise, wusste aber nicht, ob sie auch immer verstanden, was ich sagte. Doch sie waren höflich genug, um mir stets zuzustimmen und zuzuhören. Dann breitete ich die Weltkarte aus, die ich immer bei mir trug. Falls sie meinen Worten nicht folgen konnten, gelang es mir wohl, meine Reiseroute mit Hilfe der Karte zu veranschaulichen. Die Jungs waren mir wohlgesonnen. Überhaupt waren die Menschen, denen ich bisher begegnet war, mir gegenüber überaus aufgeschlossen aufgetreten, höflich und interessiert. Dieses Bild von den Iranern änderte sich bei dieser und auch bei anderen Reisen in dieses Land nicht.

Die Stadt Tabriz sollte mein nächstes Ziel werden. Vellat hatte mir von der Stadt mit dem guten Ziegenkäse erzählt. Doch als die Sonne schon unterging, hielt ich kurz vor Mahrand an und zeltete abseits der Straße neben einer Kamelherde.

Es war kurz vor neun als ich aufstand, die übliche Zeit für mich. Fünf Kilometer waren es zum nächsten Restaurant. Dort probierte ich zum ersten Mal das fantastische persische Omelett, das zu meiner Leibspeise wurde. Ich trank einen Tee und war vertieft in mein Tagebuch, als es plötzlich an der Scheibe klopfte. Durch das Fenster entdeckte ich meine französischen Freunde Aurelien und Flauw. Mit ihnen zusammen hatte ich die türkische Grenze überquert. Nach meiner Panne hatten wir uns aus den Augen verloren. Die beiden stürmten in das Restaurant und wie kleine Kinder kreischten und umarmten wir uns. Aurélien erkannte ich unter dem Kopftuch fast nicht. Dies war eine der Kleidungsvorschriften im Iran für Frauen, auch für Touristen. Mit dieser Begegnung hätte keiner von uns gerechnet. Wir setzten uns und bestellten Tee.

„Wo kommt ihr beiden denn jetzt her? Was ist inzwischen passiert?", fragte ich.

„Was ist dir denn passiert? Das ist ja wohl viel wichtiger. Du warst spurlos verschwunden, wir haben uns Sorgen gemacht", antwortete Flauw. Ich war damals weit hinter ihnen gefahren, da sie mit dem Tandem schneller vorankamen als ich. So hatten wir uns verloren. Ich erzählte ihnen, wie es nach der Fahrradpanne weitergegangen war. Schließlich erzählte ich ihnen von der nächtlichen Schießerei und den türkischen Agenten. Ich saß offenen Mündern gegenüber.

„Da hast du aber Glück gehabt", meinte Aurélien. „Wir sind durch das Landesinnere nach Denizli und Kayseri gefahren. Danach über Erzurum zum Berg Ararat. Wir sind auf viele offenherzige Menschen gestoßen. Immer wieder wurden wir eingeladen. Die Türkei ist ein wunderbares Land", schwärmte sie. „In Gürbulak war dann der Grenzübergang in den Iran und wir wurden noch in der selben Nacht von einem reichen Typen eingeladen. Er wohnte in einer Villa und ich fühlte mich wie eine Prinzessin." Sie zeigten mir Fotos und ich war beeindruckt von dem, was die beiden erlebt hatten. Während wir erzählten und Erfahrungen austauschten, wurde mir bewusst, wie sehr ich sie doch vermisst hatte. Wir beschlossen später, erneut zusammen zu reisen.

Nachdem wir das Essen bezahlt hatten, fuhren wir zusammen los. Flauws und Auréliens vorheriger Gastgeber hatte sie zu einem neuen Gastgeber in Mahrand vermittelt. Ich durfte mich freundlicherweise anschließen. Gäste im Iran zu beherbergen ist allerdings für die Bürger illegal. Die Iraner bringen sich damit in Gefahr und riskieren, dafür ins Gefängnis gesperrt zu werden. Die Neugier und die Gastfreundschaft überwiegen aber oft. So bieten sich trotz des Verbots immer wieder freundliche Menschen an, die ihre Gastfreundschaft und Geselligkeit mit Freuden teilen. So erklärt sich jedenfalls die nächste kuriose Szene auf der Straße nach Mahrand. Dort wurde unsere kleine Fahrradkolonne von einem Mann angehalten. Er reichte Flauw ein Telefon und am anderen Ende war unser Gastgeber. Er lotste uns zur Stadtmitte und nannte Uhrzeit und Kreuzung, an der wir uns treffen sollten. Kurze Zeit später erschien unser Gastgeber. Er führte uns zuerst in ein Einkaufszentrum und lud uns dort ein, mit ihm Tee zu trinken. Während Flauw und Aurélien sich mit unserem Gastgeber unterhielten, spazierte ich alleine durch das kleine Einkaufszentrum und stieß dabei auf einige Ateliers. Ein Künstler war gerade bei der Arbeit und sah mich. Gleich wollte er mich zeichnen und fragte,

ob er ein Porträt anfertigen dürfte. Natürlich willigte ich ein. Es entstand eine höchst professionelle Zeichnung von mir, die mir der Künstler anschließend schenkte. Später führte der Gastgeber uns in sein bescheidenes Künstleratelier, das uns auch als Schlafplatz für die Nacht diente.

Die Türken im Iran

Den nächsten Morgen begannen wir ganz gemütlich mit einem Frühstück. Selbstverständlich gab es persisches Omelett. Schließlich verabschiedeten wir uns von unserem Gastgeber und setzten unseren Weg zur nächsten Stadt fort.

In Richtung Osten wartete die historische Stadt Tabriz auf uns. Das Gebiet, auf dem wir uns befanden, nannte sich West-Aserbaidschan. Hier lebten die „iranischen Türken". Sie sprachen eine leicht abgewandelte Form der türkischen Sprache: „Azeri". Mit Tabriz erreichten wir die Hauptstadt und gleichzeitig die kulturell wichtigste Stadt von Ost-Aserbaidschan. Sie liegt direkt an der alten Seidenstraße, der wichtigsten Handelsroute, die den Mittelmeerraum über Zentralasien mit Ostasien verband. Ursprünglich sind die Türken ein Volk, das seine Wurzeln im heutigen China hat. Als Nomaden zogen die Urtürken um das Kaspische Meer. Sie kamen über Turkmenistan und dem alten persischen Reich als Osmanen in der heutigen Türkei an, um dort mit dem Fall Konstantinopels das Osmanische Reich auszurufen. Die kulturelle Spur, die sie von Mittelasien bis hin nach Vorderasien hinterließen, zeugen von einem reichen Kulturschatz. Als Reisender war es eine spannende Erfahrung, diesen Schatz zu entdecken, um Mensch und Kultur genauer kennenzulernen.

Die Straße nach Tabriz führte neun Kilometer bergauf. Die Landschaft war atemberaubend, der Aufstieg allerdings auch. Ich kam leicht ins Schwitzen und hoffte vor jeder Kurve auf eine Bergabfahrt. Doch die Hoffnung wurde immer wieder zunichte gemacht, während das französische Pärchen mit ihrem Tandem keine Probleme zu haben schien – ganz im Gegenteil. Irgendwann kam die lang ersehnte Bergabfahrt. Wunderschöne Bergformationen zeigten sich und wir erreichten die Hauptstraße nach Tabriz.

Dichter Straßenverkehr erwartete uns zur üblichen Feierabendzeit. Darin unterschied sich der Iran zu Europa nicht. Wir lenkten unsere Fahrräder zwischen den Autos hindurch, überfuhren mehrere rote Ampeln – weil dies anscheinend *der gute Ton* war – und kamen an einem Stadtpark an. Wir durften dort zelten. Eine Sicherheitskraft bewachte den Park und so fühlten wir uns sicher. Unsere Zelte hatten wir schon aufgebaut, als ein Mann mit lockigen Haaren und Sonnenbrille auf uns zukam.

„Ich habe euch von dort drüben aus gesehen", sagte er, zeigte auf einen Platz unmittelbar am Rand des Parks. Er stellte sich gleichzeitig vor: „Mein Name ist Hamed. Falls ihr Lust habt, kann ich euch zu einem Kakao oder Kaffee einladen." Dieser Einladung kamen wir gerne nach. In einem nahegelegenen Café erholten wir uns von den Anstrengungen der Fahrt und hörten Hameds Erzählungen zu. Er war viel durch die Welt gereist und erzählte uns einige seiner Reisegeschichten.

„(…) ich kam dann im Anzug auf dem Fahrrad beim Grenzposten an. Ihr müsst verstehen, in China ist es Touristen nicht erlaubt, mit dem Fahrrad einzureisen. Deswegen hatte ich mir auch einen Grenzposten im Westen gesucht, weil es von dort aus einfacher sein sollte, in das Land zu kommen. Die Grenzwache schaute sich mein Businessvisum an, das ich unter Vorgabe falscher Tatsachen erschlichen hatte. Er sah mich mit Anzug auf dem bepackten Fahrrad sitzen und fragte, warum ich denn mit dem Fahrrad da wäre. Ich sagte ihm, dass ich meinen Flug verpasst hätte. Um zu meinem Geschäftstreffen zu kommen, sei ich jetzt mit dem Fahrrad hierher gekommen. Er hat es mir abgekauft und mich ins Land gelassen." Hamed fing an zu lachen und wir lachten mit ihm. *Der Ideenreichtum Reisender ist nicht zu unterschätzen,* dachte ich bei mir.

„Warst du auch schon in Deutschland?", wollte ich von ihm wissen.

„Ja, natürlich. Tabriz und Hamburg pflegen enge Handelsbeziehungen. Am Hamburger Hafen werden viele Teppiche aus Tabriz verkauft. Tabriz ist für seine Teppiche berühmt. Ich erinnere mich an meinen ersten Besuch in Deutschland, es war meine erste Reise überhaupt. Mein Onkel betreibt ein Teppichgeschäft im Bazar, in Hamburg wollte er ein weiteres Geschäft eröffnen. Ich war überwältigt von der Freiheit, die mir dort geboten wurde. Ich rannte nackt durch den Wald, trank viel zu viel Alkohol und feierte jedes Wochenende auf einer anderen Party. Ich konnte mit der neu gewonnen Freiheit nicht umgehen. Hier im Iran gibt es alles: Partys, Alkohol, Sex. Aber halt im Untergrund, offiziell ist das alles verboten. Sex ist grundsätzlich natürlich nicht verboten, aber das ist auch ein spezielles Thema." Hamed lachte laut. „Die Freiheit war zu viel für mich und ich bin der Überzeugung, sollte sich der Iran in den nächsten Jahrzehnten verändern und modernisieren, darf es nicht zu schnell gehen, ansonsten überfordert man die Menschen."

Ja, Hamed hatte recht, der Iran war ein Land mit vielen Einschränkungen und Gesetzen, die uns Europäern fremd erscheinen. Doch die Fülle an wunderschönen Traditionen und kulturellen Schätzen überwogen in meinen Augen. Ich war neugierig, mehr zu erfahren.

Am nächsten Morgen. Ich war auf dem Weg, um mir mein Frühstück zu besorgen. Die Frühstücksgewohnheiten unterschieden sich deutlich von den europäischen. Schon seit ein paar Tagen ernährte ich mich nicht mehr von Schokocreme, was schon fast zu meinem Markenzeichen geworden war. Brot wird weltweit in jeder Kultur gebacken. So war ich mir sicher, auch hier im Iran eine Bäckerei zu finden, was mir auch nach kurzer Zeit gelang.

Das länglich geformte Sangak ist das traditionelle Fladenbrot im Iran. Im heißen Ofen wird Sangak auf Kieselsteinen gebacken. Ich rollte das Brot zusammen und kaufte in einem kleinen Supermarkt noch eine Packung Schmierkäse. Mit dem Frühstück unter dem Arm machte ich mich auf den Weg zurück zum Park und wurde von einem

älteren Herrn angesprochen. Dieser stellte sich als Stadtführer vor und bot an, mich durch die Stadt zu begleiten und mir die Attraktionen zu zeigen. Ich lehnte freundlichst ab. Schließlich hatte ich gelernt, keinen dubiosen Angeboten zu vertrauen. Zudem erkundete ich lieber die Stadt alleine oder mit meinen französischen Freunden und benötigte keinen Stadtführer. Auf schnellstem Wege ging ich zurück zum Park und schon bald frühstückten wir zusammen. Gestärkt konnten wir zu einer Tour durch Tabriz starten. Die meisten Dinge ließ ich im Zelt zurück. Zum einen war der Park gut bewacht, und zum anderen hatte ich die wichtigsten und wertvollsten Sachen in meinem kleinen Rucksack dabei. Wir waren gerade auf dem Weg zur U-Bahn, als wir dem älteren Herrn, dem ich am Morgen schon begegnet war, in die Arme liefen. Wir versuchten, sein Angebot einer Stadtführung abzulehnen, doch er bestand förmlich auf seine Begleitung. So ließen wir es doch noch zu. Zuerst ging er mit uns zum Rathaus mit der Turmuhr, dem Wahrzeichen von Tabriz. Dort besichtigten wir das Teppichmuseum. Dabei erklärte uns der ältere Herr, dass bei der Konstruktion der Turmuhr ein deutscher Ingenieur beteiligt gewesen war. Es folgte ein Besuch des Basars von Tabriz, der zu den ältesten und größten Basaren der Welt gehört. Vieles erinnerte mich an den Basar in Gaziantep. Die hohen Gewölbe waren beeindruckend. Auch hier gab es wieder nahezu alles zu kaufen. Der Basar war in verschiedene Bereiche unterteilt, für jede Produktsorte gab es einen besonderen Bereich. Die berühmten Teppiche von Tabriz waren beeindruckend und werden vor Ort von Hand geknüpft. Das Gelände ist riesengroß und die uralten Tore waren noch dieselben wie vor 500 Jahren.

Nachdem wir uns noch das Stadttor angesehen hatten, fuhren wir mit dem Bus wieder zurück zu „unserem" Park. Frauen mussten getrennt von den Männern hinten im Bus einsteigen.

Zurück an unserem Übernachtungsplatz angekommen, gaben wir dem älteren Herrn das von ihm erwartete Geld für seine Führung durch die Stadt.

Jeder Abschied ist schwer. Flauw und Aurélien entschlossen sich dazu, den Bus nach Teheran zu nehmen. Für mich war der Zeitpunkt der Abreise noch nicht gekommen. Ich wollte noch mehr von Tabriz sehen und anschließend mit dem Fahrrad weiterreisen. Wir nahmen uns in die Arme und wünschten uns alles Gute.

„Die Mongolei ist ja nicht mehr weit weg. Was werdet ihr danach tun?", wollte ich wissen. Flauw zögerte zu antworten, Aurélien übernahm das für ihn. „Ich denke, danach werden wir wieder zurück nach Frankreich fliegen. Wir haben da schließlich auch noch ein Leben. So schön Reisen auch ist, aber um unsere bisherige Reise wirklich zu verstehen, braucht es ein Ende für uns." Ja, vielleicht braucht eine Reise einen Start und ein Ende. Nur so werden Kontraste geschaffen, und die Reise bekommt die Tiefe, um aus ihr zu lernen. Ich wollte meine Reise noch nicht enden lassen, doch ich konnte die beiden gut verstehen.

„Passt auf euch auf, immer schön auf dem Weg bleiben und alles Gute euch beiden", und damit verabschiedete ich mich.

„Auch wenn du immer sagst, dass du nach China möchtest, dein Ziel liegt doch woanders. Ich hoffe, du bist erfolgreich auf der Suche nach deinem Glauben", sagte Flauw. Ich hätte mir keine schöneren Abschiedsworte wünschen können. Ich sah die beiden noch, wie sie auf dem Tandem den Park verließen. Wieder alleine, stand ich vor meinem Zelt. Aber auch in dieser Situation konnte ich darauf vertrauen, von meinen Wegweisern auf den richtigen Kurs gebracht zu werden, ohne es vorher zu wissen.

Ich kehrte zum Basar zurück, um noch einige Sachen zu kaufen, die ich für meine Reise benötigte. Es war befreiend, mit dem Fahrrad ohne Gepäck durch die Stadt zu fahren. Und als ich beschwingt am Bürgersteig entlangfuhr, kollidierte ich beinahe mit einem Passanten. Ich entschuldigte mich mit erhobener Hand, vergewisserte mich mit einem Blick nach hinten, dass der Passant unbeschadet geblieben war, und fuhr zum Park zurück. Der Passant folgte mir bis zu meinem Zeltplatz, und ich fürchtete schon, dass er Ärger machen wollte. Als er vor mir stand, sah ich, welch eine riesige Gestalt er hatte, fast so wie ein Bär, nur zahm und überaus freundlich.

„Hey, tut mir leid, ich war mit meinen Gedanken echt woanders", kam ich ihm zuvor, bevor er etwas sagen konnte. Doch der Passant lächelte und antwortete mir sogar auf Deutsch: „Bist du aus Deutschland?", fragte er. Verwundert bestätigte ich ihm dies und fragte mich gleichzeitig, ob man es mir tatsächlich an der Nasenspitze ansehen kann, so wie Barber in Antalya es mir sagte. Ich rieb an meiner Nase und stellte mich vor. Auch der Passant verriet mir seinen Namen: „Ich bin Mohammad, du kannst mich auch Mo nennen. Freut mich, dich kennenzulernen."

„Mich ebenfalls! Aber sag mal, wie kommt es, dass du Deutsch sprichst? Und dein Deutsch ist wirklich gut."

„Danke, ich möchte nach Deutschland auswandern, um dort zu studieren. Ich war jetzt gerade auf dem Weg zum Deutschunterricht. Hast du Lust, mich zu begleiten?"

Ich war beeindruckt von seinem Vorhaben. Mir sollten die nächsten Jahre immer wieder solche Menschen über den Weg laufen. Junge Menschen, die in ihrem Land keine Perspektive mehr sehen und eine fremde Sprache erlernen, um in Europa ihr Glück zu finden. Ich erfuhr allerdings von Mohammeds genauen Plänen erst eineinhalb Jahre später. Mohammad war schwul. Der Staat und die Gesellschaft akzeptierten Menschen wie ihn nicht, und er konnte seine Homosexualität nicht frei ausleben. So sah er sich gezwungen, sein Heimatland schweren Herzens zu verlassen. Niemand, der den Iran verließ, tat dies mit Freuden. Das Herz lässt man immer zurück.

Der Eintritt zur staatlichen Universität wurde mir verwehrt. Mo ging enttäuscht alleine zu seinem Deutschunterricht. Doch wir verabredeten uns für später.

„Pack dein Zelt ein", forderte er mich auf. Ich schaute ihn fragend an und er erklärte mir: „Du kannst ruhig bei mir übernachten, ich habe genug Platz – und es wäre mir eine Ehre." Das Zelt war schnell eingepackt, und mit einem Winken verabschiedete ich mich vom Wachposten.

Mo lebte sehr bescheiden, an der Wand hingen selbstgeschriebene Gedichte auf Persisch – und wunderschöne Zeichnungen. Mo gehört zu den Menschen, die ihren Gott suchten. Ob er ihn gefunden hatte, verriet er nicht. Er war ein sehr intelligenter Mensch, der sich mit verschiedenen Religionen intensiv befasste und ihre Lehren auch in sein Leben einband, ohne die Traditionen dieser Religionen besonders zu beachten. Ich verstand nun, dass wir auf der Suche nach demselben Ziel waren. Die Suche nach dem Glauben trieb uns voran.

„Kennst du Dschalal Ad-Din Muhammad Rumi?", fragte mich Mo. Ich verneinte.

„Vielleicht kennst du ihn unter seinem Beinamen: Mevlana." Ich kannte zwar ein türkisches Restaurant mit diesem Namen. Aber ich war mir sicher, dass Mo dies nicht meinte, also verneinte ich erneut.

„Rumi und sein Weggefährte Schams-e Tabrizi waren Sufis. Der Sufismus ist die spirituelle Strömung des Islam, ein mystischer Weg, der sich auf die Erkenntnis, Hingabe und Vereinigung mit dem Gött-

lichen konzentriert. Rumi und Schams-e Tabrizi waren beides wandernde Sufi-Meister und zu ihrer Zeit bekannt im persischen Reich. Eines Tages hatten Rumi und Schams-e Tabrizi eine lebhafte Diskussion über den Glauben und die Suche nach der Wahrheit. An einem klaren Tag, als sie auf einer Anhöhe standen und den weiten Horizont betrachteten, begann Schams-e Tabrizi, das Glaubensthema zu vertiefen. Er sagte zu Rumi: *Was ist Glaube, mein Freund? Ist er nicht wie eine Quelle, die tief in deinem Herzen sprudelt?* Rumi, der ein Mann des Glaubens war, antwortete: *Ja, Glaube ist der Grundpfeiler, der uns mit dem Göttlichen verbindet. Er gibt uns Hoffnung und Vertrauen inmitten unserer dunkelsten Tage.* Schams-e Tabrizi lächelte und fuhr fort: *Doch wie kannst du dir sicher sein, dass dein Glaube nicht einfach ein Produkt deiner Konditionierung ist und auf der Wahrheit beruht?* Rumi dachte einen Moment nach und antwortete: *Wahrheit ist wie die Sonne am Himmel. Wir können sie nicht direkt betrachten, aber ihre Auswirkungen sind überall spürbar. Ähnlich ist es mit dem Glauben. Er mag für jeden individuell sein, aber seine Auswirkungen sind allgegenwärtig.*

Schams-e Tabrizi nickte nachdenklich und sagte dann: *Glaube und Wahrheit sind wie die zwei Seiten einer Medaille. Man kann nicht die eine ohne die andere kennen. Der Glaube ist der Wegweiser, der uns zur Wahrheit führt, und die Wahrheit gibt unserem Glauben Substanz und Tiefe.* Am Ende war Rumi beeindruckt von Schams-e Tabrizis Ausführung und erkannte, dass der Glaube nicht starr oder fest in Stein gehauen ist. Der Glaube ist flexibel und offen für Wachstum und Erkenntnis. Der Glaube ist nicht einfach blindes Befolgen von Dogmen oder Ritualen, sondern eine innere Haltung des Vertrauens, der Offenheit und Hingabe. Indem wir unseren Glauben erkunden und in Frage stellen, können wir zu einer tieferen Wahrheit vordringen."

Mo's Geschichte beeindruckte mich, so auch die Personen hinter Mevlana und Schams-e Tabrizi. Sie zeigten mir, dass ich nicht die einzige Person auf der Suche nach dem Glauben war, und dass die Ergründung unseres Glaubens durch das Reisen erst ermöglicht wurde. Ich fühlte mich oft wie ein Wanderprediger. Menschen in meinem Umfeld schauten mich verdutzt an, wenn ich mit ihnen über die Suche nach meinem Glauben sprach, fast so, als gehörte ich einer Sekte an. Dabei war die Ergründung meines Glaubens doch nur einer meiner Grundbedürfnisse, so wie bei jedem anderen Menschen auch. Aus der Natur des Menschen ergibt sich das Bedürfnis zu glauben, naturwissenschaftlich gesehen sogar eine Gabe, im Vergleich zu den Tieren. Eine Gabe, die wir nutzen sollten, um Wissen zu erlangen und der Wahrheit näherzukommen, führte ich meinen Gedanken weiter aus.

„Welche Wahrheit meinst du?", fragte er mich.

„Was glaubst du denn?", antwortete ich verschmitzt mit einer Gegenfrage und Mo wusste auf Anhieb, was ich meinte und lächelte.

„Ich bin froh, dass ich dich kennengelernt habe", sagte ich und führte weiter aus: „Auf der Suche nach dem Glauben habe ich das Gefühl, je weiter ich nach Osten reise, desto näher komme ich meinem Ziel."

„Vielleicht bist du auch schon da, ohne es gemerkt zu haben", sagte Mo, ohne zu wissen, wie recht er hatte. Einen Monat später würde ich es dann auch begreifen.

Ich plante, am nächsten Tag weiterzufahren. Doch der nächste Morgen war eisig, und ich hatte mir eine leichte Erkältung eingefangen. Ich hustete, und der Kälte wegen wartete ich mit der Abreise. Mo riet mir, den Bus zu nehmen, da der Weg über die Berge führte, wo noch Schnee liegen könnte. Wegen des zeitlich beschränkten Visums konnte ich mir keinen Verzug erlauben und entschied mich dafür, die 300 Kilometer bis nach Teheran mit dem Bus zu fahren. So nahm ich herzlich Abschied von Mo und wir umarmten uns.

„Ich habe das Gefühl, in dir einen guten Freund gefunden zu haben", sagte ich und drückte noch einmal den riesigen Bär.

„Ich hoffe, wir sehen uns wieder", sagte er hoffnungsvoll und ich nickte. Mo würde mich über die nächsten Jahre hinweg immer wieder begleiten.

Massouds Familie

Es war Nacht und der Bus fuhr durch die Dunkelheit. Bei Tageslicht hatte ich noch Schnee, Felsen und einen Regenbogen gesehen, jetzt war da nichts und ich setzte mein ganzes Vertrauen in den Fahrer. Mit dem Bus zu reisen war mir nicht angenehm, doch wegen meiner leichten Erkältung ein notwendiges Übel.

Massoud vom *City Plaza* vermittelte mich zu seiner Familie, die in einem Vorort von Teheran, der Hauptstadt des Iran, wohnte.

Telefonisch tauschten sie sich mit meinem Busfahrer aus, der nun nur noch halb so konzentriert den Bus in der Spur hielt. Wohl war mir nicht dabei, doch ich ging davon aus, dass sie einen Treffpunkt vereinbarten. So war es dann auch. Der Bus hielt an und ein junger Mann, das Gesicht glatt rasiert, kam auf mich zu.

„Hey, ich bin Mohsen, Massouds Bruder. Du bist angekommen", lächelte er mir entgegen. Ich saß halb zerknirscht von der Busfahrt im Sitz und brauchte einen Moment, um mich aus dem Sitz zu hieven. Das Fahrrad lag auseinandergebaut im Gepäckraum des Busses und wurde mir freundlicherweise herausgelegt. Es war Nacht und wir standen am Rande einer belebten Hauptstraße, außerhalb der Stadt. Mohsen zeigte auf einen kräftigen älteren Herren mit weißem Haar und Bart, der gerade mit dem Busfahrer sprach.

„Das ist mein Vater Reza", sagte Mohsen. Schon zu diesem Zeitpunkt konnte ich sagen, dass ich mich gut aufgehoben fühlte. Dieses Gefühl sollte in den nächsten Wochen bestätigt werden. Ich wurde behandelt wie ein Staatsgast.

Qods ist ein kleiner Vorort, westlich von Teheran gelegen. Die Nacht war überaus anstrengend für mich gewesen, und daher registrierte ich kaum etwas von Massouds Familie. Mir wurde ein Raum zur Verfügung gestellt und ich fiel schon bald in einen tiefen Schlaf.

Erst einige Zeit nach Tagesanbruch erwachte ich und befand mich in einem Raum mit weißen Wänden, einem wunderschönen rot-gold verzierten Teppich unter dem Bett und einem Poster mit einer antiken persischen Figur. Es handelte sich hierbei um Kyros, König des Achämenidenreichs im antiken Persien. Ich streckte meine Glieder aus und schlurfte langsam ins Wohnzimmer, wo ich bereits von der Familie erwartet wurde.

„Guten Morgen", sagte Reza mit einem Lächeln und stellte seine Frau Meryam und sich noch einmal selbst vor. Ich verbeugte mich halb und legte dabei meine Hand auf die Brust, so wie ich es seit einiger Zeit immer bei Begrüßungen tat. Ich antwortete nur: „Freut mich." Auch Mohsen kam auf mich zu, um mich erneut willkommen zu heißen. Ich sah mich im Wohnzimmer um. Die Einrichtung hätte genauso gut in einem Palast stehen können. Die Stühle sahen aus, als wären sie aus feinstem Holz geschnitzt und ebenfalls wie der Tisch mit Ornamenten reich verziert. Ein riesiger Kronleuchter erleuchtete den Raum. Mit edlen Vasen und Skulpturen war das prächtige Wohnzimmer der Familie gestaltet. Wie ich später feststellte, war das gesamte Haus mit Teppichen ausgelegt, sodass alle barfuß laufen konnten. Ich sah mich um und muss wohl laut gesagt haben, wie schön das Haus und die Einrichtung ist.

„Das Haus habe ich gebaut, ich bin Architekt", sagte Mohsen. Ich war beeindruckt. Als ich mich für ihre Gastfreundschaft bedankt hatte, meinte Mohsen: „Das musst du gar nicht. Wir freuen uns darüber, dass du bei uns bist, und schließlich bist ja du auch ein guter Freund von Massoud." Ich erinnerte mich gerne zurück an die Zeit mit Massoud und den anderen in Athen und war froh, hier in der Familie so freundlich aufgenommen worden zu sein.

Es brauchte einige Tage, um meine Erkältung auszukurieren. Von Mohsens Familie wurde ich gut versorgt. Mit dem Tag, an dem es mir besser ging, wollte ich auch endlich Teheran erkunden. Mohsen und sein Vater begleiteten mich, und ich war überrascht von der Lebendigkeit der Hauptstadt. Wenige Tage zuvor hatte ich noch Erfahrungen mit dem Verkehr in Tabriz machen können, Teheran sollte dies noch übertrumpfen. Die Straßen waren voll und die Autos kamen nur langsam, Meter für Meter, voran. Wir besichtigten den großen Basar und gingen im Restaurant Shamsolemareh essen. Das traditionelle Gericht im Iran war Kebab mit Reis, eine Art gegrilltes Hackfleisch, garniert mit gegrillten Tomaten. In meinem ganzen Leben habe ich keinen besseren Reis als im Iran gegessen. Er war butterweich und mit Safran garniert.

„Sascha, was weißt du über die iranische Revolution?", wollte Reza von mir wissen. Dabei standen wir vor dem Golestan-Palast im Zentrum von Teheran. Der Golestan-Palast ist ein Relikt aus der Zeit, als die prunkvolle Monarchie über das Land herrschte. Golestan bedeutet *Blume* und mit eben diesen Blumenmosaiken war der Palast verziert. Die orientalischen Muster umgaben das gesamte Gebäude. Von innen war es wahrhaft der Palast eines Königs. Die Wände sahen aus, als wären sie mit Diamanten bestückt. Die Dimension des Palastes ist riesig. Wir besichtigten den beeindruckenden Thronsaal sowie einen Saal, der voll mit Geschenken aus aller Herren Länder bestückt war. Ich kannte mich zwar einigermaßen gut in Geschichte aus, doch mit der Iranischen Revolution hatte ich mich bisher noch nicht auseinandergesetzt. Dabei war dieser Teil der Geschichte des Irans – in dem der damalige Schah Reza Pahlevi und seine Vertreibung durch die von Ruhollah Chomeini (bekannt als Ayatollah Khomeini) angeführten iranischen Revolution – wichtig, um die Iraner und ihr Land heute zu verstehen.

Der Schah und der Iran

Es wäre nicht übertrieben, den Golestan-Palast als Dreh- und Angelpunkt der jüngeren iranischen Geschichte anzusehen. Bis 1979 war der Iran eine konstitutionelle Monarchie, angeführt von Schah Mohammed Reza Pahlavi. Er führte das Land mit eiserner Hand und musste sich oft dem Vorwurf aussetzen, eine Marionette westlicher Mächte, allen voran der USA, zu sein. Der Iran und das Königshaus waren wohlhabende Leute, die ihren Prunk gerne der Weltöffentlichkeit vorführten. Dadurch war der Schah bei vielen Menschen nicht sonderlich beliebt. Islamisch-konservative Kräfte nutzten diese Unbeliebtheit des Schahs und der Königsfamilie für ihre eigenen Interessen. Unter der Führung des Ayatollah Ruhollah Khomeini kam es zu landesweiten Massenprotesten und Demonstrationen. Sie wurden zwar mit Gewalt niedergeschlagen, doch flammten sie immer wieder auf und bedrohten den Schah immer stärker. Im Januar 1979 sah er keine andere Möglichkeit mehr, als das Land zu verlassen. Er floh über Ägypten und Marokko in die USA. Der religiöse Führer Khomeini verließ sein Exil in Frankreich, um aus dem Iran eine Islamische Republik zu machen. Ehemalige Staatsdiener wurden verfolgt und exekutiert. Der Iran änderte seine politische Ideologie quasi über Nacht und beendete jegliche Zusammenarbeit mit den USA und erklärte sie zum Feind. Somit wurde der Iran zum isolierten Gottesstaat, wie wir ihn heute kennen. Die Revolution hatte weitreichende Auswirkungen auf die Gesellschaft und Kultur. Partys, Clubs und Alkohol wurden verboten. Dem islamischen Gesetz nach wurde Frauen die Verschleierung ihres Körpers befohlen, insbesondere das Kopftuch für Frauen wurde nun zur Pflicht.

Später fuhren wir mit dem Auto zurück. Ich saß hinten im Fahrzeug und war ganz still, immer noch so beeindruckt von dem, was ich gerade gesehen hatte.

„Worüber denkst du gerade nach?", fragte Mohsen und schaute mich über die Schulter an.

„Reza, bereust du die Iranische Revolution?", wollte ich wissen. Er schaute in den Rückspiegel, sah mich an und antwortete: „Ich beklage es, was in meinem Land passiert ist. Und ich bereue, dass ich nichts getan habe, während das neue Regime aufgebaut wurde. Durch meine Untätigkeit habe ich einen meiner Söhne verloren. Ohne dieses Regime hätte Massoud sich nicht gezwungen gefühlt, zu fliehen." Ich fühlte mich schlecht, in Massouds Abwesenheit über ihn zu reden, doch ich wollte mehr wissen.

„Wovor ist Massoud geflohen?"

„Vor Folter."

Ein aufschlussreicher Tag neigte sich dem Ende zu, und wir fuhren wieder zurück in die Innenstadt. Die Rückfahrt nahm doppelt soviel Zeit in Anspruch wie die Hinfahrt. Reza und Mohsen fuhren mit mir zum Wahrzeichen von Teheran – dem Azadi Turm. Azadi bedeutet Freiheit.

Die Zeit in Teheran nutzte ich auch dazu, mich ein wenig von den doch teilweise strapaziösen Wochen vorher zu erholen. Dabei ging meine Zeit in Teheran langsam zu Ende. Am Frühstückstisch überlegten wir, wie wir den letzten Tag verbringen wollten. Wir planten ein Picknick in den Bergen. So packten wir schnell das Auto. Mohsens Schwester und ihr Ehemann begleiteten uns. Wir fuhren wieder in die Berge im Norden, nur wenige Kilometer von Darband entfernt. Dort suchten wir uns ein schönes Plätzchen und grillten Hähnchenfilet. Dabei wurden wir von streunenden Hunden und Katzen belagert. Durch Mohsens Großzügigkeit erhaschten auch sie einige leckere Häppchen.

Das Wetter war herrlich, und ich genoss jeden Sonnenstrahl. Schließlich besuchten wir noch einen Teppichbasar mit unglaublich schönen, teilweise fast fotorealistischen Motiven. Anschließend fuhren wir zum Geburtsort von Reza und besuchten seine Familie. Es waren alles sehr nette Menschen, und die Gastfreundschaft wurde mit der Einladung zum Abendessen abermals übertroffen.

Massouds Vater Reza zeigte mir noch das Haus, in dem er aufgewachsen war. Es war rund 150 Jahre alt und mehr eine Ruine der Erinnerung. Und doch beeindruckte es mich. Ich folgte Reza in den Nebel aus Erinnerungen, die in jeder Ecke der Ruine lebendig wurden. Er erklärte mir, was der „Schutthaufen" an Steinen einst gewesen war.

Ich war begeistert und folgte Reza auf Schritt und Tritt durch die Entdeckungsreise seiner Jugend. Ich kehrte mit vielen Eindrücken zu seiner Familie zurück. Nach dem Abendessen saßen wir noch lange zusammen, erzählten und hatten jede Menge Spaß. Massouds Cousin überreichte mir ein Armband als Abschiedsgeschenk der Familie. Ihre Gastfreundschaft wird mir immer in Erinnerung bleiben.

Durch die Wüste

„Hier sind wir", sagte Mohsen emotionslos, während er am Steuer seines Autos saß. Ich auf dem Beifahrersitz, Reza auf dem Hintersitz, und mein Fahrrad mit Gepäck passte gut in den Kofferraum. Mohsen brachte mich mit dem Auto aus der Stadt hinaus, um sicherzugehen, dass ich die Straße nach Isfahan auch finde. Seine Fürsorge berührte mich schon sehr und machte mir bewusst, dass der Familie mein Wohlergehen am Herzen lag. Wir stiegen aus und vor mir entfaltete sich eine weite Wüstenlandschaft. Eine steinerne Steppe, die sich bis zum Horizont erstreckte. Ich konnte meine Begeisterung nicht zügeln, und

mit einem lauten „Wooooooooooow" brachte ich dies auch zum Ausdruck. Mohsen sah mich etwas irritiert an und bemerkte: „Es ist doch nur Dreck." Doch für mich war dies eine wahre Pracht, wenn nicht sogar pure Schönheit. Die Schönheit der Wüste lag darin, dass sie meine Sinne öffnete. Sie regte an, sich der Magie des Augenblicks hinzugeben und die Wunder der Natur in ihrer reinsten Form zu erleben. Dies wurde in meinen Augen durch diese Wüste verkörpert. Ich zog meinen Hut zurecht und war gespannt auf das, was kommen würde.

Reza war bereits dabei, mein Fahrrad und das Gepäck aus dem Kofferraum zu holen.

„Du musst gut auf dich aufpassen Sascha", meinte Mohsen und bückte sich zu mir hinunter, als ich den Vorderreifen montierte. „Du darfst nicht jedem vertrauen! Halte genügend Abstand und suche dir sichere Plätze zum Schlafen."

„Danke dir, mein Freund, ich werde auf mich achtgeben", beruhigte ich ihn. Aber meine Worte brachten nicht viel, beruhigt sah er nicht aus. Reza kam zu mir und klärte mich darüber auf, welchen Weg ich nehmen sollte: „Sascha, es gibt zwei verschiedene Straßen, die in deine Richtung führen. Du hast einmal die alte und dann die neue Straße. Wir stehen hier an der alten Straße. Und wie du siehst, ist sie leer, hier fahren nicht so viele Autos. Bleibe hier auf dieser Straße und du wirst sicher bis nach Isfahan kommen. Die neue Straße ist viel stärker befahren und bringt für dich keine Vorteile."

„Danke für den Tipp", antwortete ich.

„Welche Strecke willst du fahren?", wollte Reza wissen

„Zunächst über Ghom nach Kaschan. Von dort aus nach Isfahan und dann weiter nach Schiras. Von Schiras aus fahre ich weiter zum Persischen Golf", erklärte ich ihm meine Reisepläne.

Reza sagte: „Und dann weiter nach Dubai, nehme ich an. Mit Isfahan wirst du eine der schönsten Städte des Iran besuchen."

Ich meinte: „Dann freue ich mich umso mehr auf Isfahan. Ich bin fertig."

Das Fahrrad war startklar und ich ebenfalls. Mohsen und Reza sahen aber nicht so aus, als würden sie loslassen können und umarmten mich sorgenvoll. Im Laufe der Reise habe ich gelernt, mit Abschieden umzugehen. Ich war immer wieder mit ihnen konfrontiert und konnte mich nun emotional davon etwas distanzieren. Ich redete mir auch immer ein, dass solche Abschiede nicht für immer wären. *Ich komme irgendwann wieder zurück,* war meine Devise. Wie und wann blieb stets offen. Massouds Familie war mir ans Herz gewachsen, und diese neue Freundschaft war mir wichtig.

„Melde dich ab und zu", sagte Mohsen, als ich bereits auf dem Fahrrad saß und losfahren wollte. Und ich versprach es ihm.

Mit dem Rucksack auf dem Rücken startete ich, befolgte Reza`s Rat und fuhr auf der alten Landstraße durch die Wüste in Richtung Isfahan. Noch einmal drehte ich mich kurz um, winkte den beiden ein

letztes Mal zu – und konzentrierte mich von nun an auf den Weg. Die Landschaft verwandelte sich in eine karge Wüste und schon bald setzte ein leichter Regen ein. Ich baute mein Zelt zweieinhalb Kilometer vor der heiligen Stadt Ghom unter windigen Verhältnissen auf. Es tat gut, wieder in meinem Zelt zu übernachten. Und so sehr ich auch die Woche in einem warmen Bett genossen hatte, war das Zelt mein Zuhause – und nirgendwo sonst fühlte ich mich wohler.

Ich erreichte Ghom am frühen Morgen und es dauerte nicht lange, als ich schon von Weitem eine goldene Kuppel und Türme erblickte. Es war der Schrein der Fatima, eines der bedeutsamsten Heiligtümer im Iran. Ghom ist der zweitwichtigste Wallfahrtsort im schiitischen Islam. Vereinfacht zusammengefasst: Nach dem Tod des Propheten Mohammeds, dem Begründer des Islam, war seine Nachfolge ungeklärt. Die Sunniten glauben, dass die ersten vier Kalifen (der Begriff Kalif bedeutet Nachfolger) – Abu Bakr, Umar ibn al-Khattab, Uthman ibn Affan und Ali ibn Talib – rechtmäßige Nachfolger des Propheten Mohammed waren. Die Schiiten hingegen sind der Überzeugung, dass einzig und allein Ali ibn Talib, der Cousin und Schwiegersohn des

Propheten Mohammed, der erste rechtmäßige Nachfolger war. Ali ibn Talib wurde zwar später Kalif, doch infolge eines Attentats kam Ali ibn Talib um. So entbrannte ein Konflikt zwischen den zwei religiösen Strömungen, der bis heute anhält. Nun erreichte ich das religiöse Ghom. Das Herzstück dieser Stadt war der Schrein der Fatima Masuma. Sie war die Tochter des siebten Imams und die Schwester des achten Imams und wurde nach ihrem Tod duch eine schwere Krankheit dort begraben. Ihr zu Ehren wurde der Schrein errichtet, der vielen Gläubigen als Pilgerort dient. Ich hatte schon einiges über die Stadt gehört, die von vielen Nichtgläubigen aufgrund der konservativen und religiösen Einwohner gemieden wird. Doch davon unbeeindruckt wollte ich mir ein eigenes Bild von der Stadt und den Menschen machen.

Langsam fuhr ich mit dem Fahrrad durch die Straßen Ghoms. Immer wieder konnte ich einen Blick auf den Schrein erhaschen, der mit seiner goldenen Kuppel und den Minaretten das Stadtbild dominierte. Schließlich kam ich am Schrein an und schloss mein Fahrrad unweit des Schreins ab. Mein Gepäck ließ ich, wie so oft, am Fahrrad und

nahm nur meinen Rucksack mit. Selbst nach dem Diebstahl in Rom hatte ich immer noch Vertrauen in die Menschen und sah nicht in jedem einen potenziellen Dieb.

Ich ging zum Schrein und gab meinen Rucksack am Eingang ab. Für ein paar Minuten musste ich mich zur Seite stellen und warten. Yaser, ein sogenannter Achund, in Europa besser bekannt als Mullah, kam auf mich zu. Er trug eine Brille und einen schwarzen Bart. Sein brauner Umhang bedeckte den gesamten Oberkörper und ging ihm bis zu den Füßen. Auf seinem Kopf trug er einen weißen Turban. Dies ist die offizielle Tracht der Achunds. So wie Yasin liefen etliche Achunds durch die Straßen von Ghom. Achunds sind die Hüter des Islam im Iran und lehren die Menschen das Wissen über den Islam. Nicht selten treten sie auch als Sittenpolizei in Erscheinung, um Frauen auf die Kleidungsvorschriften hinzuweisen. Üblicherweise machen die Iraner einen großen Bogen um diese Achunds. Ich traf mich nun mit einem dieser geistlichen Führer.

„Salam, ich bin Yaser und führe dich heute durch den Schrein. Freut mich, dich kennenzulernen", sagte er, die Hand auf die Brust gelegt.

„Danke, die Freude ist ganz meinerseits" sagte ich etwas steif und erwiderte seine Geste. Mit einer Handbewegung forderte er mich auf, mit ihm zu gehen. Wir betraten den Innenhof durch einen farbenfroh geschmückten Torbogen, der mit prächtigen Mosaiken verziert war. Die Farbe schien frisch zu sein.

„Auf was für ein Alter schätzt du das Mosaik?," wollte Yaser von mir wissen.

„Ich denke, vielleicht 25 oder 30 Jahre", antwortete ich vorsichtig; schätzen war noch nie meine Stärke."

„Das Mosaik ist über 300 Jahre alt und noch bestens erhalten", war seine Antwort. Ich war beeindruckt. Die Farbe sah aus, als wäre sie am Tag zuvor erst aufgetragen worden.

Links neben dem Torbogen war der Eingang zum Schrein, selbst die Decke schien aus Gold zu bestehen. Mehrere Minarette und weitere Torbögen zierten den Eingang. In schwarze Kleidung eingehüllte Frauen huschten über den weißen Marmorboden, der den Innenhof bedeckte. Etwas weiter entfernt sah ich einige Menschen beten. Yaser zeigte auf sie und sagte: „Das sind Christen. Der Schrein ist ein Ort des Glaubens und der Islam ist eine Religion des Friedens. Jegliche Form der Ausgrenzung oder Diskriminierung, ganz gleich welcher Herkunft jemand ist, welcher Religion jemand angehört, wird hier nicht geduldet."

Ich hätte Yaser gerne mehr gefragt. Mir kamen auch viele kritische Fragen in den Sinn, doch als Tourist wollte ich mir dies nicht anmaßen und blieb in der Rolle des Beobachters. Zudem war da noch der Aspekt der Trennung von Staat und Religion. Selbst wenn dies im Iran nicht der Fall war, wollte ich jedenfalls nicht beides in einen Topf schmeißen. Und wenn ich auch die Staatsform ablehnte, wollte ich den Glauben der Menschen respektieren. Schließlich blieben wir beide stehen. Eine Gruppe von Menschen lief an uns vorbei. Sie trugen eine Trage, auf der ich unter einem Leinentuch die Konturen eines menschlichen Körpers entdeckte. Begleitet wurde die Zeremonie vom Singen einer Sure aus dem Koran.

„Dies ist eine Bestattung. Sie muss so schnell wie möglich nach dem Tod stattfinden, im besten Fall innerhalb von vierundzwanzig Stunden nach dem Tod", erklärte mir Yaser. Im Laufe des Tages begegneten mir einige solcher Gruppen.

Wir durchschritten ein weiteres mit Mosaiken verziertes Tor, das mich durch seine prunkvolle Zeichnung immer wieder ins Staunen versetzte. Zu meiner Rechten sah ich einen vergoldeten Eingangsbereich.

„Dies ist pures Gold", sagte Yaser. „In diesem Gebäude befindet sich das Grabmal der Fatima. Vor dem Betreten des Gebäudes werden die Schuhe ausgezogen. Die Menschen stehen lange an, um Fatima ihren Respekt zu erweisen. Die Grabplatte wird berührt und geküsst. Auf der gegenüberliegenden Seite befindet sich das Gebäude des Königs."

Anschließend betraten wir durch ein verziertes Tor den dritten Komplex der Anlage. Hier erblickte ich den separaten, mit Spiegeln bestückten Eingangsbereich für Frauen. Er erinnerte mich sofort an den Golestan-Palast in Teheran. Ich sprach Yaser darauf an und er erklärte mir: „Die Spiegel des Golestan-Palastes dienten dem König zur Bewunderung des Selbstbildes. Der Spiegel sollte seine Macht zeigen und seine Größe bestätigen. Die Spiegel hier im Schrein sind zersplittert. Blickst du in den Spiegel, siehst du nichts weiter als ein zersplittertes Gesicht. Im Schrein treten sie Gott mit Demut entgegen. Hier ist kein Platz für jegliche Selbstbewunderung." Ich durchschritt den Schrein mit dem gebürtigen Respekt dem Glauben und seinen Anhängern gegenüber. Yaser lud mich ins Audienzzimmer des ehemaligen Königs ein.

„Setz dich doch", bot Yaser mir an, und ich folgte seiner Bitte.

„Ich sah, dass du mit dem Fahrrad unterwegs bist, wohin reist du?"

„Ich bin in Barcelona gestartet und auf dem Weg nach China."

„In Barcelona bin ich letztes Jahr auch gewesen, ich bin für ein paar Monate durch Europa gereist. Dabei habe ich versucht, die Menschen und ihren Glauben kennenzulernen."

„Hey, genau, dies ist auch die Essenz meiner Reise. Der Glaube und die Menschen stehen bei mir im Mittelpunkt."

Ein Mann betrat den Raum. Er brachte uns jeweils ein Glas Tee und eine wunderschön verzierte Schale mit Datteln. Ich erzählte weiter: „Ich habe viel Sport getrieben und auch an einigen Marathonläufen teilgenommen. Ich bin der Meinung, dass der Glaube, sei es der Glaube an sich selbst oder der Glaube in spiritueller Hinsicht, enorme Kräfte in uns weckt, die uns ungeahnte Leistungen hervorbringen lassen können – auch in sportlicher Hinsicht. Aber der Lauf der Reise hat den Hintergrund meiner Suche nach dem Glauben verändert."

„Wie meinst du das?"

„Heute sehe ich den Glauben als eine Tür, um die Menschen auf meiner Reise kennenzulernen. Je länger ich jetzt unterwegs bin, desto

sicherer bin ich mir, dass ich nicht so schnell nach Deutschland zurückkehren werde."

„Aber Deutschland ist doch schön. Ich bin einmal in Frankfurt gewesen."

„Ja, aber die Welt und ihre Menschen haben noch so viel mehr zu
bieten", sagte ich.

Daraufhin meinte Yaser: „Ich fände es schön, wenn noch mehr Menschen so wie du denken würden. Die Welt braucht den Glauben und
Menschen, die nach ihm leben im Sinne …" Yaser dachte nach und
ich ergänzte: „… von Barmherzigkeit?"

„Ja, genau, Barmherzigkeit! Wir sind alles Brüder und Schwestern. Wir
müssen uns gegenseitig unterstützen, um eine bessere Welt zu schaffen."

Nun holte ich etwas weiter aus: „Da stimme ich dir zu. Die Barmherzigkeit ist ein weiterer wichtiger Begleiter auf meiner Reise. Ohne
Barmherzigkeit wäre ich wahrscheinlich niemals so weit gekommen.
Ich wurde von Fremden aufgenommen, habe Wasser und Essen bekommen, ich wurde sogar teilweise eingekleidet. Dies ist eine Lehre,
die ich weitertragen möchte, um auch die mir zugetragene Barmherzigkeit an andere weitergeben zu können. Warum sollte ich nicht in
Deutschland Gäste beherbergen und Menschen selbstlos unterstützen?
Ich habe so viel auf dieser Reise gelernt!"

„Sascha, ich glaube, du trägst die Lehre schon nach außen mit deinen Reisen. Wenn du den Menschen begegnest, verändern sie dich ein
Stück, sie geben dir von ihrer Persönlichkeit und ihre Ansichten mit
auf den Weg. Andersherum veränderst du deine Umgebung und die
Menschen, wenn du auf sie triffst. Du inspirierst sie und ich denke,
einige sind selbst erst mit Barmherzigkeit in Kontakt gekommen, als
sie dir begegnet sind. Das ist doch schön – oder?"

Ich stimmte Yaser zu, er hatte recht. Ich bewegte nicht nur mich
durch die Welt, sondern beeinflusste auch die Menschen, auf die ich
traf. Menschen, die vielleicht vorher noch nie mit Barmherzigkeit in
Kontakt gekommen waren, entdeckten sie mit einer guten Tat mir

gegenüber. Wäre mir in Deutschland wahrscheinlich genauso passiert. Ich wäre nie im Leben darauf gekommen, Fremden einfach einen Schlafplatz bei mir anzubieten, Essen zu geben oder Kleidung zu teilen.

„Danke, Yaser, es war schön, mit dir zu reden. Ich habe wieder sehr viel gelernt", sagte ich zum Schluss zu Yaser.

Wir gingen zurück und verließen den gesamten Komplex. Der Schrein der Fatima wird mir in guter Erinnerung bleiben.

Zum Abschluss gab mir Yaser eine wichtige Botschaft mit und sagte: „Hör mir bitte zu. Ich weiß um das zerrissene Außenbild des Islam, doch bitte merke dir eines: Menschen, die im Namen des Islam Gewalt ausüben, sind Verbrecher. Die Gewalt gehört nicht zum Islam."

Am nächsten Tag zog ich weiter in den Süden. Es war heiß. Ich trat nur langsam in die Pedale, um mich zu schonen. Die Hitze machte mich müde. Mir war bewusst, dass ich mich daran gewöhnen musste, die nächsten Monate würden sehr heiß werden. Zum Glück schob mich ein kräftiger Rückenwind an. Er erleichterte die Fahrt und ermöglichte mir, eine Tagesdistanz von etwa 100 Kilometern durch die Wüste zurückzulegen.

Die Oase in Kaschan

Abends kam ich in Nushabad an, einem kleinen Vorort von Kaschan. Außer einer Straße und drei Häusern gab es hier nicht viel. Yaser hatte mir empfohlen, in der „Oase Kaschan" vorbeizuschauen. Es war wie ein geheimnisvoller Garten mitten in der Wüste. Ich stieg von meinem Rad und stand vor einem steinernen Gebilde, errichtet aus weißem Sandstein und Lehm. Der Eingangsbereich der großen Anlage war ein traditionelles persisches Haus. Links und rechts schloss sich eine Mauer an, die den Komplex dahinter abschirmte.

„Salam! Kann ich dir helfen?", wurde ich gefragt. Ich drehte mich um und sah einen Mann hinter mir, etwas kleiner als ich, mit Stoppelbart und Brille, braun gebrannt und mit leicht grauem Haaransatz.

„Ich bin auf der Durchreise, mein letzter Aufenthalt war in Ghom, ein Mann namens Yaser sagte …"

„Yaser? Geht es ihm gut?", rief der Mann erfreut.

„Du kennst ihn? Ja, es geht ihm gut. Er empfahl mir, hier vorbeizuschauen. Ich bin auf dem Weg nach Isfahan."

Der Mann musterte mich noch einmal und fragte dann: „Mit dem Fahrrad?"

„Ja, ich bin in Barcelona gestartet und auf dem Weg nach China."

Allerdings schien ihn meine Reise nicht zu verwundern, wie oftmals andere Menschen, denen ich von meinem Vorhaben erzählt habe. Womöglich war er schon mehreren Fahrradreisenden begegnet.

„Yaser ist ein Freund von mir. Und seine Freunde sind bei mir immer herzlich willkommen. Ich bin Ali.", beantwortete er meine Frage von vorhin. Dann schloss Ali die unscheinbare Holztüre auf und bat mich herein. Ich schob mein Fahrrad über die drei flachen Stufen und befand mich nun im Eingangsbereich.

„Stell dein Fahrrad ruhig im Hof ab", rief mir Ali hinterher, während ich noch über das Gebäude staunte. Es war dezent beleuchtet. Draußen wurde es schon dunkel, es fiel kaum Tageslicht hinein. Das ganze Gebäude war mit Teppichen ausgelegt. Drei wunderschön verzierte Vasen mit persischen Motiven konnte ich bewundern. Ich lief weiter und erreichte den Innenhof, das Herzstück des Komplexes. Ein farbenprächtiger Garten mit einem gekachelten Wasserlauf lag vor mir. Er reichte bis zum anderen Ende der Mauer. Dort stand ein breiter Turm, der weit über die Mauer hinausragte. Der Garten wurde in verschiedenen Farben beleuchtet. In der Mitte befanden sich mehrere Springbrunnen. Ich war von der wunderschönen Oase Kaschan, mitten in der Wüste, beeindruckt.

„Gefällt es dir?", fragte Ali, sicherlich eine nicht ganz ernst gemeinte Frage. Wem sollte diese Pracht denn nicht gefalllen?

„Es ist einzigartig", antwortete ich ihm begeistert.

„Yaser scheint viel von dir zu halten, sonst hätte er dich nicht hierher geschickt. Übrigens: Du kannst gerne das Zimmer oben im Turm beziehen."

„Ein Zimmer?", staunte ich.

„Ja, ich betreibe hier eine Herberge. Stell zunächst mal deine Sachen ab. Wenn du Hunger hast, kommst du herunter, ich bereite etwas zu essen vor. Magst du Kamelfleisch?"

„Ich habe es noch nicht probiert."

„Dann wirst du es mögen, es gibt kaum einen Unterschied zu Kalbfleisch."

Mein Raum, in dem ich übernachten durfte, befand sich im Turm des Gebäudes und war kreisrund, etwa vier Armlängen im Durchmesser und ganz mit Teppichen und Kissen ausgelegt. Ich konnte es mir hier gemütlich machen. Nachdem ich meine Sachen abgelegt hatte, ging ich zu einem kleinen Nebengebäude am Eingangsbereich. Ali servierte mir zwei Kamelfrikadellen mit Brot und einem Glas Kamelmilch. Zunächst zögerte ich noch ein bisschen, doch nach dem ersten Bissen verputzte ich den Teller in Windeseile.

„Danke für das Essen, es war superlecker.“

„Das habe ich gerne gemacht. Du hast Glück, dass ich heute etwas mehr gekocht habe.“

„Das hier ist also eine Art Hotel. Hast du alles selbst gebaut?“

„Das Hotel liegt an der alten Seidenstraße, der Handelsroute, die von China über den Orient nach Europa verläuft. Schon vor Jahrhunderten fanden Karawanen hier im Garten Zuflucht. Der Turm, den du jetzt bewohnst, diente als Wachturm, um das gesamte Gebiet zu überschauen.“

„Vor Jahrhunderten schon?“, wollte ich wissen.

„Ja, genau, ich fand den Garten als Ruine vor. Hier blühte nichts, es war nur Acker. Die Mauer war schon halb eingefallen und der Turm war arg beschädigt. Ich habe vorher als Englischlehrer gearbeitet und sah Potenzial im Garten. So investierte ich mein ganzes Geld in den Wiederaufbau und setzte persönlich Stein auf Stein, um den Garten wieder in seiner ganzen Pracht erblühen zu lassen. Mein ganzes Leben steckt hier drin.“ Ali imponierte mir mit seiner Geschichte, und ich sah den Garten nun mit ganz anderen Augen.

„Hast du zwischendurch mal ans Aufgeben gedacht?“, wollte ich von ihm wissen.

„Ja, tatsächlich sehr oft. Weder meine Familie noch meine Freunde haben an mich geglaubt und mich einen Verrückten genannt. Ich habe keine Hilfe erhalten, worüber ich traurig war und habe deswegen auch oft bitterlich geweint. Ich kann dir gar nicht sagen, wie oft Mauern eingestürzt sind, die ich vorher errichtet hatte. Immer wieder hatte ich Selbstzweifel und wusste nicht, wie es weitergehen sollte?“

„Wie hast du durchgehalten? Was hat dich motiviert?“

„Ich habe an den Erfolg geglaubt. Genau kann ich dir gar nicht sagen, was es genau war. Doch mein Herz flüsterte mir immer zu, weiterzumachen.“

„Und ist dein Hotel erfolgreich?“

„Mein Angebot richtet sich mehr an ausländische Touristen. Viele Menschen haben Angst davor, in den Iran zu reisen. Dabei hoffe ich, dass sich das bessern wird. Der Iran hat viel zu bieten, und ich würde mich freuen, wenn mehr Touristen hierherkommen würden."

Ich lernte noch eine iranische Familie kennen. Sie verbrachten ihre Ferien dort.

Meine Nacht im Turm hätte nicht ruhiger sein können. Am nächsten Morgen spazierte ich durch den herrlichen Garten. Ich setzte mich an den kleinen Springbrunnen in der Mitte, schloss die Augen und verlor mich im Geplätscher der Fontaine. Wenig später bereitete ich gerade mein Fahrrad auf die Abfahrt vor, als Ali auf mich zukam.

„Sobh bekheir, hast du gut geschlafen?", wollte Ali wissen.

„Es war wirklich wunderbar, dort oben zu schlafen. Es war richtig gemütlich. Was hast du gerade gesagt? Sob Behe?"

„Ja, fast, das H wird ähnlich wie ein HR gesprochen. SOBH BE-KHEIR. Es bedeutet *Guten Morgen*."

„Das werde ich mir merken. Ich habe so meine Probleme mit Fremdsprachen. So, nun will ich aber los und mache mich auf den Weg nach Isfahan", kündigte ich Ali meine Abreise an.

„Ja, ich habe gesehen, dass du dein Fahrrad fertig gemacht hast. Allerdings solltest du erst morgen starten." Ich schaute Ali verdutzt an.

„Heute, im Laufe des Tages, wird es einen Sandsturm geben. Je nachdem, wo du dich befindest, kann es auf dem Fahrrad gefährlich für dich werden. Ich würde dir empfehlen, dass du eine weitere Nacht hierbleibst." Ich dachte einen kurzen Augenblick darüber nach, was Ali gesagt hatte. Sein Ratschlag war natürlich vernünftig. Und so änderte ich meinen Plan, willigte in sein Angebot ein und beschloss, eine weitere Nacht in Alis Hotel zu verbringen.

„Ich danke dir. Darf ich meine Sachen wieder nach oben bringen?", fragte ich ihn, wobei ich die Antwort bereits kannte."

„Natürlich! Ich freue mich, dass du noch einen Tag bleibst. Wenn du möchtest, kannst du mich zu meiner Familie begleiten."

Auch dieses Angebot nahm ich an und begleitete Ali zu seiner Mutter und seinen Geschwistern. Ich wurde königlich mit Tee und Datteln versorgt. Zur iranischen Gastfreundschaft gehört, dass immer Früchte und Gurken zum Essen angeboten werden. Obwohl keines der Familienmitglieder Englisch sprach, verstanden wir uns prächtig. Ich amüsierte mich und war froh, dass ich mich zum Bleiben entschieden hatte. Auf dem Rückweg zum Garten fuhren wir durch die Wüste. Ali hielt plötzlich an, und wir stiegen aus dem Auto aus.

„Schau mal, was da kommt", sagte er und zeigte nach vorne. Am Horizont bildete sich ein brauner Dunst, der sich zu einer Wand entwickelte, die immer größer wurde. Gleichzeitig machte sich ein leichter Wind bemerkbar. Ali forderte mich auf, zurück ins Auto zu steigen. Der Wind nahm in kurzer Zeit immer mehr zu.

„Das ist der Sandsturm, vor dem ich dich gewarnt habe", sagte Ali, und im selben Moment fegte der Sturm mit voller Kraft über uns hinweg. An der Scheibe war das Geklirre der Sandkörner zu hören. Der Himmel färbte sich in eine leicht beige Farbe. Eine nicht zu unterschätzende Gefahr, und ich gab Ali recht, mich davor gewarnt zu haben. Die Wüste war schön und gefährlich zugleich. Dies wurde mir an diesem Tag mehr als bewusst.

Klick. Klick. Klick. Ein seltsames Geräusch weckte mich am frühen Morgen. Ich schlich zu einem kleinen Ausguck direkt gegenüber meiner Schlafstätte, um nachzuschauen, woher das Geräusch kam. Ich sah einen Mann mittleren Alters mit Brille und rot-kariertem Hemd. Er hielt eine Kamera in der Hand und schien einer Frau einige Anweisungen zu geben. Ich packte meine Sachen und trug sie den kleinen Turm hinunter.

„Sobh Bekheir", begrüßte ich den Mann, so wie es Ali mir beigebracht hatte. Er drehte sich um und antwortete: „Sobh Bekheir, Halet chetore?" Ich verstummte und erklärte ihm, dies Mal auf Englisch, dass ich Tourist sei.

„Ach hallo, dein Persisch ist so gut, ich habe dich für einen Iraner gehalten", sagte er halb scherzhaft. Er reichte mir die Hand und stellte sich als Vahid vor. Neben ihm stand seine Frau Leila. Dann meinte er: „Ich hoffe, ich habe dich nicht geweckt, ich kann auch leiser fotografieren."

„Was fotografierst du hier?"

„Ich betreibe ein Reisebüro und möchte die wunderschöne Anlage in mein Portfolio aufnehmen."

„Ja, definitiv, eine Pracht", stimmte ich ihm zu.

„Ich reise sehr viel und habe selten so eine schöne Unterbringung gesehen. Durch meine Fotos hoffe ich, diesem Ort hier zu etwas mehr Popularität verhelfen zu können. Bist du Gast hier?"

„Ja, ich bin Deutscher und vorgestern angekommen. Ich bin mit meinem Fahrrad nach China unterwegs – und möchte zuerst weiter nach Isfahan. Dort soll es ja besonders schön sein."

„Das stimmt! Isfahan ist schön. Aber ich kann dir jetzt schon sagen, dass du unbedingt Schiras besuchen musst. Diese Stadt ist noch schöner als Isfahan." *Da bin ich wohl in eine Städterivalität geraten,* vermutete ich. „Um mir ein Urteil zu erlauben, muss ich erst einmal beide Städte kennengelernt haben."

„Glaub mir, Schiras ist unglaublich. Aus dieser Stadt stammt übrigens Hafis. Er ist einer unserer wichtigsten Dichter. Schon mal von ihm gehört?"

Ich meinte, den Namen schon einmal gehört zu haben, antwortete aber: „Ich weiß nicht, ich glaube nicht."

„Du bist doch Deutscher. Sogar Goethe hat über Hafis geschrieben und ihn bewundert. Du musst unbedingt nach Schiras kommen und mich dort besuchen. Du bist herzlich in mein Haus eingeladen."

Ich bedankte mich für die freundliche Einladung und nahm mir vor, mir diese Stadt und natürlich auch die Einladung nicht entgehen zu lassen.

Schließlich fuhr Vahid fort: „Und nur rund 60 Kilometer entfernt von Schiras liegt Persepolis, eine der Hauptstädte des antiken Perserreiches zur Zeit der Achämeniden."

Ich bedankte mich mit einem Lächeln bei Vahid. In dem Moment kam Ali auf uns zu und meinte: „Schön, dass ihr euch schon kennengelernt habt." Zu mir gewandt sagte er: „Sascha, brichst du jetzt auf?"

„Ja, ich habe vor, heute Abend noch Isfahan zu erreichen."

„Ich finde deine Energie, deine Abenteuerlust, ich finde *dich* bewundernswert. Es war wirklich schön, dich kennengelernt zu haben." sagte Ali. Es war mir wirklich eine Ehre, sein Gast gewesen zu sein. Ich bedankte mich für seine Gastfreundschaft. Und nachdem sich auch Vahid mit schmeichelnden Worten von mir verabschiedet hatte, verließ ich den Garten, setzte mich auf mein Rad und fuhr los – Richtung Isfahan, meinem nächsten Ziel.

Die Ödnis der Wüste wollte nicht enden und doch faszinierte mich diese Leere. Was genau mich so anzog, konnte ich mir selbst nicht erklären. War es das Unbekannte oder eine trügerische Sicherheit, wobei mir die Gefahren der Wüste doch bewusst waren? Hier konnte alles geschehen und eine Unvorsichtigkeit könnte mich das Leben kosten. Vielleicht war es auch die Einsamkeit, die mich so faszinierte. Die Einsamkeit war auf meiner Reise ja sowieso mein ständiger Begleiter – und sie wurde zu einem Freund. Die Wüste symbolisierte diese Einsamkeit in ganz besonderer und intensiver Form. Sie machte meinen Begleiter *Einsamkeit* sichtbar. Mit jedem Kilometer wurde es einsamer. Der Sand vom Vortag lag noch immer in der Luft und erschwerte mir die Sicht und das Atmen. Die Berge waren nur mehr als Silhouette in der Ferne zu erkennen. Kurz vor Natanz, 25 Kilometer von Isfahan entfernt, hielt ein vollbeladenes Auto vor mir an. Dies war mir im Iran schon häufiger passiert. Menschen hielten an, um mich mit Wasser, Früchten oder Keksen zu versorgen. Nun winkte mich der Fahrer zu sich. In dem kleinen Auto saßen zwei Männer und eine Frau, voll bepackt mit Koffern, Kartons und etlichen Decken und Kissen.

„Salam Khubi", sagte der Fahrer, der wohl um die 30 Jahre alt war.

„Salam, ich bin ein Tourist aus Deutschland."

„Aus Deutschland? Mit Fahrrad?", fragte er und zeigte auf mein Gefährt.

„Nein, ich bin in Barcelona, in Spanien gestartet." Die zwei Männer sahen erfreut aus und sprachen miteinander. Der Fahrer konnte zwar kein gutes Englisch, doch ich verstand ihn und darauf kam es an.

„Möchtest du mit uns nach Isfahan kommen?" *Wie um alles in der Welt soll das funktionieren,* dachte ich. Das Auto war schon bis unter die Decke voll und es saßen schon drei Leute darin. Höflich lehnte ich das Angebot ab und beharrte darauf, mit dem Fahrrad zu fahren. Doch sie ließen von der Idee nicht ab und versuchten, mich zu überreden. Schließlich willigte ich ein und war gespannt, wie sie das Problem angehen wollten. Die zwei Männer stiegen aus und räumten im Auto alles um. In der Zeit löste ich die zwei befestigten Taschen und das Zelt vom Fahrrad. Zu zweit lösten sie den Vorderreifen meines Fahrrads und verstauten es irgendwie im Auto. Danach wurde mein Gepäck eingeladen, und ich durfte vorne sitzen. Ich war beeindruckt!

Isfahan

„Woooooohooooo", rief ich, als wir starteten und die zwei anderen Jungs schlossen sich meinem „Wooohoooo" an. Sie drehten die Musik laut auf und mit lautem Gegröle zu iranischen Klängen fuhren wir nach Isfahan.

„Wie heißt du?", wollte der Fahrer wissen. Bei der guten Stimmung, die die beiden verbreiteten, hatten wir ganz vergessen, uns vorzustellen. Das holten wir nun nach.

„Ich bin Sascha", stellte ich mich vor.

„Ich bin Omid", antwortete der Fahrer. „Dahinten, das sind Sina und seine Freundin Pariya." Und schon brüllte er wieder das Lied mit, das gerade aus den Lautsprechern klang.

„Hey Sascha, ich liebe dich!", rief Omid aus heiterem Himmel – und Sina wiederholte es.

„Ich liebe euch alle!", rief ich laut zurück, um die Musik zu übertönen. Es hatte sich in kurzer Zeit eine ausgelassene Stimmung entwickelt, die uns zu solchen Ausrufen ermuntert hatte, obwohl wir uns ja kaum kannten.

Es war schon dunkel, als wir endlich Isfahan erreicht hatten. Viele gerieten bei dieser Stadt ins Schwärmen. So war ich absolut gespannt und neugierig, endlich Isfahan mit eigenen Augen zu sehen und kennenzulernen. Wie bedeutsam die Stadt für mich werden sollte, wusste ich zu dem Zeitpunkt noch nicht. Doch ich spürte, dass meine Reise mich zu einem besonderen Ort geführt hatte, dessen Einfluss auf mich noch völlig im Dunklen lag.

Meine drei neuen Begleiter nahmen mich mit in eine Wohnung. Auf der Dachterrasse aßen wir Kebap und tranken dazu selbstgemachten Wein, obwohl Alkohol im Iran verboten ist. Auf jeden Fall hatten wir eine Menge Spaß zusammen. Die ganze Nacht hindurch erzählten wir uns Geschichten, lachten und tanzten ausgelassen. Ich war in diesen Momenten einfach nur glücklich, fühlte mich frei und unbeschwert. Für mich schien das Leben hauptsächlich aus Lachen, Tanzen und Geschichten erzählen zu bestehen.

Am nächsten Tag schlief ich länger als gewollt. Auch meine drei neuen Freunde kamen nicht aus dem Bett. Hierfür war wohl auch der Wein vom letzten Abend mitverantwortlich.

„Sobh Bekheir", begrüßte ich die drei. Wir lagen mit dünnen Decken und Matratzen auf dem Boden.

„Hast du gut geschlafen, Sascha? Wir sind schon spät dran", sagte Omid.

„Ihr fahrt noch weiter?", fragte ich.

„Wir arbeiten alle drei in Abu Dhabi, in den Emiraten. Wir müssen noch heute Nacht unsere Fähre erwischen."

„Wer wohnt denn hier?"

„Das ist die Wohnung von meinem Onkel", sagte Sina, der noch auf dem Boden lag, halb verschlafen. Jetzt ging alles sehr schnell. Es war offensichtlich, dass sie verschlafen hatten. Eilig räumten sie ein paar Sachen ins Auto, und ich verließ mit ihnen das Haus. Inzwischen war es später Nachmittag.

„Sascha, wir hatten wirklich jede Menge Spaß. Ich hoffe, dass du uns in Abu Dhabi besuchen kommst, wenn du mit dem Fahrrad dort angekommen bist", sagte Omid. Ich freute mich über die Einladung. Dann verabschiedeten wir uns herzlich voneinander.

Die Wolken zogen sich zusammen und es sah nach schlechtem Wetter, vielleicht sogar nach einem Unwetter aus. Leider hatte ich keine Unterkunft und suchte daher außerhalb der Stadt einen Zeltplatz. Ich hatte nicht viel von Isfahan gesehen, doch das Zelt konnte ich leider nicht in der Stadt aufstellen. So beschloss ich, außerhalb zu zelten. Wahrscheinlich wäre ich auch weiter in die nächste Stadt gezogen, ohne Isfahan zu sehen. Knapp außerhalb der Stadt pausierte ich kurz, um meine Taschen an dem Fahrrad richtig zu befestigen. Es kam des Öfteren vor, dass sich die Taschen während der Fahrt lösten und fast zu Boden fielen. Besonders das windige Wetter ließ die Taschen ständig gegen die Speichen stoßen und es war mühsam, stets darauf zu achten.

„Gibt es ein Problem?", hörte ich eine Männerstimme und sah nach oben. Vor mir stand ein Mann mit einem gezwirbelten Schnurrbart. Schon von der ersten Sekunde an fand ich ihn überaus sympathisch. Sein Englisch war ausgezeichnet und er sah mich lächelnd an. An meinem Hut erkannte er mich wohl als einen Touristen.

„Ich mache nur meine Taschen fest, ich wollte mir einen Zeltplatz suchen."

Der Mann sah nach oben, um nach dem Wetter zu schauen.

„Ja, ich sehe, es fängt wohl gleich an zu regnen. Bist du auf Weltreise?"

„So ungefähr. Ich komme aus Deutschland und bin von Barcelona aus unterwegs nach China."

„Das hört sich ja cool an. Hast du keine Angst?"

Ein kräftiger Windstoß erfasste uns und ich musste meinen Hut festhalten.

„Wenn ich Angst haben würde, dürfte ich zu so einer Reise erst gar nicht starten", antwortete ich mit einem Augenzwinkern und zog mir meine Regenjacke über. Der Windstoß brachte leichten Nieselregen mit, und ich bereitete mich auf eine größere Niederschlagsmenge vor.

„Wenn du möchtest, bist du herzlich bei uns eingeladen. Ich heiße übrigens Parsa" – und er streckte mir seine Hand entgegen.

Ich brauchte nicht lange zu überlegen, ob ich das Angebot annehmen sollte. Der aufkommende Regen half bei meiner Entscheidung, und ich gab ihm die Hand.

„Danke für die Einladung, ich heiße Sascha. Wohnst du weit von hier?"

„Nein, das wirst du mit dem Fahrrad schaffen. Ich fahre mit dem Auto voraus, folge mir einfach."

So machten wir es auch, aber nun wurde der Wind stärker und verwandelte sich in einen Sturm. Regen und Wind peitschten gegen mein Gesicht, doch der Gedanke an gute Gesellschaft und ein warmes Bett motivierten mich, stärker in die Pedale zu treten. Schon bald verließ ich die Schnellstraße, bis ich wenige Minuten später bei Parsa ankam. Komplett durchnässt vom Regen legte ich meine Sachen bei ihm ab. Er zeigte mir mein Zimmer. Ich nahm eine Dusche und konnte mich endlich wieder frisch machen.

Die Decke zum Essen wurde auf dem Boden ausgelegt, so wie ich es von anderen Gastgeberfamilien schon gewohnt war. Beim Abendessen leistete seine Frau Aisan uns Gesellschaft, ebenfalls eine sehr nette Frau. So bekam ich die Gelegenheit, von meiner Reise zu berichten.

„… die Welle erfasste mich und zog mich fast ins Meer. Ich hatte Mühe, aus dem Zelt zu steigen und meine Sachen wieder einzusammeln", erzählte ich den beiden von meinem Erlebnis in Italien.

Aisan war erstaunt und fragte: „Hattest du keine Angst?" Parsa lachte und meinte: „Das habe ich ihn auch schon gefragt, aber anscheinend nicht. Du kommst wirklich zur richtigen Zeit in den Iran."

Parsa war ein lustiger Zeitgenosse, der mir von der ersten Sekunde an sympathisch war. Er und seine Frau Aisan waren überaus aufgeschlossen. Wir tranken und lachten zusammen – und hatten einen schönen Abend.

„Warum?", fragte ich nach: „Warum komme ich zur richtigen Zeit? Wie meinst du das?"

„In ungefähr einer Woche feiern wir *Nouruz*, das persische Neujahrsfest."

„Ihr feiert nächste Woche den Jahreswechsel?", fragte ich neugierig.

„Ja, wir rechnen hier im Iran nach dem persischen Kalender und haben aktuell das Jahr 1396, der jetzige Monat heißt Esfand. Nächste Woche gehen wir in das Jahr 1397 über. Du hast richtiges Glück, dass du *Nouruz* miterleben darfst", freute sich Parsa für mich.

„Wie feiert man denn *Nouruz*?"

„Ich glaube, das kannst du dir wie Weihnachten und Silvester gleichzeitig vorstellen. Wir besuchen unsere Familie, verteilen Geldgeschenke und verreisen. Weisst du, unserem Land geht es nicht so gut, aber zu dieser Zeit sind alle Menschen gut gelaunt und glücklich. Wir machen gerade unseren Frühjahrsputz, das ist auch eine Tradition vor *Nouruz*."

„Habt ihr denn auch ein bestimmtes Ritual oder andere Traditionen während des Festes?", wollte ich wissen.

Aisan schaltete sich ein und sagte: „Während dieser Zeit bauen wir *Haft Sin* auf. Ein Gebilde mit sieben Gegenständen, die mit dem persischen Buchstaben S anfangen. Das ist traditionell ein Goldfisch, ein Apfel oder auch ein Poesie-Buch, in den meisten Fällen von unserem

Dichter Hafis. Kennst du ihn?" Ich nickte kurz und Parsa sagte: „Ein weiterer Brauch findet diese Woche statt, das *Tschahar Schanbe Suri*. Am Abend des letzten Mittwoch des Jahres fahren wir aus der Stadt hinaus in einen privaten Garten und entzünden dort drei Feuer. Es ist Tradition, über die Feuer zu springen, um gut in das neue Jahr zu kommen."

Ich versuchte, meine Müdigkeit zu unterdrücken, doch ein kleiner Gähner ließ sich nicht verbergen. Das brachte Parsa wieder dazu, herzlich zu lachen.

„Wir könnten noch viel mehr über *Nouruz* erzählen, aber das wirst du alles selber erfahren können. Es ist schon spät, wir sollten schlafen gehen", schlug Parsa vor und hatte damit recht. Während draußen der Sturm tobte, kuschelte ich mich ins warme Bett und war dankbar für den schönen Abend und die neuen Freunde, die ich kennengelernt hatte.

Und dann kam Safoura

Als ich aufwachte, roch es lecker nach gebratenem Ei. Wir setzten uns alle auf den Boden, und Aisan brachte uns Tee und Rührei mit Datteln – eine sehr interessante Kombination.

„Wir fahren gleich zur Arbeit. Wenn du möchtest, kann ich dich nachher mit in die Stadt nehmen. Dann kannst du Isfahan ein wenig erkunden", schlug Parsa vor. Ich war einverstanden. Mir war bewusst, was für ein Glück ich hatte, Parsa begegnet zu sein. Erst später sollte mir klar werden, dass die Begegnung mit ihm ein wichtiger Wegweiser für den Verlauf meiner zukünftigen Reise wurde.

Parsa und Aisan setzten mich in der Innenstadt ab. Wir vereinbarten einen Treffpunkt für später und verabschiedeten uns.

Im Gegensatz zu Tabriz und Teheran war bei Isfahan an den beigen Fassaden der Gebäude zu erkennen, dass es sich um eine altertümliche Stadt handelte. Wunderschöne Mosaiken schmückten die Gebäude, die teilweise über 300 Jahre alt waren. Im 16. und 17. Jahrhundert erlebte die Stadt unter der Herrschaft von Schah Abbas dem Großen ihre Blütezeit. Die Safawiden-Dynastie, die von 1501 bis 1772 regierte und den schiitischen Islam als Staatsreligion etablierte, erhob Isfahan zur Hauptstadt des Königreichs Iran. Sie entwickelte Isfahan zu einer der prächtigsten Städte des Orients. Zahlreiche Bauwerke und Moscheen wurden zu dieser Zeit errichtet. Der Naqsch-e-Dschahan-Platz stellt dabei das Herzstück Isfahans dar. Die Stadt wurde zu einem wichtigen Handelsknotenpunkt und ein Zentrum für das Kunsthandwerk, die Malerei, die Teppichherstellung und die berühmte Kalligraphie. Mit dem Einzug armenischer Kaufleute, die ihr Wissen über europäische Handelsbeziehungen und Handwerk mitbrachten, wurde

Isfahan zum damaligen Nabel der Welt. Dies spiegelt sich im persischen Sprichwort wieder: „Isfahan nesf-e gahan", zu Deutsch: „Isfahan ist die halbe Welt". Mit dem Niedergang der Safawiden-Dynastie im 18. Jahrhundert schwand auch die Bedeutung Isfahans. Doch die kulturellen Schätze und der Einfluss der armenischen Kultur blieben erhalten.

Ich betrat den Naqsch-e Dschahan-Platz und war überwältigt von der Pracht und Schönheit des Safawidenerbes. Vor mir erstreckte sich ein majestätischer Platz, der die Herrlichkeit vergangener Tage widerspiegelte. Rings um den Platz herum standen langgezogene Gebäude, die den Platz einschlossen. Auch ein riesiger Basar befindet sich hier. Am Rande des Platzes ragt die Sheikh-Lotfollah-Moschee majestätisch empor. Die tiefblaue Kuppel ist mit bunten Mustern verziert und thront fast über den ganzen Platz. Wirr erscheinende Muster in den Verzierungen der Fliesen an den Wänden erzählen Geschichten vergangener Zeiten. Gegenüber erhebt sich die wunderschöne Imam-Moschee mit ihren hohen Minaretten. Ich lief über die Grünflächen des Platzes, vorbei an dem spektakulären Springbrunnen in der Mitte und lauschte dem Gesang des Azān, der zum Gebet rief. Ich stand nun vor dem Ali-Qapu-Palast, ein Überbleibsel der königlichen Macht aus der Safawiden-Dynastie. Die Empfangshalle stützte die überstehende Terrasse. Von dort aus konnte der Schah den gesamten Platz überblicken. Ein reges Treiben herrschte auf dem mit Menschen gefüllten Platz. Händler, Touristen, Gläubige und Flanierende fanden hier zusammen und wurden zur Lebensader des Naqsch-e-Dschahanes. Ich hatte vorher nie Schöneres gesehen und muss auch Jahre später eingestehen, dass ich so einen prachtvollen Ort nie wieder gesehen habe.

Als ich den Basar betrat, wurden durch die in Säcken zur Schau gestellten Gewürze alle meine Sinne beansprucht. Ein Händler füllte für einen Kunden gelben Puder in einen kleinen Behälter und riss damit eine Geruchslawine los, die mich noch in zehn Metern Entfernung nicht losließ. Safran, Sumach und Kurkuma wurden zu mei-

nen ständigen Begleitern während meines Aufenthalts im Basar. Teller aus feinster Keramik wurden mit dem Pinsel bemalt und ergaben ein Kunstwerk aus tiefblauer Farbe mit einem feinen orientalischen Muster. Mina Kari wurde diese Kunstform genannt. Auch Tassen und Kannen wurden mit Mina Kari versehen. Und eben jene Geschäfte innerhalb des Basars leuchteten in blauer Farbe und stachen so deutlich hervor. Feinste Teppiche und Textilien wurden angeboten, teilweise vor Ort mit Hand geknüpft, so wie es in Tabriz schon der Fall gewesen war.

Ich bog in einen kleinen Hinterhof ab und landete vor einem Café. Mehrere kleine Geschäfte reihten sich ein und verkauften antike Gegenstände, die an eine längst vergangene glorreiche Zeit erinnerten. Ich hörte ein dumpfes Geräusch aus einem der Geschäfte. Neugierig, wie ich nun einmal bin, folgte ich dem Geräusch. Es handelte sich um ein Textilgeschäft mit wunderbaren Teppichen. Ein Mann saß auf dem Boden und arbeitete an einem niedrigen Tisch. Vor ihm lag ein weißer Teppich ausgebreitet. Ein länglicher Holzstempel war sein Werkzeug, und an seiner Faust war ein Polster angebracht. Der Mann mit der

Brille richtete den Holzstempel und schlug mit dem Polster an seiner Hand darauf. So erzeugte er ein Stempelmuster, das er Zentimeter für Zentimeter fortführte. Ich schaute interessiert und begeistert zugleich zu. In einer Ecke entdeckte ich ein gelbes Shirt aus Cotton. Seit über einem Monat trug ich ein weißblaues Shirt aus Athen. Es wurde wohl einmal Zeit, mich neu einzukleiden. Mit der Bitte, solche Muster auf das gelbe Cottonshirt zu drucken, sprach ich den Herrn an, und er führte die Arbeit wie gewünscht aus. Zwei Millionen iranische Rial kostete mich das neue Kleidungsstück, was ungefähr zwanzig Euro entsprach. Ich erwarb auch einen roten Schal, band ihn mir um die Hüfte und konnte nun einen Beutel oder Karten daran befestigen.

Es wurde spät und ich spazierte weiter durch die Stadt. Als der Abend hereinbrach, setzte ich mich auf eine Treppe, um mich auszuruhen und auf Parsa zu warten. Ich saß etwa fünfzehn Minuten dort, als zwei Frauen meinen Weg kreuzten. Eine von ihnen drehte sich kurz um und sagte: „Hello". Als ich ihren Gruß erwiderte, blieb sie stehen. Offensichtlich hatte ich ihre Aufmerksamkeit geweckt. Die junge Frau hatte einen leicht braunen Teint. Ihr Kopftuch bedeckte ihren halben Haaransatz, ihr blond gefärbtes Haar strahlte hervor.

„Bist du ein Tourist? Woher kommst du?", fragte sie mich.

„Ich komme aus Deutschland und bereise zurzeit den Iran mit dem Fahrrad."

„Mit dem Fahrrad? Du bist aus Deutschland mit dem Fahrrad hierhergekommen?", fragte sie ganz ungläubig nach.

„Nein, ich bin in Barcelona gestartet. Aber das ist auch weit."

„Wooow, unglaublich. Ich bin Safoura und das ist meine Freundin Farzane. Sie spricht aber kein Englisch." Farzane winkte mir zu.

„Kommst du aus Isfahan?", wollte ich wissen, auch um das Gespräch weiterzuführen.

„Ja, Entschuldigung." Safoura schniefte etwas durch die Nase. „Du musst vorsichtig sein, ich bin ein bisschen krank. Wie lange bleibst du in Isfahan?"

„Ich weiß es nicht. Ich denke, ein paar Tage brauche ich schon, um mir die Stadt anzusehen."

„Wenn du möchtest, kann ich dich ja morgen ein wenig herumführen."

„Hey, das klingt gut, darüber freue ich mich. Um wieviel Uhr?"

„Wir treffen uns morgen um zehn Uhr am Eingang zum Berg Sofeh. Passt dir das?" Ich strahlte über beide Ohren und freute mich auf den nächsten Tag.

Die Sonne stand noch tief am nächsten Tag, als ich mit dem Fahrrad am Berg Sofeh ankam. Ich schloss es am Eingang ab. Schon von Weitem konnte ich Safoura erblicken.

„Hey, guten Morgen", begrüßte sie mich strahlend.

„Sobh Bekheir", entgegnete ich.

„Oh, du hast Persisch gelernt. Vielleicht kann ich dir ja noch ein paar Wörter beibringen." Sie sah nun zu meinem Fahrrad und fragte: „Ist das dein Fahrrad? Kann ich es mal ausprobieren?" Überrascht von der Frage schloss ich mein Fahrrad auf. Safoura setzte sich vorsichtig auf den Sattel und versuchte zunächst, die Balance zu halten. Sie fuhr vorsichtig los, nur in Schrittgeschwindigkeit. Dabei wackelte sie leicht nach links und rechts. Mir wurde bewusst, dass ich bisher nur selten Fahrradfahrer erblickt hatte. Auch fragte ich mich, ob es ihr überhaupt erlaubt sei, Fahrrad zu fahren. Safoura kehrte zurück und stellte das Fahrrad wieder am Zaun ab.

„Wie war es?", wollte ich wissen.

„Es hat Spaß gemacht, aber für eine Weltreise müsste ich noch etwas üben. Wollen wir losgehen?"

Die charakteristischen Felsen der Berge, Sofeh Mountain, zeigten Reisenden schon von Weitem, dass Isfahan nicht mehr weit ist. Wir folgten einem Pfad, der entlang grüner Wiesen des sandfarbigen Felsens verlief. Dabei überwanden wir zwei Steigungen und einige Treppen. Während des Aufstiegs erzählte Safoura mir von ihrem Leben. Sie verdiente als Gymnastiklehrerin ihr Geld, doch in ihrem Herzen war sie Tänzerin. Öffentlich zu tanzen war im Iran verboten, demnach auch der Betrieb einer Tanzschule. Safoura erzählte mir, dass sie sich dennoch mit einer Tanzschule im Untergrund einen Traum erfüllt und gleichzeitig auch ein Nebeneinkommen aufgebaut hatte. Wenn es an die Tür ihres angemieteten Tanzstudios klopfte, wurde ein Passwort abgefragt. Das kannten nur ihre Tanzschüler. So hatte sie es bisher geschafft, nicht von den Behörden bzw. der Polizei entdeckt zu werden.

„Mit welcher Strafe müsstest du denn rechnen, wenn sie dich erwischen würden?", fragte ich sie vorsichtig.

„Wahrscheinlich die Peitsche. So ist es einigen meiner Freunde ergangen", antwortete sie.

„Und trotzdem gehst du dieses Risiko ein? Ist es das wert?"

„Es ist mein Traum, eine professionelle Tänzerin zu werden. Ich muss Risiken eingehen, um meine Träume zu erfüllen. Das ist doch bei dir nicht anders. Bist du nicht auch in einigen Gefahrensituationen gewesen?"

„Ja, da hast du recht. Wie lange möchtest du denn noch im Untergrund so weiterleben?"

„Ich habe für mich persönlich die Entscheidung getroffen, meinem Leben eine andere Richtung zu geben, aber …"

„… aber?", hakte ich nach.

„… aber meine Familie. Ich lebe mit meiner Mutter, meiner Schwester und meinem Bruder zusammen. Meine Mutter ist auf unsere Unterstützung angewiesen, und ich bin die Hauptverdienerin."

Und so war ihr Traum unter einem Berg von Verpflichtungen begraben. Sie opferte sich für ihre Familie. Und sie war als eine Frau, die bereits über 30 Jahre alt ist, schon weit über das Heiratsalter hinaus, das im Iran üblich ist. Der hohe Stellenwert der Familie im Iran war überall spürbar. Und ich bewunderte diese Familienkultur.

Um mir einen besseren Einblick in die Lebensweise iranischer Familien im Allgemeinen und Safouras Familie im Besonderen zu geben, lud sie mich zu sich nach Hause ein. Das Auto ist im Iran ein wichtiges Verkehrsmittel. Bedingt durch die Sanktionen fahren meist Autos iranischer Autohersteller durch die Straßen. Die mir einzig bekannte Automarke eines französischen Autoherstellers wurde, aufgrund der Geschichte aus vorrevolutionärer Zeit, weiterhin im Iran hergestellt. Zwar in günstiger kompakter Form, doch für die Iraner war es ein Luxus, das europäische Markenauto zu erwerben. Wir nahmen ein Taxi zu ihrer Wohnung in der Nähe des Sofeh Mountain. Die Preise für ein Taxi waren erschwinglich. Sie stellten auch die am meisten genutzte Transportmöglichkeit im Iran dar.

„Musst du deine Mutter nicht vorher fragen, ob es ihr recht ist, wenn du jemanden mit nach Hause bringst?", wollte ich wissen, als wir vor ihrem Wohnblock standen. Sie verneinte und wir gingen am Portier am Zaun vorbei, geradewegs zum Eingang ihres Wohnblocks. Wie im Iran üblich, gab es auch in der Wohnung von Safouras Familie ein großes Wohnzimmer. Hier versammelte sich üblicherweise die gesamte Familie und der Raum wurde auch zum Teil als Schlafplatz genutzt. Die Einrichtung war schick. Auf der Couch saß eine Frau mittleren Alters. Sie stand auf und begrüßte mich herzlich.

„Das ist meine Mutter. Sie spricht kein Englisch, aber ich kann ja übersetzen. Sie heißt dich herzlich willkommen."

„Ich bedanke mich für die Gastfreundschaft", sagte ich.

„Setz dich ruhig", bot Safoura mir an, und ich setzte mich auf die Couch gegenüber von Safouras Mutter. Innerhalb einer Minute wurde mir Obst und Tee serviert. Auf die Gefahr hin, dass ich mich wiederhole: Die iranische Gastfreundschaft ist vorbildlich! Safoura sprach auf Persisch kurz mit ihrer Mutter und wandte sich dann wieder mir zu: „Ich habe meiner Mutter nur erklärt, wer du bist. Und du bist nachher gerne zum Essen eingeladen."

„Danke schön", antwortete ich etwas unsicher.

„Hast du schon von *Nouruz* gehört?", fragte mich Safoura.

„Ja, mein Gastgeber hat mir schon davon berichtet, auch über das traditionelle Fest morgen, *Schahan Bise Suri?* Safoura lachte kurz auf.

„*Tschahar Schanbe Suri,* meinst du, ja. Möchtest du morgen mit mir dorthin? Wir fahren zu einem Garten außerhalb der Stadt."

„Danke für die Einladung, aber mein Gastgeber hat mich schon für morgen eingeladen. Ich bin schon gespannt", lautete meine Antwort, in der auch schon ein bisschen Enttäuschung mitschwang. Zu gerne hätte ich Soufira zu dem Fest begleitet.

„Ich kann mir vorstellen, dass hier alles sehr spannend für dich ist. Kannst du das riechen?", fragte sie mich plötzlich.

„Natürlich", antwortete ich nur, „es riecht fantastisch."

„Meine Mutter kocht Reis mit Hühnchen, ein typisch iranisches Gericht. Während wir warten, kann ich dir gerne etwas zeigen."

„Sehr gerne." Safoura verschwand für ein paar Minuten ins Nebenzimmer und kam wenig später, mit einem glitzernden Tanzoutfit bekleidet, wieder ins Wohnzimmer. Sie legte eine CD auf mit arabischer Musik und tanzte dazu. Sie bewegte ihren Körper langsam zur Musik und warf die Hüften hin und her. Mehrere Male schüttelte sie ihren Bauch. Ich verstand: Es war ein Bauchtanz! Ich war sehr angetan von ihrer Vorführung. Nach zwei Musikstücken und unter kräftigem Applaus ihrer Mutter und mir verschwand sie wieder im Nebenzimmer. Ich war froh, ihre Bekanntschaft gemacht zu haben, und es machte Spaß, mit ihr zusammen zu sein, Zeit mit ihr zu verbringen. Und ich würde mich noch wundern, wohin meine Wegweiser mich führen würden.

Der Iran bewegte sich auf das neue Jahr zu. Anders als in der westlichen Welt beginnt das neue Jahr am 20. oder 21. März (zur Tag-und-Nacht-Gleiche) mit dem Fest *Norouz*. Der letzte Mittwoch im Jahr nennt sich „*Tschahar Schanbe Suri*" und ist eine Tradition aus dem antiken Persien. In dieser Nacht treffen sich Familie und Freunde meist in einem Garten außerhalb der Stadt und bereiten drei Feuerstellen vor. Über dieses Feuer wird dann gemeinsam gesprungen – und das soll Glück für das neue Jahr bringen.

Der Abend des letzten Mittwoch im persischen Kalender war angebrochen und somit das Fest *Tschahar Schanbe Suri*. An diesem Abend war das ganze Land in Bewegung. Die Regierung fürchtet dieses „heidnische Fest" so sehr, dass sie einst versuchten, es zu verbieten. Doch die Menschen lieben dieses Fest, und das Vorhaben der Regierung scheiterte. Die Mächtigen tolerieren diese Tradition nun und versuchen, es mit einem möglichst großen Polizeiaufgebot zu kontrollieren. So zumindest erfuhr ich es von Parsa auf der Fahrt in den Garten. Es war schon dunkel, und wir folgten der Straße in die Wüste, ins Nichts.

„Weißt du, warum wir das neue Jahr um diese Jahreszeit feiern?", fragte Parsa und kämpfte sich dabei durch dichten Verkehr. Ich war gespannt auf die Antwort.

„Persische Wissenschaftler haben bereits vor Jahrtausenden verkündet, dass das neue Jahr mit dem Erwachen des Frühlings begrüßt werden sollte. So wurde von den alten Persern berechnet, dass der perfekte Zeitpunkt dafür um den 21. März liegt. Du wirst ab morgen sehen: Alles um dich herum wird anfangen zu blühen und zu gedeihen."

Ich musste Parsa Recht geben: Der Frühlingsanfang ist ein gut aus-
gewähltes Datum, um in ein neues Jahr zu starten.

Später saßen wir gut gelaunt in einem privaten Garten vor einem
Lagerfeuer. Verschiedene Familienmitglieder und Freunde der Familie
waren anwesend. Solche Partys waren eigentlich verboten. Es wird
dabei sichergestellt, dass nur Menschen eingeladen werden, denen man
auch vertraut. Nicht ohne Grund, wie ich später feststellte. Es wurde
Alkohol ausgeschenkt, Wein und Spirituosen aus eigener Herstellung
oder aus Armenien geschmuggelt. Dazu wurde mit einem traditionellen Instrument, dem Daf, musiziert und es wurden immer wieder
Lieder angestimmt. Es herrschte eine ausgelassene Stimmung. Ich sang
fleißig mit, obwohl ich kein einziges Wort verstand.

Die Menschen waren entspannt und genossen das Fest. Zum Schluss
wurden die drei Feuer entzündet. Die ganze Familie war versammelt.
Dem Brauch nach sprangen sie über das Feuer. Damit wurde der Frühling willkommen geheißen:

زردی من از تو، سرخی تو از من

(Übersetzt heißt das: Mein Gelb ist von dir, dein Rot ist von mir.)

„*Zardi man az to, sorkhi to az man,* musst du sagen, während du über das Feuer springst", erklärte mir Parsa. „Das bedeutet: *Nimm mein Leiden und meine Krankheit und gib mir deine Kraft und Lebensenergie. Das sagen wir zu dem Feuer*". Dabei lächelte er mich mit seinem gezwirbelten Schnurrbart an.

Kurz nach Mitternacht fuhren wir zurück nach Isfahan. Der Verkehr war wirklich nichts für Anfänger. Die Straßen waren voll und alle Verkehrsegeln schienen außer Kraft gesetzt zu sein. Aisan kämpfte sich mit spektakulären Manövern durch den Verkehr.

Es war ein schöner und beeindruckender Abend mit Parsa und seiner Familie. Ich fühlte mich glücklich und schätzte die Chance, der persischen Kultur so nahe gekommen zu sein. Noch nie zuvor konnte ich so tief in eine fremde Kultur eintauchen und wurde derart willkommen geheißen, wie im Iran. Das Fest *Nouruz* mit den Persern feiern zu dürfen, war mir eine Ehre und machte mich stolz.

So schön die Zeit mit Parsa und Aisan auch war, so schade war auch der Abschied. Die beiden fuhren zu Parsas Eltern, um sie über die Feiertage hinweg zu besuchen.

„Es war uns eine Freude, dich kennengelernt zu haben", sagte mir Parsa. Aisan kam zu mir, um mich zu umarmen. Danach ging ich zu Parsa und umarmte ihn. „Ich kann dir gar nicht genug danken für alles, was du mir gezeigt und erklärt hast – und natürlich für die Gastfreundschaft", dankte ich ihm. Aisan wandte sich mir zu: „Ich würde mich freuen, wenn wir im Kontakt bleiben und uns irgendwann mal wiedersehen." Das sah ich genauso. *Doch wie wahrscheinlich war es, dass ich wieder in den Iran zurückkehren würde?,* dachte ich zu diesem Zeitpunkt. Mit Parsa und Aisan verband mich eine tiefe Freundschaft. Und tatsächlich: Wir sahen uns in den nächsten Jahren regelmäßig wieder.

Safoura war so nett, mich zu beherbergen – auch vor dem Hintergrund, dass wir einen kleinen Ausflug geplant hatten.

„Heute Nacht fährt ein Bus mit ein paar Leuten in die Wüste. Sie wollen dort eine kleine Party feiern. Ich wurde eingeladen. Möchtest du mitkommen?", fragte Safoura mich.

„Na klar, das hört sich gut an", sagte ich direkt zu und erkundigte mich gleichzeitig, was ich denn mitnehmen müsse.

„Das weiß ich nicht so genau", lautete ihre Antwort.

„Wo schlafen wir da? Muss ich ein Zelt mitbringen?"

„Ja, ich glaube schon, dass das sinnvoll ist. Bring einfach deine Campingsachen mit – und dann schauen wir mal. Ich habe das auch noch nie mitgemacht. Aber ich dachte mir, dass das für mich, aber auch für dich eine schöne Erfahrung sein kann." Und damit hatte sie recht, ein Besuch in der Dünenlandschaft der iranischen Wüste. Das war sicherlich etwas Besonderes.

Die Fahrt am Abend dauerte fast drei Stunden und es war bereits stockfinster, als wir ankamen. Ich sah nichts außer meterhohen Dünen, die in fast völliger Dunkelheit das Licht der Sterne reflektierten.

Als der Bus wieder davongefahren war, standen rund 30 Personen im scheinbar völligen Nichts. Über uns der schönste Sternenhimmel, den man sich wünschen kann. Safoura kam an meine Seite und wir schauten gemeinsam in den Sternenhimmel. Ich schaute zu ihr. Und als sich unsere Blicke trafen, schaute ich wieder weg. Ich wollte nicht so recht wahrhaben, was in diesem Moment geschah.

Wenig später wurden wir von einem Geländewagen abgeholt und in Gruppen zum Zeltlager gefahren. Safoura und ich quetschten uns in ein Auto mit sieben weiteren Personen und Gepäck. Die Fahrt durch die dunkle Wüste dauerte nur fünf Minuten. Der Geländewagen fuhr von Düne zu Düne und überraschte uns zum Schluss, indem er Vollgas gab und die Düne als Sprungschanze benutzte, um spektakulär auf allen Vieren wieder zu landen. Ein großes „Whoooaaaa" begleitete diese Aktion, und der Fahrer lachte verschmitzt. Wie froh war ich, als das Zeltlager endlich in Sichtweite kam. Es standen dort schon einige Zelte und mehrere Feuerstellen brannten. Das war auch gut so und notwendig, denn es war bitterkalt. Ich suchte meine Ausrüstung zusammen. Damit sich Safoura aufwärmen konnte, gab ich ihr die Isomatte und den Schlafsack. Schließlich kochte ich heißes Wasser für sie. Nicht weit entfernt dröhnten die Musikboxen, und die Leute fingen an zu trinken und zu tanzen. Es war eine Party in der Wüste unter dem funkelnden Sternenzelt. Safoura fror. Sie wollte sich wärmen, und so umschloss ich sie mit meinen Armen. Ich konnte nicht glauben, was in diesem Moment geschah, konnte ihren Atem, ihren Herzschlag im Takt mit meinem spüren. Ich versuchte, gegen meine aufkommenden Gefühle anzukämpfen, denn ich wollte mein Herz nicht im Iran verlieren. Doch wir kamen uns näher und es war mir nicht mehr so klar, wie es passierte. Wir küssten uns. Ihre Augen funkelten und wir küssten uns erneut. Es war die schönste Nacht auf meiner Reise.

Die Sonne ging auf und zusammen schauten wir dabei zu, wie die Sonnenstrahlen über die Dünen kletterten. War diese Nacht wirklich passiert? Etwas, dessen weitreichende Konsequenzen ich noch nicht absehen konnte?

Den ganzen folgenden Tag verbrachten wir miteinander. Dabei zeigte mir Safoura Isfahans schönste Seiten. Das, was in der vergangenen Nacht geschehen war, ließ sich nicht aus unseren Gedanken verbannen. Doch war uns beiden klar, dass ich nur auf der Durchreise war und bald ein Abschied folgen würde. Wollte ich – wie geplant – weiter nach China, musste ich meine Reise fortsetzen. Und auch Safoura hatte eigene Pläne.

„Ich werde in die Türkei fliegen", sagte mir Safoura, als wir im Park auf einer Bank saßen. Von dieser Nachricht war ich ziemlich überrascht und zeigte dies auch.

Sie sagte: „Du weißt ja, dass Tanzen hier ein Verbrechen ist und ich schon immer den Drang hatte, mehr aus mir und meinem Leben zu machen. Sascha, ich bin so froh, dich kennengelernt zu haben. Die Begegnung mit dir hat etwas in mir ausgelöst. Du hast mich durch

deine Reise inspiriert, mein Leben zu ändern. Ich habe den Mut in meinem Herzen entdeckt und damit die Zuversicht, meine Zukunft so zu gestalten, wie ich es möchte. Du hast mir gezeigt, dass ich uneingeschränktes Vertrauen in die Welt und das Leben haben kann. Dafür danke ich dir." Ich wusste nicht, was ich sagen sollte. Ich spürte, dass sie mich küssen wollte, doch dies in der Öffentlichkeit zu tun, war verboten. Sie versuchte, die Trauer über den Abschied nicht zu stark werden zu lassen und bemühte sich darum, sich ihre neuen Pläne in den schönsten Farben auszumalen.

An meinem letzten Abend in Isfahan spazierten Safoura und ich im Dunkeln durch den Park. Sie animierte mich dazu, Tango mit ihr zu tanzen. Ich konnte ja nicht tanzen und suchte eine Ausrede, am Tangotanzen vorbeizukommen. Doch sie nahm einfach meine Hände und tanzte mit mir Tango im Park. Wir wandten und drehten uns durch den Park wie in einem Tanzsaal. Immer wieder kamen Passanten vorbei und wir versteckten uns im Gestrüpp vor den Augen der Intoleranten.

Die Abreise

Am frühen Morgen war es soweit: der Moment des Abschieds. Bis auf Safouras Schwester wusste niemand aus der Familie von unserer Liebesbeziehung. Ich verstand sie, dass sie dies nicht in ihrer Familie herumposaunte. Schließlich lag ihre Zukunft im Unklaren, und in einer solch konservativen Gesellschaft wie der des Irans konnte Safoura mögliche Konsequenzen nicht abschätzen.

Die ganze Familie hatte sich im Hof versammelt, um mich zu verabschieden. Als ich schließlich mit meinem Fahrrad losfuhr, schüttete Safoura mir ein Glas Wasser hinterher, eine Tradition, um Reisenden viel Glück auf ihrem Weg zu wünschen. Safouras Bruder Russel, den ich bisher noch nicht kennengelernt hatte, begleitete mich noch auf seinem Motorrad. An der Brücke über der Autobahn blieben wir stehen. Ich hatte das Bedürfnis, ihm von Safoura und mir zu erzählen. Doch ich respektierte Safouras Wunsch des Stillschweigens.

„Dies ist die Straße nach Schiras", sagte Russel. Ich richtete meinen Hut, trat in die Pedale und fuhr über die Brücke Richtung Schiras. Eifrig trieb ich mein Rad voran, erreichte schließlich den Park, in dem Safoura und ich am Vorabend Tango getanzt hatten und setzte mich auf die Parkbank. Mein Fahrrad parkte ich neben mir – und wartete. Für unseren Abschied hatten Safoura und ich überlegt, uns ein letztes Mal allein zu treffen. Von Weitem sah ich sie schon kommen. Sie setzte sich neben mich auf die Bank, eine Umarmung oder gar ein Kuss war in der Öffentlichkeit nicht möglich. Wir wechselten einige Worte und sahen uns mit *liebesleidenden Blicken* an. Ich versprach Safoura, wieder zu ihr zurückzukehren, sobald ich mein Ziel erreicht hatte, wo auch immer dies lag. Es war ein Versprechen, das ich nicht halten konnte – und wir beide wussten es. Dennoch ließen wir uns darauf ein. Ich stand auf und zog Safoura hinter einen Baum. Versteckt hinter den Sträuchern umarmte ich sie und flüchtig küssten wir uns ein letztes Mal, bevor ich auf mein Fahrrad stieg und Isfahan endgültig den Rücken zukehrte.

Die Entscheidung

Es war noch früh und bis nach Schiras waren es knapp 500 Kilometer, die es zu bewältigen galt. Es tat gut, nach so langer Zeit wieder auf der Straße zu sein und den Fahrtwind zu spüren. Die Sonne brannte auf meinen Hut, und nach einigen Kilometern erreichte ich die

Wüste. Ich fuhr an etlichen überwältigenden Bergformationen vorbei und schluckte jedes Mal den aufgewirbelten Sand der vorbeifahrenden Autos. Obwohl sie Radfahrer nicht gewohnt waren und dicht an mir vorbeifuhren, fühlte ich mich dennoch nie in Gefahr. Vielmehr freute ich mich darüber, wenn die Menschen mir zuwinkten oder manchmal auch anhielten, um mir etwas zu trinken zu geben oder Früchte anboten.

Es war kurz vor dem Neujahrsfest *Nouruz*. Traditionell verreisten die Perser in dieser Zeit. Viele verschlug es in den Süden nach Schiras oder direkt an den Persischen Golf. Die Schnellstraße nach Schiras war viel befahren. Unterwegs sah ich viele Menschen am Straßenrand zelten. Ganze Familien schienen dort zu übernachten, zu picknicken bzw. zu grillen und zu feiern. Die Picknickkultur im Iran bewunderte ich und spürte diese Lebendigkeit der Menschen, denen ich auf meiner Fahrt begegnete. Immer wieder wurde ich während meiner Pausen zum Kebab eingeladen und kam so ins Gespräch mit vielen Familien.

An einer der Raststätten traf ich auf Sara und Sepideh, zwei iranische Mädchen, die als Fahrradreisende den Iran mit dem Fahrrad bereisen wollten – so wie ich auch. Doch anders als ich waren sie professionell ausgestattet und hatten entsprechende Rucksacktaschen an den Fahrrädern befestigt. Wir hatten jedenfalls das gleiche Ziel. Wir wollten zum Persischen Golf. Und so reisten wir gemeinsam weiter. Frauen war das Fahrradfahren im Iran untersagt, erzählten sie mir. Sie brauchten eine spezielle Lizenz. Ohne diese Lizenz war die Polizei jederzeit berechtigt, die zwei Mädchen mitzunehmen und nach Hause zu ihren Familien nach Isfahan zu bringen. So gaben sie sich allen anderen als spanische Touristen aus. Mit mir als offensichtlich westlichen Touristen sahen sie sich im Vorteil, dass ihr Plan aufgehen würde.

Es war heiß und die Straße führte weiter durch die Wüste. Je näher wir Richtung Süden kamen, desto staubiger wurde es. Und die Hitze der Sonne warm kaum zu ertragen. Wir fuhren hintereinander, um den schnellen und gefährlichen Lkws den Platz zu geben, den sie be-

nötigten. Kurz vor der Stadt Shahreza stürzte Sara plötzlich. Wie es passiert war, konnte keiner erklären. Sepideh und ich sprangen von unseren Fahrrädern, um Sara zu Hilfe zu kommen. Es war ihr nicht viel passiert, nur ihr Knöchel tat weh. Sie stieg wieder auf das Rad und schaffte es, unter Schmerzen einige Kilometer weiterzuradeln. Immer wieder legten wir eine Pause ein. Schließlich kamen wir spät nachts in Shahreza an. Die beiden hatten dort Bekannte und ich war herzlich zum Übernachten eingeladen. Es war schon spät, so wurden nur noch eben die Zimmer zugeteilt, ehe wir schlafen gingen.

Es war ein wunderschöner neuer Tag, und ich ging aus dem Zimmer hinaus in den Innenhof. Es war eines der traditionellen Häuser. Der Hof war der zentrale Platz und ringsherum waren Zimmer in zwei Etagen angeordnet. Ein Baum schoss aus dem Hof über das Dach des Hauses, und die grünen Knospen wirkten irgendwie erfrischend. Sara und Sepideh waren auch schon auf dem Hof und winkten mir entgegen. Sepideh war dabei, Saras Füße zu bandagieren. Wir frühstückten gemeinsam und im Laufe des Tages tüftelten wir einen neuen Plan aus.

Ich hatte es mir im Hof bequem gemacht. Während ich in mein Tagebuch schrieb, genoss ich die Sonne. Sepideh trat an mich heran und erklärte mir, dass Sara in dem Zustand nicht weiterfahren könnte. Ein gemeinsamer Freund würde sie abholen und nach Schiras bringen, wo sie dann *Nouruz* feiern werden und sich hoffentlich erholen können. Sollten sie immer noch dort verweilen, wenn ich ankomme, dann würden sie sich natürlich über ein Treffen freuen.

Die Gastgeberfamilie bot mir an, mit mir gemeinsam das Neujahrsfest zu feiern. Dies nahm ich natürlich hocherfreut an. Ein gewisser Onkel würde wohl dazukommen und übersetzen können, da er Englischlehrer war. Am Nachmittag wurden die beiden dann abgeholt und ich verabschiedete mich von meiner Begleitung. Es war mir eine Ehre, das neue persische Jahr im Kreis der Familie zu feiern und so nah erleben zu können. Während die Familie in die Moschee ging, lief ich durch die Stadt und kaufte mir eines dieser berühmten iranischen Eissorten namens *Faloode*. Als die Familie zurückkam, lernte ich auch direkt den Englischlehrer kennen. Er empfing mich herzlich und freute sich darauf, sein Englisch sinnvoll einbringen zu können. Während der Unterhaltung beim Essen übersetzte und erklärte er mir alles. Bald danach stiegen wir alle in ein Auto, um zu Verwandten zu fahren. So war es üblich an Feiertagen.

Auf gewisse Art und Weise war ich der Ehrengast und wurde auch von der Verwandtschaft herzlich empfangen. Mir wurde wie üblich Tee und Obst serviert. Der Englischlehrer ließ mich an allen Diskussionen teilhaben und übersetzte fleißig. Nach einiger Zeit der regen Unterhaltung verließen wir die Familie und kehrten nach Hause zurück. Bald darauf gingen wir schlafen. Ich stieg auf die Dachterrasse. Unter mir breiteten sich die Lichter des Dorfes aus. Erstaunlicherweise hatten sie keinen Einfluss auf den tollen Sternenhimmel über mir. Ich lehnte mich zurück und verfiel beinahe in Trance, wobei ich mich auf eine Reise durch die Sternenwelt begab. Ja, die Reise hatte mich geprägt und verändert. Niemals zuvor verspürte ich eine derartige Entspannung und Glück. Dabei blickte ich auf meine Reise zurück. Der harte Weg hatte mir einiges abgefordert, wenn ich nur an die Bergauf- und abfahrten dachte. Besonders das Wetter hatte mich immer wieder vor neue Herausforderungen gestellt. Jeder Regenschauer stellte so etwas wie eine Prüfung dar, jeder überstandene Sturm hatte mich stärker gemacht. Mit Blitz und Donner und all den anderen Wettererscheinungen hatte ich gelernt, die Natur zu respektieren. Dafür war ich sehr dankbar. Die Menschen, denen ich begegnet war, hatten mich am meisten geprägt. Sie waren der wahre Mittelpunkt meiner Reise. Ohne die Barmherzigkeit der Menschen war mir so vieles nicht möglich gewesen. Und natürlich die Begegnung mit Safoura stellte etwas ganz Besonderes dar, was mich noch lange Zeit beschäftigen würde.

Auf meiner Reise durch die Sterne fiel mir der Moment in der Wüste ein, als Safoura und ich gemeinsam durch die Sterne reisten. Auch wenn es nur für einen ganz kurzen Augenblick war. Diesen Moment spielte ich immer und immer wieder durch, bis aus dem Augenblick Ewigkeit wurde und ich dort angelangt war, wonach ich im tiefsten Herzen gesucht hatte. Ich suchte nach dem Glauben und fand die Liebe.

Safoura sandte mir ihr Ticket zu. Sie wollte in die Türkei reisen, um sich die Grundlage für ein neues Leben zu schaffen. Ich war frei in meinen Entscheidungen und ein Gefühl in mir riet mir dazu, dieser Frau zu folgen. Die Reise zu den Sternen fand ihr Ende in der Entscheidung, mit der Reise zu pausieren, um gleichzeitig eine neue Reise zu starten. Ich wollte Safoura nicht allein lassen und war bereit für die nächste Herausforderung – wie auch immer sie aussehen sollte. Ich machte mich sofort daran, einen Text zu verfassen, in dem ich ihr erklärte, wie ich mich fühlte. Dass meine Reise mit ihr das Ziel gefunden hatte. Dass ich diesen Wink des Schicksals wahrgenommen hatte und auch darauf Taten folgen lassen und sie in die Türkei begleiten würde. Ihr dabei behilflich zu sein, ein neues Leben zu beginnen. Ich hatte noch keine Ahnung, welch brachiale Auswirkungen diese Entscheidung auf mein Leben haben könnte. Ich konnte mir nicht vorstellen, dass diese Frau mein Leben grundlegend verändern und auch großen Einfluss auf meine Reise nehmen würde.

Schiras sollte zur Endstation meiner Reise werden und die letzten Kilometer begannen. Es war ein gutes Gefühl, nun die letzten Kilometer anzutreten, um so den Blick noch einmal zu schärfen. Ich hatte mich so an dieses Leben gewöhnt, dass mir eine Reise abseits dieser Lebensart fremd und unwirklich vorkam.

Im Iran hatte für die Menschen ein neues Jahr angefangen, für mich fing ein neuer Abschnitt meiner Reise an. Ich schlief ein und träumte von meiner Reise durch die Sterne.

Am nächsten Morgen stand die Sonne schon hoch am Himmel. Die Hitze erdrückte mich förmlich, doch ich kämpfte mich weiter durch die Wüste und ließ einen Kilometer nach dem anderen hinter mir. Ich war nun auf der Zielgeraden. Dies motivierte mich umso mehr und schärfte auch meine Auffassungsgabe. Vermutlich würde ich diese atemberaubende Landschaft für eine lange Zeit nicht mehr zu Gesicht

bekommen. Die einsamen Berge inmitten der sonst kargen Landschaft wurden zu treuen Wegbegleitern. Sie waren Orientierungspunkte, an denen ich meinen Weg festmachen konnte. Immer wieder blieb ich stehen und starrte fasziniert auf die Wüstenlandschaft. Als ich weiter in die Pedale trat, durchquerte ich eine Schlucht und war begeistert. Ich setzte meinen Weg fort und folgte der Straße nach Schiras.

So wie ich besuchten auch viele Iraner über die Neujahrsfeiertage die Stadt im Süden. Ich fuhr gerade einen Hang hinauf, als ein Auto hupend an mir vorbeifuhr. Es hielt wenige Meter vor mir an. Ein Mann stieg aus und kam mir mit einem Lächeln entgegen. Es war Vahid, der Fotograf, den ich bereits in Alis Garten in Kaschan getroffen hatte. Wegen meines Hutes hatte ich einen hohen Wiedererkennungswert, und so hatte er mich auch schnell erkannt. Er umarmte mich und wir freuten uns, dass wir uns auf so ungewöhnliche und unerwartete Weise wiedersahen. Ich erzählte, was in der Zwischenzeit geschehen war, von Isfahan und der Begegnung mit Safoura. Vahid war auf dem Weg nach Schiras und wollte die Feiertage bei seiner Familie verbringen. Er lud mich dazu ein und überreichte mir noch ein paar Äpfel als Wegproviant. Vahid fuhr wieder fort und frisch gestärkt mit einem Apfel setzte ich meine Fahrt über den Berg fort.

Ich erreichte ein Dorf kurz vor der Stadt Morghab und ruhte mich aus. Ein jüngerer Herr kam mit dem Motorrad auf mich zugefahren und blieb stehen. Er begrüßte mich mit gebrochenem Englisch, war dabei stets freundlich und höflich. Noch bevor ich mich erklären konnte, fragte mich der jüngere Herr, ob er mich zum Abendessen und zur Übernachtung einladen durfte. Sein Dorf Morghab war nur wenige Kilometer entfernt. Er stellte sich mir gegenüber als Armin vor. Erfreut über eine neue Begegnung willigte ich ein und folgte dem Weg nach Morghab. Nach wenigen Kilometern bog ich in das Dorf ab. Hier wartete Armin auf mich. Er begleitete mich zu seinem Haus und öffnete ein schmales, rostiges Eisentor. Dahinter verbarg sich ein geräumiger Hof. Dort konnte ich mein Fahrrad abstellen.

Im großen Wohnzimmer, dort wo sich die Familie versammelt, setzten wir uns. Wir nahmen, wie im Iran üblich, auf dem Boden Platz. Armins Mutter kam dazu. Sie sprach zwar kein Englisch, war aber dennoch über meinen Besuch erfreut. Sie ging in die Küche, um Tee vorzubereiten, während Armin ein paar Bücher und Blätter vor mir ausbreitete. Er zeigte mir, wie er Englisch lernte. Armin besuchte keine Sprachschule oder hatte gar einen Lehrer, sondern brachte sich alles selbst bei. Er wollte mit Touristen ins Gespräch kommen und betrachtete mich als Chance, um sein Englisch zu verbessern. Wir sprachen über alle möglichen Dinge. Ich erzählte von meiner Reise und breitete dazu meine Weltkarte aus, um meinen Weg in den Iran zu zeigen. Fasziniert von meiner Reise folgte Armin meinen Weg mit dem Finger und erzählte seiner Mutter davon. Bald schon wurde es Abend und er erzählte von Pasargad, der ersten Stadt des persischen Reiches. Armin telefonierte und organisierte ein Auto für den nächsten Tag, um mir diesen kulturhistorischen Schatz zu zeigen. Nach dem Abendessen bezog ich das Zimmer, das für mich vorbereitet worden war und schlief zufrieden ein.

Auf den Spuren des persischen Reiches

Schon früh am Morgen wachte ich auf. Nach einem guten Frühstück kamen Armins Freunde, um dem Besuch von Pasargad beizuwohnen. Wir fuhren einige Zeit auf der Hauptstraße. Dann bogen wir ab und fuhren tiefer in die Wüste, an ein paar Dörfern vorbei, bis wir schließlich an einem großen Gelände ankamen. Als Erstes besichtigte ich die Grabstätte von Kyros dem Großen, dem Anführer des persischen Alchimäen Reiches. Die *Nouruz*-Feiertage waren noch im vollen Gange

und vor der Grabstätte waren noch die *Haft-sin* aufgebaut. Haft-sin, die sieben „S", sind sieben Elemente, mit denen die Tafel des *Nouruz-*Festes geschmückt wird. Die Iraner verehren die antike persische Kultur. Sie sind stolz auf ihre lang zurückreichende Geschichte und fühlen sich ihr tief verbunden. Kyros ist wie ein nationales Symbol und seine Grabstätte bildet eine kleine Pyramide mit einem Häuschen.

Ich umrundete die Grabstätte und konnte allein schon an der Vielzahl der Besucher abschätzen, welch große Bedeutung die Grabstätte für sie hat. Von der eigentlichen Stadt war nicht mehr viel übrig. Einige Grundmauern waren freigelegt und ließen erahnen, wie imposant die Stadt damals gewesen sein muss. Kyros II. gründete die Stadt zwischen 559 v. Chr. und ca. 525 v. Chr. Darius I., der Sohn von Kyros II., zog aus der Stadt aus und vollendete die spätere Hauptstadt des persischen Reiches Persepolis. Während des gesamten Besuches dieser Grabstätte hatte ich ein besonderes, ein magisches Gefühl, das sich nicht mit einfachen Worten beschreiben lässt. Ich war still und bekam vor lauter

Staunen kein Wort aus dem Mund. Allein daran lässt sich schon ablesen, was der Besuch dort für mich bedeutete. Das hätte ich nie für möglich gehalten und kann auch nicht recht erklären, wodurch diese starke Emotion ausgelöst worden war.

Einst erstreckten sich atemberaubende Gärten durch Pasargadae und verwandelten die Stadt zu einer Oase inmitten der unbarmherzigen Wüste. Welch ein grandioser Anblick muss sich einem Besucher zur damaligen Zeit ergeben haben, der die Stadt zum ersten Mal betrat. Doch viel ist von der Pracht nicht mehr übrig. Die schmalen Wasserkanäle lassen nur noch erahnen, wie grün es hier einmal gewesen sein muss.

Wieder zurück in Morghab stand auch schon meine Abreise von hier kurz bevor. Armin hätte mich am liebsten noch einige Tage länger als Gast behalten, und auch ich tat mich mit dem Abschied schwer. Doch es war Zeit, die *finale Strecke* meiner Reise anzutreten. Und so verabschiedete ich mich herzlich von Armin und seiner Mutter. Schon kurz nach der Rückfahrt von Pasargadae machte ich mich wieder auf den Weg.

Ich verließ Morghab. Schnell gewöhnte ich mich an den eintönigen Anblick der Wüste und der kahlen Felsen, die Hitze, die Sonne als unbarmherziger Gegner und die trockene und staubige Luft. Seltsam war, dass ich offensichtlich der einzige Mensch auf dieser Strecke war. Am Abend war ich völlig abgekämpft. Das Ziel Persepolis sowie Schiras waren nur noch wenige Kilometer entfernt.

Persepolis

Bereits wenige Minuten, nachdem die Sonne aufgegangen war, wurde die Luft im Zelt immer dicker. Die Sonne heizte das Zelt immens auf, sodass es nicht möglich war, noch nach sieben Uhr im Zelt zu verweilen. Außerdem war ich gespannt auf Persepolis. Der Besuch dieser Stadt solle mein vorläufig letzter Höhepunkt dieser Reise werden. Ich war gespannt auf Persepolis. Deshalb packte ich schnell meine Sachen zusammen, verstaute alles auf dem Fahrrad und radelte los. Die Landschaft wandelte sich. Die reine Wüstenlandschaft war einem kleinen Gebirge gewichen. Und das bedeutete, dass ich wieder einmal einige Höhenmeter zu bewältigen hatte. Leider waren die Ruinen durch den schützenden Berg von der Straße aus nicht zu sehen. Umso majestätischer erschien wenig später die Stadt am Horizont. Als ich immer näher kam, raste mein Herz tatsächlich vor lauter Vorfreude. Und dann hatte ich Tacht-e Dschamschid, so der persische Name für Persepolis, erreicht. Es war ein unbeschreibliches Gefühl, einen so historischen Ort zu besuchen, den ich nur aus dem Fernsehen oder aus Büchern kannte. Es fühlte sich zunächst unwirklich an. Ich stand vor den Überresten der großartigen Hauptstadt der Perser – Persepolis. Die Stadt steht auf einer Erhebung, mächtige Treppen führen zum Stadtkern hinauf. Bedächtig und respektvoll spazierte ich durch die Straßen und Gassen. Nach kurzer Zeit stand ich vor dem „Tor aller Länder", Größenwahn und Herrschaftsanspruch vereint in einem Bauwerk.

Hier an diesem Ort wurde mir die Bedeutung, die Persien in der Vergangenheit hatte, ganz besonders bewusst. Das Altpersische Reich (Achämenidenreich) erstreckte sich zeitweise im Osten vom Nord-

westen Indiens bis hin in den Westen nach Ägypten und bestand zwischen 550 – 330 v. Chr. Somit war das Persische Reich das erste große Weltreich der Geschichte. Alexander der Große, König des kleinen und unbedeutenden Reiches Makedonien im Norden Griechenlands, startete seinen Feldzug 334 v. Chr. und überrannte das Persische Reich. Warum Alexander den Königspalast von Persepolis niederbrannte und die Stadt zerstörte, ist bis heute noch ungeklärt. Einer Theorie zufolge galt die Zerstörung der Hauptstadt als Racheakt für die Verwüstung der Akropolis in Athen. Unter Xerxes I. fanden 480 v. Chr. die Perserkriege statt. Beim Überfall auf Athen plünderte er mit seinem Heer die Stadt und machte auch vor der Akropolis keinen Halt. Diese Narbe der griechischen Geschichte verheilte nie. Auch Alexander erinnerte sich an die Schmach – so die Vermutung.

Persepolis wurde 520 v. Chr. von Dareios I. gegründet. Der persische Name Tacht-e Dschamschid heißt übersetzt *Thron des Dschamschid*. Der Name Dschamschid bezieht sich auf einen persischen König aus mythologischer Vorzeit. Von dessen fliegendem Thron sollen Überreste die Stadt gebildet haben.

Ein Meer aus Ruinen erwartete mich. Kaum zu glauben, dass hier einst die Hauptstadt eines Weltreiches stand. Und doch hat der Ort nichts von seiner Magie verloren. Wunderschöne Reliefs zeigen den Alltag und die kriegerischen Auseinandersetzungen des persischen Reiches. Der Zustand der Reliefs ist so gut, dass sie aussehen, als hätte der Steinmetz sie am Tag zuvor erst in die Wand gehauen.

Anschließend stieg ich den kleinen Hang am Berg hinauf. Dort erblickte ich das Symbol *Faravahar*. Der Zoroastrismus war die vorherrschende Religion im Achämeniden Reich der Perser und handelte im Kern von dem Kampf zwischen Gut und Böse. Der Grundsatz der antiken Religion – gute Gedanken, gute Worte, gute Taten – finden auch heute noch viele Anhänger auf der ganzen Welt. Das Symbol der Zoroastrischen Religion war in den Felsen gehauen und zierte den Eingang zu einem Tempel, der ins Innere des Berges führt. Die Tür zum Tempel blieb mir verschlossen. Doch ich staunte schon allein über das imposante meterhohe Tor. Es wurde immer heißer und die Mittagssonne brannte mir trotz Hut auf den Kopf.

Wie immer, wenn ich solch alte geschichtsträchtige Orte besuchte, wünschte ich mir, dass die alten Gemäuer ihre Geschichte erzählen könnten. Beim Abstieg von dem kleinen Berg überblickte ich die ganze Ruinenstadt und hielt inne. Dabei stellte ich mir vor, welch ein bedeutendes Weltereignis hier stattgefunden hatte, und ich durfte diesen Ort besuchen: Ein Gefühl, das ich nur schwer in Worte fassen kann.

Persepolis ist weitaus mehr als nur eine Touristenattraktion. In Zeiten politischer und wirtschaftlicher Probleme, an denen die Iraner zu zerbrechen drohen, erinnert Persepolis an ein glanzvolles Zeitalter – auch wenn es über 3000 Jahre her ist. Hoffnung ist wie Gold in diesem Land und die Ruinen von Persepolis spenden Kraft. Sie vermitteln durch ihre ungeheure Energie Zuversicht und den Glauben an eine bessere Zukunft. Ein Hauch dieser Energie berührte auch mich und ich spürte gleichzeitig, wie die iranischen Besucher um mich herum diese Energie aufsogen. Die Stadt gehört ihnen, den Persern. Persepolis ist ihr Erbe, und mit Stolz können sie auf eine über 3000 Jahre alte Geschichte zurückblicken. Jetzt gilt es, dieses Erbe zu erhalten und die reiche Tradition und Geschichte nicht in Vergessenheit geraten zu lassen.

Einige Zeit später stieg ich wieder auf mein Fahrrad und setze meinen Weg in Richtung Schiras fort. Dort sollte ich mit *Hafis* Worten empfangen werden. Er war ein persischer Dichter aus dem 14. Jahrhundert und hatte sich mit seinen Gedichten in die Herzen der Iraner geschrieben.

IRAN

Das Ende

Es war eine Tagesfahrt nach Schiras. Unterwegs verdichtete sich der Verkehr, da Schiras eines der Hauptziele des inländischen Tourismus war. Je näher ich der Stadt kam, desto dichter reihten sich die Zelte aneinander. Ich konnte dabei zusehen, wie freudig die Menschen den Frühling begrüßten. *Nowruz* war eine der schönsten Traditionen, die ich je gesehen hatte, und die Freude der Menschen sprang auf mich über. Schließlich erreichte ich die wundervolle Stadt Schiras. Ich erreichte eine Passage, die zwischen zwei Bergen hindurchführte. Zwischen den Felsen links und rechts waren Gärten angelegt und ein Wasserfall stürzte hinunter. Es waren nur wenige Meter, bis ich an einem großen Platz stoppte. Ein Tor mit Namen *Quran Gate* war dort der Anziehungspunkt. Die Menschen spazierten hindurch und bewunderten das große Bauwerk. Ich stieg vom Fahrrad und war mir der Tragweite dieses Momentes kaum bewusst. Es war das vorläufige Ende meiner Reise. Mehr als sechs Monate war es her, dass ich als blutiger Anfänger ohne jegliche Erfahrung meine Reise angetreten hatte. Ich stellte meinen treuen Wegbegleiter zur Seite und lächelte. So beendete ich meine Reise nicht, sondern fing eine neue Reise an, und ich wusste, dass ich mein Fahrrad wiedersehen würde.

Ich verbrachte noch wunderbare Tage in Schiras, bis mich die Sehnsucht packte und ich zurück nach Isfahan fuhr. Vahids Frau, Leila, kümmerte sich um das Ticket für den Bus, und schon am Tag darauf verließ ich Schiras mit dem Versprechen, zurückzukehren. Vahid versprach, auf mein Fahrrad achtzugeben.

In Isfahan schloss ich Safoura wieder in die Arme und drückte sie fest an mich. Es war eine Wendung, wie ich sie mir niemals hätte vorstellen können. Die Reise im Iran änderte nicht nur meinen Weg, sondern auch die Art und Weise, den Menschen zu begegnen. Der Iran und seine Menschen waren das Puzzleteil, das meine Reise komplementierte und mich zu der Person machte, die ich nun geworden war. Doch der Schatz der Erfahrungen reichte noch viel weiter. Es gab noch so viel zu lernen und zu entdecken – und die Welt bot all das an.

Mit Safoura hatte ich nun eine starke Verbündete an meiner Seite. Ich wusste, dass ich mich jederzeit auf sie verlassen konnte. Die nächste Reise mit Safoura war in Gedanken bereits vorbereitet. Und tatsächlich würden wir auch gemeinsam fantastische Abenteuer erleben.

Der Zeitpunkt des Abschieds war nun gekommen. Safoura umarmte ihre Mutter, nichtsahnend, dass es die letzte Umarmung für eine sehr lange Zeit werden würde. Auch Safouras Weg sollte sich ändern. Gespannt auf eine unvorhersehbare Zukunft machten wir uns auf den Weg nach Teheran, um dann ein Flugzeug in die Türkei zu nehmen. Ich halte Safouras Hand in meiner und kehre aus dem Sumpf meiner Erinnerungen zurück.

Ich befinde mich erneut in eisiger Kälte, umgeben von Schnee, überprüfe erneut das Thermometer, um festzustellen, dass mir die minus fünfzehn Grad treu geblieben sind. Mein kostbarer Schatz, das Tagebuch, liegt zugeschlagen auf dem Tisch. Ich merke, wie die Kälte dem Ledereinband zugesetzt hat, doch ich werde meinen Weg bald wieder fortsetzen und das Tagebuch in ein milderes Klima mitnehmen, ein Klima, das wir beide verdient haben.

Die Sehnsucht schmerzt nur so lange, bis sie von der Realität überholt wird – und mich in ein besseres Leben geleitet. So lange blieb ich dem Reisen nun fern und war meiner Sehnsucht schutzlos ausgeliefert. Reisen ist nicht nur ein Hobby. Ohne es zu merken, wurde Reisen zu meinem Leben. Die Menschen, denen ich begegnete, eröffneten mir eine ganz neue Sicht auf die Welt. Die Welt ist böse wurde mir zu Beginn meiner Reise erzählt, um mich Tor davon abzuhalten, auf mein Fahrrad zu steigen und mein Leben zu zerstören. Ja, die Welt ist böse – aber nicht nur. Die Welt ist auch gut und voller barmherziger Menschen, die sich nichts sehnlicher wünschen als Glück und Frieden. Die Erfahrungen meiner ersten Reise bestärkten mich darin, noch mehr sehen und erfahren zu wollen.

Ich hatte mein Ziel erreicht, das ich mir am Anfang meiner Reise gesteckt hatte. Ich war den Sieben Taten der Barmherzigkeit begegnet, einer Barmherzigkeit als Weg in die Freiheit. Ich lernte, den Menschen zuzuhören, sich für ihre Bedürfnisse und Belange zu interessieren. Ich lernte den Menschen zu vertrauen – und viele neue Türen öffneten sich.

Diese neu gewonnene Freiheit hatte ich meiner Suche zu verdanken.

Auf der Suche nach meinem Glauben fand ich die Liebe.

Schlusswort

Es gibt vieles, das ich auf meiner Reise gelernt habe. Doch nichts ist so unscheinbar und gleichermaßen wichtig wie die Fähigkeit, sich zu verabschieden. Menschen kommen und gehen auf meiner Reise, manche lerne ich nur ein paar Minuten kennen, andere begleiten mich über Tage, andere über Jahre hinweg. Ganz weg sind sie nie, und diese Tatsache hat mir dabei geholfen, Verabschiedungen leichter anzunehmen. So kam es immer wieder vor, dass ich bestimmte Menschen über Jahre hinweg in anderen Ländern wiedersah.

Zum Abschiednehmen gehört viel mehr dazu als man denkt. Das Verabschieden von Menschen hat einen Hauch von Ewigkeit. Wir können nie sicher sein, diesen Menschen in unserem Leben wiederzusehen. Ob der Abschied nur Stunden, Tage oder Jahre dauern soll, spielt dabei keine Rolle. Verabschieden bedeutet, das Vertrauen und den Glauben in die Zukunft zu haben, um auf ein Wiedersehen zu hoffen.

Die Choreografie der Gestik und Mimik sollte dem Gegenüber Zuversicht vermitteln, die Worte sollten mit Bedacht gewählt werden und dürfen nie Zweifel an einer erneuten Begegnung im Raum lassen. Jede Verabschiedung begehe ich bewusst und halte mich an mein mir selbst auferlegtes Regelwerk, um jede Begegnung zu einem wunderbaren Abschluss zu führen.

So verabschiedeten sich zwei Jahre später Safoura und ich uns auf diese bewusste Art und Weise. Wir wussten, dass es besser ist und fanden dadurch unseren Frieden. Ich brach auf zu meiner Reise zum Nordkap und Safoura erfüllte sich ihren Traum und wurde eine Tänzerin, frei von allen Zwängen.

Ich möchte mich bei dir, liebe Leserin, lieber Leser, herzlich dafür bedanken, dass du mich auf dieser Reise begleitet hast. Mir wurden damals die Worte mitgegeben: Du bist auf dem Fahrrad vielleicht einsam, aber nie allein. Diese Worte gehören zu meinen wichtigsten Reisebegleitern und es stimmt auch, die Präsenz der Menschen, die meine Reise verfolgen und an mich denken, ist für mich immer spürbar. So wie ich Menschen als Wegweiser zu ihrem Lebensentwurf diene, so motiviert mich die positive Energie ihrer Segenswünsche gleichermaßen und lässt mich jede noch so große Herausforderung bestehen. Somit reihst du dich bei diesen Menschen ein und es freut mich riesig, dass du dabei bist.

Auch hier werde ich meinen Regeln treu bleiben und mich bei dir mit der Zuversicht auf ein baldiges Wiedersehen verabschieden.

Bleibe gesund und stets frohen Mutes.

Dein Sascha, der *Mann mit dem Hut*